鬼谷子新解

刘君祖——著

花山文艺出版社

河北·石家庄

图书在版编目（CIP）数据

鬼谷子新解 / 刘君祖著. —石家庄:花山文艺
出版社，2020.7(2021.1重印)
ISBN 978-7-5511-5149-8

Ⅰ.①鬼… Ⅱ.①刘… Ⅲ.①纵横家 ②《鬼谷子》
—注释 ③《鬼谷子》—译文 Ⅳ.①B228

中国版本图书馆CIP数据核字(2020)第081178号

书　　名：**鬼谷子新解**

著　　者：刘君祖

策　　划：张采鑫　崔正山

责任编辑：张采鑫　李　鸥

特约编辑：柯琳娟

责任校对：李　鸥

装帧设计：今亮后声

美术编辑：胡彤亮

出版发行：花山文艺出版社（邮政编码：050061）
　　　　　　（河北省石家庄市友谊北大街330号）

销售热线：0311-88643221/29/31/32/26

传　　真：0311-88643225

印　　刷：北京环球画中画印刷有限公司

经　　销：新华书店

开　　本：787×1092　　1/16

印　　张：22

字　　数：250千字

版　　次：2020年7月第1版
　　　　　　2021年1月第2次印刷

书　　号：ISBN 978-7-5511-5149-8

定　　价：60.00元

《鬼谷子》以捭阖为主，不仅有理论，有旨归，更重术用。宋代高似孙《子略》卷三评其书为："穷天之用，贼人之私。"阴谋诡秘，"尽得而泄之"。笔者曾在1982年撰成《鬼谷子研究》一书，当时关于《鬼谷子》的单篇论文甚少，亦无专著，难以掌握原意，因而笔者着重由版本校对及章句训诂等入手，来阐述鬼谷子之思想及影响。其后二十余年来，陆续有不少专书及论文出现，其中如房立中主编《新编鬼谷子全书》（北京：学苑出版社1995年），许富宏撰《鬼谷子集校集注》（北京：中华书局2010年）等。而台湾地区亦开始有学生以《鬼谷子》为题来撰写硕士、博士论文。此外，台湾地区混元禅师以阐扬鬼谷子之阴阳风水等术用为主，由宗教信仰入手，建立唯心宗，在禅机山仙佛寺等处，尊鬼谷子为主神，成立鬼谷子学术研究会，并在河南淇县云梦山建八卦城，以王禅老祖殿为主殿，依八卦图形方位，形成一个完整的庙宇群组，以作为鬼谷子之总庙，把鬼谷子推向宗教化。

今日《鬼谷子》渐为世人所重视。而一些学者或从军事、或从外交谋略、或从媒体传播等角度论述此书。君祖先生《〈鬼谷子〉新解》一书，则参以易学来解译《鬼谷子》之术用，开启《鬼谷子》研究之另一方向。君祖先生之书，摆除文字章句训诂之执着，重在义理之发挥及引证，浅明易懂，且所引证者，又大多为当代各国间所发生之重大事件。而当今世界各强权之明争暗斗，实则犹如战国时期列国之纷争。宜以《鬼谷子》书，佐以《孙子兵法》，参以《易经》之阴阳生克，来谋国论政，此君祖书之要旨。

君祖先生是台湾地区易学名家，其易学师承清末皇室遗老爱新觉罗·毓鋆先生。君祖先生好《易》，也好《鬼谷子》《阴符经》等纵横谋略之书，喜窥探天地之秘奥，参究造化之机谋，和我有同好。我曾为此三书作注，并发表相关论文多篇，因而曾蒙君祖先生之邀请，为其易学班做演讲，得以相识。十余年来虽常有贺卡及电邮往来，但彼此则各自忙碌，难有相会之期。今喜见其大作《〈鬼谷子〉新解》一书即将出版，而嘱托我为序，谨略志所感，并述读书心得。

萧登福谨序于台中大里

2015 年 11 月 12 日

自序

谷神不死

2003 年秋及 2006 年春，我曾两度赴河南淇县云梦山所谓的鬼谷观览，据称这里是战国时代神秘高士鬼谷子的教学道场，还挂上"中国古代第一所军事院校"的招牌，有鬼谷先师所居的水帘洞，苏秦与张仪、孙膑和庞涓的石室，等等。这些说法多半与观光创收有关，无须也无法深究，倒是当地山奇谷阔，景色清幽，确是不错的修炼所在，也显示鬼谷子的传说事迹深入人心，千载之下仍魅力无穷。

《鬼谷子》一书行文奇诡险僻，篇名立意即与众不同，包括《捭阖》《反应》《内揵》《抵巇》《飞箝》《忤合》《揣》《摩》《权》《谋》《决》《符言》《转丸》《胠乱》十四篇。附录还有《本经阴符七术》，取名"盛神法五龙""养志法灵龟""实意法螣蛇""分威法伏熊""散势法鸷鸟""转圆法猛兽""损兑法灵蓍"，最后结以《持枢》《中经》二篇。有志事功者依此修习，可在人生剧烈的竞争中脱颖而出，成就不世之业。

斗力不如斗智，武术再高是一人敌，兵法布阵为万人敌，运筹帷幄、决胜千里，调和鼎鼐、定国安邦更需绝顶智慧。《孙子兵法·谋攻篇》有云："百战百胜，非善之善者也；不战而屈人之兵，善之善者也。上兵伐谋，其次伐交，其次伐兵，其下攻城。"外交斡旋必在军事摊牌之先，或和或战都得服从于国政的全盘谋划，谈谈打打，打打谈谈，伐交与伐兵又是交相为用。鬼谷子的思想主要用于合纵连横的外交说服，却又不离兵机战策，其门下既有苏秦、张仪等外交枭雄，又有孙膑、庞涓这种顶级的兵法家，都曾引领战国时代风骚。外交战的胜负取决于对国际大形势的精准判断以及对关键对象真正意图的深入掌握，还有动人心弦的辩才话术与谈判技巧。小人动手不如君子动口。孔门四科中有言语一科，宰我、子贡为个中翘楚，子贡在当时的国际外交上也确有精彩、完胜的表现。

《易经》为中华文化最深的根源，诸子百家无不受其启发影响。六十四卦中排序第七、第八的师、比二卦，劳师动众为军事对抗，比附结盟为外交谈判，相综一体，交互运用。排序第五十七、五十八的巽、兑二卦，巽为深入揣摩内情，兑为言谈取悦、谈判说服。《系辞传》称："夫《易》，圣人之所以极深而研机也。唯深也，故能通天下之志；唯机也，故能成天下之务。"六十四卦三百八十四爻，能变换、激荡出四千零九十六种变化，可谓曲尽人情，通达事理。本书援《易》解析鬼谷子纵横捭阖之术，颇有得心应手、迎刃而解之乐，希望读者于此能有慧悟与卓识。方今之世，硬碰硬的对立抗争已越来越难实际解决问题，无论个人、企业乃至国家间的纷争，耐心沟通、谈判才是更好的选项。《鬼谷子》一书在这方面可谓集大成，值得有心有志者问津。

感谢萧登福教授为本书作序，他对《鬼谷子》《黄帝阴符经》等《道藏》名籍素有专研，卓然成家，他的专著阐幽发微、考证严谨，对有志斯学者大有裨益。我们同好同道，竭诚欢迎天下各方的读者品赏分享。老子有称："谷神不死，是谓玄牝。玄牝之门，是谓天地根。绵绵若存，用之不勤。"鬼谷深智，其若是乎！

于丙申年立春时节

目　录

导　读

扫一扫，
进入课程

　　鬼谷子，传说姓王，名诩，又名王禅、王通。一说为春秋战国时期卫国朝歌（今河南淇县）人，一说为战国时期魏国邺（今河北临漳县）人。

　　鬼谷子是春秋战国时期纵横家的鼻祖，也是中国历史上一位极具神秘色彩的人物，被誉为千古奇人。他长于修身养性，精于心理揣摩，深明刚柔之势，通晓纵横捭阖之术。可以毫不夸张地说，鬼谷子具备通天之智。

　　鬼谷子常入山采药修道，因隐居于鬼谷，故自称鬼谷先生，是先秦诸子之一。鬼谷子为纵横家之鼻祖，苏秦与张仪为其最杰出的两个弟子，另有孙膑与庞涓亦为其弟子之说。

　　鬼谷子生于战国时期，比老子、孔子稍晚。鬼谷子生平博学多艺，既通晓宇宙自然，又精于算术阴阳八卦，培养出多位奇才。孔子门人三千，但真正有名可查的只有七十二贤人，其中为人所熟知者亦屈指可数，而真正有大作为或大贡献者也不过二三人。然而鬼谷子的徒弟，在战国时期屡屡登上历史的舞台，左右着历史的方向，如庞涓、孙膑、苏秦、张仪、商鞅等弟子，对中国历史的发展起到了推波助澜的作用。关于纵横家的代表人物苏秦和张仪，司马迁就曾在其《史记》中郑重写道："此二人真乃倾危之士也！"孟子也评价两人："一怒而诸侯惧，安居则天下熄"，由此可见一斑！

王道与霸道

中国的王道思想，近年来逐渐发出声音，主要针对的是政治、商业领域。在过去和现在的争霸、竞争轮回中，人们面对的是很艰苦、很惨烈的斗争。中国的王道思想，是传统文化中儒家特有的思想资源。孟子在先秦诸子之中比较明确地标榜王道，但是他终生无成。在战国时期七国称雄、生死相争的状况下，王道肯定是没有办法落实的。

王道与霸道之间的关系是很重要的，王道思想的渊源是《易经》和《春秋》这两部中国重要的经典。在《孟子》里面也不是专门谈王道与霸道，他只是在游说诸侯的时候提出来。孟子不是口才不好，也不是文采不佳，但就是没有办法说服任何人，因为他的想法跟那个时代的节奏完全不协调。另外，孟子也可能受那个时代的刺激，他在特别标榜王道的同时，也非常地贬损霸道，甚至像齐桓公、晋文公这种对安定天下有很大功勋的王者，他也不怎么认同，他觉得春秋五霸是社会往低端方向发展的推动者。而且，孟子还认为，真正的仲尼之门人弟子，要羞言五霸，应该谈王道。这样的看法就有点儿不合时宜了，所以他的说法也带来很多的后遗症：一是他当时没有办法跟社会接轨，二是放言高论的态度对后世造成了不好的影响。其实，根据常识都可以判断，施行王道需要具备足以称霸的实力，是国家实力非常强大之后的一种选择。没有足以称霸的实力，王道完全是空中楼阁。

当然，孟子从人性出发，确实检讨得很到位：人确实是如此，由内圣到外王，会遭遇很多没有办法解决的问题。读过《易经》的都知道，从第七卦师卦（䷆）到第八卦比卦（䷇），再往下推衍发展，就会看出霸道的局限，然后才有可能发展成同人卦（䷌）、大有卦（䷍）的王道，才会实现世界大同。一个企业要讲王道，一定要有强大的、绝对的生存竞争实力，然后行有余力，才有机会回馈社会，才有机会去推动王道思想。对于国家来说，就更是如此。

如果专在文史科系、院校去谈所谓的王道，或者研究《易经》《春秋》，因为是关在学院的象牙塔里面，跟社会完全不通气，影响是微乎其微的。《易经》《春秋》展现了内圣的境界，而外王也很重要，王就是王道、平天下。王道政治要落实，没有比实力更重要的了，没有实力统统都是空谈。

我们先用比较熟悉的《易经》密码来阐述王道思想，没有比这个更完美的了。

第一个当然是师卦和比卦。要实现王道，必掌握师卦、比卦中打打谈谈、谈谈打打的策略，有时候斗争，有时候合作，既斗争又合作在这两个卦中体现得很充分了。师卦的卦辞、爻辞没多少字，但是兵法中一些重大的原则都涵括其中。依此类推，比卦也是一样。你可千万不要小看比卦，所有外交谈判、纵横捭阖的重大原则都高度浓缩在比卦的卦辞、卦象、爻辞及《易传》中。其中包含着精简的、可以运用到无穷的外交智慧。师、比的关系，我们要彻底掌握，而师、比二卦六爻全变的错卦就是同人卦、大有卦代表的王道理想。所以师、比、同人、大有这四个卦错综交互的关系就很重要了。假定我们把这些关系琢磨透了，再切入《鬼谷子》、切入《战国策》、切入纵横家，就一点儿也不困难了。

师、比二卦相综一体，同人、大有二卦也是相综一体，师、比二卦跟同人、大有二卦又相错。师、比二卦在同人、大有二卦之前，以对霸道的了解作为铺垫，然后才谈王道。当然，中间发展的过程，熟悉《易经》卦序的就知道，师、比二卦经过小畜（☲）、履（☲）二卦，经过天旋地转大环境变动的泰（☲）、否（☲）二卦，然后才能进入同人、大有二卦的境界。

师、比、同人、大有这四个卦里，凸显的就是比卦。所有的外交活动、纵横天下之术的运用，跟打仗的师卦一样，两个卦都有坎险。"险之时用大矣哉"（《易经·坎卦》），兵行险招，外交也是行险，而且是一波未平、一波又起。所以不仅是打仗险，外交战也是险得不得了。举例来说，我们小老百姓出去跟人家接触，一谈话，三句话不投机，谈得不愉快不说，而且还有可能终生结仇，根本就不知道什么地方得罪了人家。不过，话又说回来，虽然外交是有风险的，但是利益也藏在其中。风险与利益是恒存的，只要你能够克服险阻，冒险犯难，谈判也能够获得大成功。好的资源既代表风险，也代表利益，这是一定的。兵无常势，水无常形，面对形势的虚实无常就要机变灵活。外交谈判也是因时因地制宜，依据不同的对象，要灵活得像水一样无常形。战争是无常势、无常形的，变化万千，唯变所适；外交更是如此，察言观色，谈不拢时马上话锋一转，又换一套说辞，所以它也是多变的，就像水无常形一样。象征人生最后成功的水火既济卦和火水未济卦，里面都是水、火的交融，即坎险跟智慧光明的较量，最后决定人生是"既济"还是"未济"。

坤代表地，是以柔克刚、以小博大、顺势用柔的，而且一定涉及广土众民，所以比卦的外交要有坤卦（☷）的本事，该忍耐时要忍耐，该含蓄时要含蓄，这里面一不小心就会迷失，路线错误，判断就错误。

我们还要广结善缘，要厚德载物。坤卦的《象传》里面讲了三个"无疆"（行地无疆、应地无疆、德合无疆），说明外交没有任何疆域、国界的限制，要广结善缘，搞好周边关系。

外交与战争

鬼谷子的学问之一就是说服别人，也就是纵横学。《易经》中的师卦和比卦是我们了解兵法学与纵横学的两个卦。所有争霸的核心实力，一个是军事行动，一个是外交谈判。它们是一体的两面，息息相关，绝对不能只知道一面。《孙子兵法》中，就论述了军事与政治、外交、经济、情报等之间的关系，非常全面。春秋、战国时期，有过无数的战争和媾和，兵法随之产生，外交也随之产生。所以《易经》的卦序从第七卦的师卦到第八卦的比卦，基本也符合中国历史发展的进程。鬼谷子算是纵横学的祖师爷了，也是一个神秘人物，但是他是在孙子之后，孙子才是集兵法之大成者。师卦教我们如何打仗、如何不战而屈人之兵。外交是师卦后面的比卦。"建万国，亲诸侯"，那个时候有很多国家。天下共主的周天子没落，天子王权完全虚化，大家为了生存，不能只靠打仗，所以由师卦自然而然就到比卦了，就要较劲，要进行外交谈判。各种纵横捭阖的手段，就是师、比二卦的运用，这都是在霸道的领域之中。也就是说，光打仗不见得能够解决问题，而且会破坏经济，自古至今都是如此。外交谈判的费用再高也高不过战争费用。动口也可能解决问题，三寸不烂之舌，讲起来也是功德无量，比起杀人盈野好多了。

到了战国时代，外交和战争的作用更明显了，那些精于军事、游说诸侯的人大发利市，在那个时代特别受重用。作为兵家代表的孙膑、庞涓，和作为纵横家代表的苏秦、张仪，都号称出自鬼谷子门下。所以，我们要研究鬼谷子的思想，了解他的学术源头。

鬼谷子的书在古代谈不上是禁书，但是当政者不希望人们读他的书，更不会去提倡，因为老百姓越单纯越好。假定人们学了鬼谷子深沉的心机、心术，对当局者来说是不利的。鬼谷子的学说从理论到实践都影响了那个动荡的时代。从周初的封建到春秋五霸、战国七雄，大国并吞小国，最后还是要靠霸道（靠杀戮、靠合纵连横）统一天下，所以其思想、学说完全是应运而生的。

中国建立君主专制后，鬼谷子的思想、学说变成了很冷门的东西。其中一个原因就是对当政者不利。宋朝时《武经七书》中《孙子兵法》领衔，但没有专门研究外交谈判的书，说明鬼谷子的思想为当政者所忌。当年那些说客，如苏秦、张仪之流，他们是朝秦暮楚的，对任何一个国家都没有绝对的忠诚。在分封诸侯的时代，这样的情况不鲜见。秦统一中国后，当时的世界，中国之外还有很多国家，可是周边的国家不是附庸，就是边陲小国，只有向天朝朝贡的份，根本谈不上国与国之间的平等往来。鬼谷子的思想、学说一度沉寂，是因为没有了战国那种时代背景。战国时对国家的忠诚不那么重要，大家认为朝秦暮楚是理所当然。有才华的人，看得上哪一国就去哪一国。商鞅刚开始在魏国，魏国不用，他就跑到秦国去。当时很多了不起的人才，常常在这个国家干一段时间，又跑到另外一个国家。可以说，《鬼谷子》是战国时代的产物。如果说，《战国策》是实际的案例，《鬼谷子》就是理论总结，谈得很深。我们要了解战国时代各国之间外交谈判、维持均势的历史故事，即列国的大事与纵横家的言行，可以把《鬼谷子》的理论跟《战国策》的案例结合起来参看。

鬼谷子思想的重要性

鬼谷子的思想、学说在战国时代大放异彩，之后直到明清之前都没有盛行。为什么现在又为世人关注？因为现在又是天下万国了。鸦片战争伊始，清朝的统治者发现地球上有很多强大的国家，又有开展国际外交的需要了。以前那些不太受重视的子书类研究开始活跃起来，因为要解决问题，要救亡图存，要跟那些高鼻子、蓝眼睛的人打交道。有些人意识到中国不再是"天朝大国"，需要专门的涉外单位来进行外交。关于外交，中国有现成的理论，跟西方的不完全一样。先秦诸子的学问慢慢又得到重视，又开始被研究。

现在是多元化时代，对于阅读，没有人限制，所以《鬼谷子》又重见天日，而且变得非常重要。21世纪的时局中，外交肯定比军事重要，大国与大国之间的冲突时时有，但是不敢轻易发动战争。美苏几十年的冷战，都是在打代言战争，不敢直接触碰。现在的世界大国，更加不用说了。怎么可能打？两场声名狼藉的战争（海湾战争和阿富汗战争），就让美国头疼不断。欧盟更不用讲。所以这时外交谈判就无比重要。至于"必要时诉诸一战"，那是筹码，最重要的还是外交战场。这就是《易经》中比卦的运用。《鬼谷子》是中国外交理论思想的鼻祖，在战国时期发挥了巨大作用，现在不只是在中国，在全世界，其应用也将更为广泛。比卦也是比较的意思，以师卦对抗的实力作为根底。但是它真正着重的是不动手，动口就把问题解决。这是一门艺术。西方的外交理论、案例当然有很多，但是中国传统的外交思想、谋略，西方人要搞清楚并不容易。在日寇侵华时期，日本特务头子土肥原贤二，以及战后的大桥武夫，都成立了专门研究鬼谷子的机构。鬼谷子的思想、学说在公关场合，小到商战，大到外交，都有极大的用处。

鬼谷子的神秘性不亚于道家的老子，中国的民间有时候把他作为一个宗教人物来崇拜。

我们今天讲解《鬼谷子》，再配合《孙子兵法》《战国策》里面的案例，就是为了将古人的智慧运用到 21 世纪。现在的世界问题层出不穷，恐怖事件不时发生。天灾人祸、惨绝人寰的事情一件接一件地发生。恐怖袭击完全是非理性的，再强大的军警力量、太空卫星一天到晚地监控都没有用，要从根本上解决，还得靠政府、社会的传播、沟通和谈判。我们面对的这个时代不管是大事、小事，只要有人际接触，都会面临说服、沟通、谈判、传播、企划的问题，这些领域比兵法的领域要广得多，兵法主要解决的就是冲突。东方兵法以《孙子兵法》为首，主要还是化解冲突，不战而屈人之兵，但也不是那么容易做到，连孙武本身都没有办法做到。外交的手段是用讲的方式，只要了解人的特殊心理，甚至包括集体的心理，就可以说服一个实力雄厚的人，化解很多的争端。这种方法和理论当然值得我们去了解，也值得我们去开发。而且，我们讲《鬼谷子》、讲兵法比其他民族要多一个工具，那就是《易经》。

美国、欧洲谈公关、外交、管理、传播、企划的话术，不够精到。欧美一些商学院讲得很火的课程，都是大牌教授主讲，吸引不少中国大中型企业的 CEO 去修习，可是我觉得其中并没有什么高论，那些案例我们也不感觉亲切，而且反映的是欧美社会，与我们何干？美国社会的企业发展理论，并不一定适应中国企业发展的实际需要，能够吸收的其实有限。

和平之道

中国一本重要的经书《周礼》，即《周官》，对王道进行了制度化的设计。《周礼》是对当时的政治、经济、社会、文化的制度设计，但这种制度恐怕没有在周朝出现，只是一个理想，就像《春秋》中"新王"革命的理想。任何理想要发挥实际效用一定要制度化，到最后一定要归结成"制数度、议德行"（《易经·节卦》）才能圆满。没有制度保障，理想就是空架子。很多人认为《周礼》依据《易经》《春秋》的王道思想，进行了制度化的设计。《周礼》不只谈政治，里面有"六官"，天、地二官，还有春、夏、秋、冬四官。在《周礼·秋官》中就有外交官的事迹。以前的外交官称"行人"，有小行人、大行人之分，就像后来的使节、外交官。行人一天到晚出差，进行外交活动。《秋官》对于这些外事活动，也设立了具体的规范。我们如果有主权意识、独立自主的空间，不管是个人、小团体，还是整个社会国家，一定要有门禁，不可以随便让行人来去自如。《易经》中无妄卦的无妄之灾怎么来的？就是因为行人来去自如。他要走，你留不下来；他要来，你也不知道他什么时候来。行人进来，他占了便宜就走了，他造成的后遗症、灾祸，就得由本国人承担。换句话说，在这个世界还没有完全大同、和平之前，在邦国林立、组织林立的状态下，一定要有内控管理，外人不可以随便进来出去。国人的权益是要受保障的，行人没有身份证，没有居留权，不可以来去自如，需要征求同意才可以进来，不能像国人一样一视同仁。另外，我们对于行人，对于这种从外地跑来跟我们谈判或者做生意的人，要有一定的戒心，不要对他有太高的期望，因为他代表的是不同的利益集团。就像井卦（䷯）第三爻（原文为："井渫不食，为我心恻，可用汲。王明并受其福。"）一样，大家开发出一个好的东西来，可是卖不掉。如果卖不出去就暴殄天物，那就要懂得营销。营销要找谁？如果找过路人，他怎么会帮你忙呢？这就叫"筑室道谋"，你家里盖房子，与过路的人商量，岂不是开玩笑？跟他有什么关系？就像卖房子一样，一个路过的人就是肯定你产品的品质，也不代表他能够帮你推销，你还得靠自己。既然对自己的产品有信心，就要说服人家，这就需要说服术。怎么可以把希望寄托在一个过路人对你的赞美呢？当然，一旦找到好的支持者，千万要注意，是"并受其福"，千万不要自己独拿，他受福，你也受福。但是行人绝对帮不上忙，你唯一能够得到的只是一个陌生人对你产品的肯定，其他都得靠自己，如此而已。

一个企业，在像旅卦（䷷）一样到处飘的时候，它一定要想办法落地生根，不然就是失时、失势、失位：好不容易租到一个房子暂住又被烧掉，跟班的也完蛋。必须落地生根，融入当地。不要像旅卦一样四处乱跑，一定要找到一个最适合发展的东西，安定下来，这就是巽卦（䷸）的功夫，要下功夫。苏秦离开鬼谷子之后，传说他游说列国时到处碰壁，尤其是在秦国。后来他潦倒回家，老婆不下机，嫂嫂不下厨。最后他不得不独居茅屋，悬梁刺股地苦读，深入了解了纵横之道后，马上就脱胎换骨。下面就是兑卦的功夫施展：他的话术提到了一个更高的境界，可以让死人回魂说话，让活人忘劳忘死，还可以合纵六国，一争天下，与张仪一起建立以外交为主的体制，开创一个纵横家主宰的战国时代。

先秦的时候有所谓的九流十家，列名在十家之中的就有纵横家。中国的纵横家就是来自行人之官，也就是外交官，这是他们的源头。这些纵横家开始都是民间的人，一朝说服成功，就可以为布衣卿相。我们熟悉的兵家反而没有列在十家之中，看起来比卦还是比师卦重要，能谈就不要打。战国时期，和平是最宝贵的，因为和平才能换来国家富国强兵的宝贵时间。

说服话术——柔性兵法

《鬼谷子》一书共十四篇，传下来的只有十二篇，再加上《本经阴符七术》《持枢》《中经》，共八千多字，比《孙子兵法》篇幅多一点儿。

我们常说"动手不如动口"，兵家是动手，纵横家则是动口；"斗力不如斗智"，兵家既斗力又斗智，纵横家则是斗智。我们都知道孔门里面有一个特强的外交人才，就是子贡。《史记·仲尼弟子列传》中记载，为了救鲁国，孔老夫子派子贡出使齐国、吴国。子贡走了一趟，所有目的都达成了。他保全了鲁国，使其不受齐国的威胁。春秋末年的国际形势因子贡的外交斡旋整个都变了，司马迁评价说："子贡一出，存鲁，乱齐，破吴，强晋而霸越。子贡一使，使势相破，十年之中，五国各有变"。换句话说，子贡动口的本事确实不一般。他的本领就是预测行情、揣摩人心特别准。孔子评价他说"亿则屡中"（《论语·先进篇》），预测屡屡正确。对于揣摩人家的心思、钻形势的空子，他都很精通，而且先拜访谁，再拜访谁，都有其考量。

《论语》中屡次谈及外交活动，孔老夫子认为纸上谈外交是不可行的，他说："诵《诗》三百，授之以政，不达；使于四方，不能专对；虽多，亦奚以为？"如果派你去处理内政，搞不好，派你去做外交使节，也不能独当一面，三百篇的《诗经》都会背了也没用。外交使节有时就像作战的大将，不能事事请示，尤其是以前交通不方便的时候，必须要随着外交谈判的形势临机应变，那就叫"专对"。"将在外，君命有所不受"，外交官在外面，也是"君命有所不受"。国君只能给你一个底线和大致的原则，你不能事事请示，很多事情需要自己做主。

在《易经》中，兑卦（☱）是最能代表动口的。兑卦的经文是最少的，很精简，卦辞只有"亨利贞"三个字，这样谈能不能谈得大家都满意呢？"亨者，嘉之会也"，没有偏离大原则。爻辞才二十六个字。兑卦讲那么少，居然可以感动那么多人。我们有时啰里啰唆讲一大堆，也没有感动任何人，伤元气不说，还白赔了笑脸。人家用最精简的言辞，得到了最好的说服效果。兑卦这种话术是怎么来的呢？经过前面巽卦深入揣摩的功夫而来，巽卦"随风，巽。君子以申命行事"，懂得随机应变。战场是瞬息万变的，外交的沟通也是瞬息万变的。只有下了巽的功夫，对天命、对人事、对藏得很深的人的心思掌握了，你才能脱胎换骨，下面才能有兑卦精确的话术。领导人的心思超难揣测，兑卦的领导人"九五"偏偏没有兑了，很难说服，而且他不真正相信你，你也不敢随便就相信他，故曰"孚于剥，有厉"，风险极高，不小心就被砍头，所以君位是很难说服、取悦的，可谓是阴阳不测。战国时期那些纵横家，主要说服的对象都是君主，兑卦的君位就告诉你

"孚于剥"，不能随便推心置腹，不研究清楚，就不要轻易与君王见面。《韩非子·说难》称："故谏说谈论之士，不可不察爱憎之主而后说焉。夫龙之为虫也，柔可狎而骑也，然其喉下有逆鳞径尺，若人有婴之者则必杀人。人主亦有逆鳞，说者能无婴人主之逆鳞，则几矣。"人君就像龙一样，你要顺着鳞摸，大家都相亲相爱，可是你要批了逆鳞，他马上就跳起来杀人。"逆鳞"，就是君王的罩门、痛点。任何人都有忌讳，君王也不例外，你不要轻易触碰。平常你可以骑在龙的头上，若它突然变脸杀人，一定是你碰到不能碰的东西了。这就有无上的风险。从《易经》来讲，不讲批逆鳞，而是谈"履虎尾"，尾巴是老虎最敏感的痛点，只要你不踩到老虎尾巴就没事。兑卦的君位就有这么高的风险，"孚于剥"是信任的基础太低。要知道古代居于最高权位的人，大部分精神不正常，但是他"位正当也"，你没有办法说服，就没有办法达到你的目的。君王是最重要的人，最重要的人偏偏最难面对，所以你能不能说服他，就看你的本事。面对这种人尤其不能急，你要是急了，就是死路一条，因为兑卦第五爻一变就是归妹卦（䷵），最后可能鱼死网破一场空。

纵横家们对付这样的人，胆子要够大，要把对象彻头彻尾地研究透彻。光是研究透彻还不行，还得看临场表现。韩非就是临场表现不好，说话不利索，旁边就有人说他坏话，所以思想再活跃，准备再周到，说得结结巴巴也不行。从兑卦来看，怎么对付"孚于剥，有厉"呢？那就是跟兑卦第五爻相应的第二爻。第二爻"孚兑"，就是要绝对地展现你的孚，千万不能撒谎欺骗。"九五"有"孚于剥"的特权，"九二"可没有，就要用孚去兑、去说，就有可能"吉，悔亡"。兑卦第二爻爻变就是随机应变的随卦（䷐），灵活得很，一看风向不对，马上就转。

随卦也是一个说服术很高的境界，上卦是兑，满脸堆欢，展现温暖，下卦是震，心中有主张，但主张绝不干扰到外面的兑，懂得随。

兑卦第四爻是经营管理阶层，也很重要，第五爻终端决策者如果同意了，最后还是靠第四爻来执行。执行的团队本身不能拍板定案，但是影响很大，他们谁也不敢擅自做决定，一定要大家商量讨论，这就是"商兑"。在没有建立共识、消除不确定的风险前，它们都是"未宁"的状态，还没有定案，都很焦躁。下面就告诉你，还是要讨论出一个结果——"介疾有喜"。第五爻可能就是第四爻的疾，老板难伺候，君威不可测，也可能是共同讨论的政策有很多没想通，就得一次又一次地商量讨论，最后把疾治好，并且能够预防，进行有效隔离，这样才有喜。兑卦第四爻爻变为节卦（䷻），"制数度，议德行"，一切恰到好处，制度合理，能够很好地实施政策。所以任何一个施政的单位、管理的阶层，一定要经过"商兑，未宁"这个程序。假如兑卦的政府阶层、经营管理阶层开会讨论是必经的一关，那么跟它相对的就是初爻，初爻就得和颜悦色，故曰"和兑，吉"。"和兑"去面对"商兑"，中间没有疙瘩，不会招致怀疑。谈事情就得以和为贵，如果基层抗争，始终没有办法"和兑"，五爻就不会跟你"商兑"。很多的冲突都是这样，所以"和"很重要。换句话说，"和"这个字也是我们想要说服别人的第一个功夫，你是来求和的，是要双方都可以得到好处。从和为贵的原则出发，对方就能感觉到你的诚意、善意，他才会"商兑"。初爻不可能很快就通天，得通过第四爻，所以我们要说服人家，第一要和，第二要展现诚意，双方在一个很好的氛围之中，才可以谈具体的内容。

还有兑卦上爻的"引兑"，我以前提过，真正影响王的人，是在上爻，因为那是上卦兑的开口，有无穷的、不可抗拒的魅力，对大人物来讲这就是他的弱点。对于一般君王来说，可以跟他讲体己话、无拘无束谈问题的人不是那么多，绝不是第四爻，而是上爻。他可以是各种身份或者可以是某种事物，能突破君王的心防。真正能够产生效力的，就是"引兑"。"引兑"这一爻变为履卦（☲），履就是付诸实际行动。如果能够说服上爻，大致来讲，就能够说服第五爻，因为投其所好。找到能够影响他的人，这是在游说君王时永远都不会变的有利条件，一旦那一关过了，马上就可以付诸实行。由第六爻和第三爻呼应的关系，成败对照就出来了。"引兑"到底是谁，或者代表什么，千万不能判断错。如果你判断失误，那就变成了第三爻，就非死不可。第三爻"来兑，凶"，急着想逼人家签约，马上凶。"引兑"是"未光"的，不容易发现。"来兑"是直接摊牌，必败。

可见，整个说服的过程，除非你们真的有缘，第一次见面就达到目的，一般来说是不容易的。事前的准备工作要全面彻底，临场的表现要恰到好处，在有限的时间中，打动人家的心坎，突破人家的心防，是一个循序渐进的过程。不知道要绕多久，才可以判断准确，才能够达到目的、满足需求。这也像需卦（☵）经过"需于郊"（准备阶段）、"需于沙"（确定大方向）、"需于泥"（小心）、"需于血"（更小心）、"需于酒食"，最后才"不速之客三人来"。每个人心中都有所需，你要说服他，你有你的需要，他有他的需要，看你们能不能找到一个平衡点，各取所需。

我们从《易经》这些卦象来看，兑卦、比卦，有坎、有坤、有兑，要说服人家、圆满解决难题的话，是不是女生比较合适？像兑是少女，人家看着就赏心悦目。以兑和坤的性质来说，基本上不是逞强斗狠，大部分是顺势用柔、以柔克刚，也有人称之为柔性兵法，以说服为目的的比卦亦复如是。随着大趋势的发展，可能女人越来越抬头，男人越来越没落。在外交这个领域，女性还可以发挥沟通的长才。没有人希望看到一张扑克脸，动不动就要教训人。

概　述

《鬼谷子》第一篇称为《捭阖篇》，纵横捭阖就是这么来的。为什么不叫"开合"，而叫"捭阖"呢？因为"捭"比"开"更值得玩味。任何东西都是一开一合的，像门户一样。人家愿意说，心门打开，嘴巴也打开，跟你沟通交流是开放的；对你有戒心、敌意了，就把它关起来。阖的时候就像坤卦的阴柔发挥作用，开的时候就像乾卦的阳刚畅所欲言。"捭"字，就不只是开的意思，还有想办法让它开的意思。你想保密，不想跟我谈，但是到时候你不知不觉地跟我谈了。"捭"就有拨动人家心弦的意思，是用手操作的。很多人保护自己，甚至连自己都不敢面对，这样的人是不会轻易跟你交心的，但是只要你能够创造某种氛围，在不知不觉中，他就会放松，打开心防，跟你讲很多的心里话。原先关闭的心门，在我"捭"的操作下，它居然开了。这就叫诱之使开。大部分人不见得会和你处在一个完全开放交流的状态，但是通过"捭"就可以打开僵局。当然，《捭阖篇》不讲这个，它讲的是一些大原则，整个世界就是一阴一阳，一开一合。

《捭阖第一》之后，第二篇就是《反应篇》（也有的叫《反覆篇》），这一篇强调的是知彼知己。任何说服的过程一定是有双方的互动，兵法讲知彼也要知己，要通过沟通交流的过程、对方可能的反应，检讨自己原先的计划是不是要修正，这是一个动态互动的过程，故称为"反应"或"反覆"。在敌我双方互动交流的时候，有很多随机的调整，不能闷着头往前冲。机智的人，能够体会到说服过程充满了变化。有很多事情不给你时间考虑，需要马上想通，立刻调整话锋。所以，说服是一个动态的过程，不断在进行变化。尤其是在你的身份和对方不平等，对方地位比你高很多的情况下，你想说服他，有时只有几分钟时间，就要打动对方。大老板绝不会等你扯半天，还在叽叽歪歪、吞吞吐吐，这就需要事前的准备功夫，也就是《捭阖篇》所说的先要想办法让人家"开"，掌握那些必要的信息。让他开就开，让他关就关，有时候把自己关起来让对方开，我暗敌明。所有这些都是在动态中进行的，也就是"反应"，要不断地随机应变。

第三篇叫《内揵》，针对的是重要的对象，把你们的关系套得牢牢的，让他对你深感兴趣，然后双方能够固结交情，而这个揵是早就下了功夫的，外人都不知道。你们交情很好，可是外人看不出来，不知道你已经下了这么久的功夫。这样的局面要有本事才能搞定。有一些人外表关系很疏远，几天也不见一面，但是交情深得很，早就是一家人。交浅不能言深，一定要交深，才有机会深入谈话。这就看你平常怎么下功夫，研究你所要结交的对象。

第四篇《抵巇》，"巇"就是山沟，等于一段地势、地形突然陷落下去，有一条大的缝，那就是间隙。人跟人之间是有间的，任何组织都有组织结构连接最脆弱的地方，这些都是瑕疵，统统叫巇。人跟人之间表面看着是和，其实是互相嫉妒、互相斗争，你想要进去，就要利用那个裂缝，在裂缝中运作。"抵"就是一定要有缝，才能下功夫。就像战国时期一些国家面临复杂的攻守形势，如何化解、处理那个危机？于是就需要人去谈判，补上那个危机的大破洞，用各种方法把危机化解。《易经》的姤卦就是专讲危机防治的，其卦象就是五阳下一阴生（☰），那个一阴就是脆弱点，把它填实、稳固了，就可以化解危机。但是，危机发展很快，或者危机超过想象，万一补不上了，怎么办呢？另外一种"抵巇"的方法就是不补了，顺便把它摧毁，取而代之。这就是纵横家，他没有说要愚忠愚孝，能救就救，不能救，那就干脆让它减少痛苦，一刀毙命。俗话说，"药医不死病，佛度有缘人"，如果是绝症，你救他是虚耗资源，为什么要救？所以，《抵巇篇》没有说一定要替哪一个集团奋斗到底，能救就救，不能救，还不如痛快一点结束，不要填补无底洞。就像管仲可以归降政敌，当政敌的宰相，而没有说要自杀殉主。也就是说，任何事物结构上一旦有弱点了，我们能救就救，救不了时，干脆就让它撞墙，让它毁了之后再造新生。鬼谷子的理论就是这样，他所教的学生，奔走游说于列国，这些国家的君王看到他们也挺头疼的：要是把问题都告诉他，不严重的还可以帮助君王改正，如果发现是不治之症，那就只有灭国了。我们这个时代，人心也有很多破洞，能不能补？补不上的话，与其去补，还不如统统拆掉重建，可能还快一点。人总是要有一个未来，"抵巇"不会死心眼的，人际关系有时候要破镜重圆，要缝补那个破洞，如果缝不了，为什么还要缝呢？

"抵巇"完了，另外一招就很损，那就是第五篇《飞箝》，"箝"就是钳子的钳，拿一个东西夹死你，让你动不了，受制于人，居然还是用"飞"过去的箝。不像发射导弹，而是有时候给你戴高帽，把你抬得高高的，说你是大师，如何如何，弄得你飘飘然的时候，你就有很多弱点可供利用了。喜欢被人戴高帽子的毛病，连关羽都躲不过。据说，关羽死后成了天上的神。一次，他正在天庭散步，突然看到一个挑着一担帽子的散仙走过来。关羽喝道："你是干什么的？"这人答道："小的是去凡间卖高帽子的。"关羽怒斥道："你们这种人最可恨，许多人就是因为喜欢戴高帽子才犯了致命的错误。"这人恭敬地答道："关老爷您说得没错，世上有几个人能像您一样刚正不阿，对这种高帽子深恶痛绝呢？"关羽心中大喜，便放他走了。走远后，这人回头看了下担子，发现上面的高帽子少了一顶。你看，关羽说对戴高帽深恶痛绝，但是当别人给他戴高帽时他还是很高兴，不自觉地接受了。"飞箝"就是这样，用各种推崇或者打压你的手段，把你从原来应该在的位置打开来，如此一来，你就会失去重心，那就好对付你了。所以，当很多人称赞你时，即拍马屁、灌迷魂汤，可能会要你的命。"飞箝"就是这样让人忘乎所以，失去原有的重心。有些人不太喜欢柴米油盐的事情，你要是跟他谈一些云山雾罩的事情，他就特别喜欢听，这种人就是《易经》升卦（䷭）所说的"升虚邑"。海市蜃楼他喜欢，谈得特别爽，谁知谈的人后面有很毒辣的招式在准备着。这就叫"飞箝"，让人防不胜防。他运用自如的时候，你根本不知道他在"飞箝"。真正会拍马屁的人，拍完人家也不知道他在拍马屁，还满心温暖、桃花满脸。

第六篇《忤合》，"忤"就是有抵触，"合"就是没有抵触。对说服者、传播者跟听的一方的关系要随时考察，一有不对，马上调整。第七篇《揣篇》，第八篇《摩篇》，就是揣摩上意。"揣"跟"摩"还不同，一定得先"揣"再"摩"。揣摩人家的心意是最难的，知人知面不知心。下面就设权衡，定谋略。这都是细密功夫，先揣，试探，再定位，用

"摩"把里面的弯弯绕绕统统搞清楚。接着就是第九篇《权篇》，权衡一下。再谋，也就是第十篇《谋篇》。然后可以下决断了，到底应该怎么做，就进入第十一篇《决篇》。前面下的基本功夫都有了，第十二篇《符言》就是对君主的要求了，这一篇与《管子·九守篇》很多是重复的。后面的十三、十四两篇只有篇名，没有内容了。附录中是《本经阴符七术》和《持枢》《中经》。

综观《鬼谷子》一书，其结构也是循序渐进，从宏观讲到微观，但是大部分偏于"术"的层面，就是话术，讲表达的重要性，并没有涉及宏观的政治经济的分析，跟《管子》是不一样的。

捭阖第一

扫一扫，
进入课程

《捭阖篇》特别长，几乎就是鬼谷子外交纵横思想的浓缩。

"阖"这个字好理解，就是关起来，彻底封闭起来，不让信息显露出去。我们平常讲话，希望沟通交流的对象能够对我们开放，如果不开放，我们没有办法了解对方到底怀着什么想法，那么谈判就没有底了。

"捭"就是想办法引诱对方把心门打开，你就可以知道对方的心意，以及对方的喜怒哀惧爱恶欲。"捭"的动作，可以令对方不想开放也得开放。一般人要保护自己，都想尽量探知别人的最真实的状态，希望自己是关起来的，人家是打开的。这样一来，敌明我暗，就可以处于一个有利的地位。别人藏得很深，不对我们打开心门，我们可以想办法做一些动作，测试他的反应，或者不知不觉诱导他把心门打开，这就叫"捭"。拨动人家的心弦，让他不知不觉开放，于是很多藏得很深的内在信息就流露出来了，我们就可以掌握对方的想法、做法，对付他就容易了。这就是诱之使开。也就是说，不做"捭"的动作，对方是不会被拨动心弦的。一旦引起他共鸣，他想关也关不起来，就把你引为知己，什么都告诉你了。"捭"就是充分掌握主动性，别人想在我们面前守秘密也办不到，最后自然而然有办法让他自己打开。对方是开还是关，跟我们的态度、掌控全局的能力是有关的：有时我们把自己关起来，却可以引诱对方打开，完全对我们暴露；有时是我们要开，做一个试探，放出一些信息，引诱对方打开。《易经·系辞传》说"一阖一辟谓之变，往来不穷谓之通"，不管是开是关，都是在不断变换。

在谈判、讨论、开会、决策时，沟通就是开关，有时候保持沉默，有时候雄辩滔滔，就是希望最后有一个好的沟通结果。这种话术，一定是希望自己的心思不要被人家那么容易看到，但是我们又想完全看破对方的心思，争取到谈判的最佳条件、最佳平衡点，使他开口讲话，或者他不讲话，通过他的一些肢体动作掌握一些信息。有的人开口讲话，努力保持镇定，四平八稳，可是细看会发现他的手指在颤抖，那也是一个征兆，流露出他心里的不安，或者他是在讲谎话，等等。"捭阖"，诱之使开，要他开他就开，从而掌握谈判的主动权。

好，我们进入《捭阖篇》的内文。

（一）

粤若稽古，圣人之在天地间也，为众生之先。观阴阳之开阖以名命物，知存亡之门户，筹策万类之终始，达人心之理，见变化之朕焉，而守司其门户。故圣人之在天下也，自古至今，其道一也。变化无穷，各有所归，或阴或阳，或柔或刚，或开或闭，或弛或张。

《捭阖篇》的第一段，读来有点儿韵文的味道。"粤若稽古"，这个发语词看似很奇怪，其实一点也不奇怪。《尚书·尧典》一开始的文字就是"粤若稽古帝尧"，讲了尧的伟大事业、光辉的生命人格。因为修

《尚书》的时候距离尧、舜已经很远，所以要经过辛苦的考证，当时人才能说得上来尧一生做了什么事情。介绍尧出场的时候就说"粤若稽古帝尧"，"稽"就是稽核，像考古一样考察。根据地下文物或者经典文献，探讨很久以前的事情。要考证，不能胡说八道。考古求证，确实有这个人。这就叫"稽古"。"粤若"是什么呢？有人说就是发语词，还有人认为"若"有顺从的意思，即顺着那些证据的指向去还原历史的真相，不能够逆着。明明铁证如山或者证据不足，硬要瞎掰，都是不可以的。一定要顺着实际的证据去找，要严谨。如果这样的话，"粤"作为发语词就更精简，"若"还有顺的意思。"粤若稽古"，就是我们看有哪一些资料文献，然后去查证、考核很久以前的事情。"粤若稽古帝尧"就是针对尧的传说，我们要去看看尧到底有什么了不起的表现，为什么几千年都以他作为一个天下为公的政治典范。

　　换句话说，鬼谷子的创作绝对受到《尚书》的影响。鬼谷子觉得他的道行很深，其外交纵横术有很深的思想哲学来源，他就说"粤若稽古"，即我们经过了详密的考察和非常审慎的考证。"圣人之在天地间也"，圣人再了不起，也是在天地间降生、生长、发展，没有例外。鬼谷子是纵横在战国时期的人物，距今已有两千多年，但是中国文化历史悠久、博大精深，他的理论不可能无中生有，他也是一个集大成者。也就是说，他是从那些表现很杰出的古圣先贤留下的文化宝藏中汲取精华。"为众生之先"，圣人们特别优秀，出类拔萃，领先我们太多，是我们的表率，是我们学习的典范。"先"，说明圣人遥遥领先于我们，他有先见之明，他是时代的先知，如果他没有给我们树立一个好的典范，开拓我们的思维，我们都不知道人生要怎么走。古圣为什么会有这么深厚的智慧呢？是因为观天、观人。伏羲就是仰观天象、俯察地理，"鸟兽之文，与地之宜，近取诸身，远取诸物"（《易经·系辞传》）。

"观阴阳之开阖以名命物"，"命"就是给自然界的万事万物命名，以资辨别。就像夫妻两个生小孩，要给他命名，以后就这样叫他一辈子。因此我们在给子女命名的时候，希望他平顺成长；圣人也是一样，他对众生有悲悯心，于是要"命物"。但是命名不是一个简单的学问，就像自然界日月星辰的运行，万事万物就是一阴一阳，阴阳之间还会开阖、演变。对于动态的、千变万化的、一直在转换形态的万事万物（包括人在内），我们要仔细观察，像看人的对谈，要在他们种种的密切的互动中，看戏一样地欣赏。寒来暑往是阴阳的开阖，《易经》中的十二消息卦是阴阳的开阖，人与人之间的斗智是阴阳的开阖，天地风云之变也是阴阳开阖，人突然莫名其妙的情绪变化，必有原因，还是阴阳开阖。一个人早上对你很热情，差一点儿就掏心掏肺了，下午的时候突然冷若冰霜，这是怎么回事？什么地方得罪他了，还是什么地方踩到痛脚了？这一开一阖之间都充满了无限的变化，我们就要去研究那个变化的征兆。圣人就是这样"观阴阳之开阖以名命物"，他凭着先知先觉的能力和观测的敏感度，看到种种阴阳开阖的现象，从而给它一个描述——"命物"。这种描述可不容易，动物是怎样开阖的，植物是怎样开阖的，人是怎样开阖的，这种阴阳的互动，变化错综，无限复杂，可谓"阴阳不测之谓神"，但圣人能观测到。

"知存亡之门户"，从开阖之中就了解了生死存亡的门户。我们知道中国的经典中到处都是门户的概念，像老子讲"玄牝之门"，佛教讲"不二法门"，《易经》讲门户，乾坤就是《易》之门，还有节卦的"不出户庭、不出门庭"。门户这一通道特别重要，能影响到生死存亡。处理不当，没看懂，可能就有杀身之祸，尤其在帝王面前讲话，随时都有不可测的风险。一句话讲对了，富贵荣华加身；讲错了，失掉自己性命不要紧，还会祸及家人。可见，"知存亡之门户"是何等重要。作为国家的谈判代表，一两句话讲不好，可能就影响国家的存亡。孙子说："兵者，国之大事，死生之地，存亡之道，不可不察也。"军事如此，外交也一样，该开的时候有没有开，该关的时候有没有关，门户有没有不知不觉泄漏，都事关存亡的问题，所以要审慎对待。有时看到对方门户好不容易打开了，一刹那要关，就得乘虚而入，赶快冲进去，不然被挡在门外，就没有机会了。

"筹策万类之终始"，"筹"本来就是以前筹算的工具，"策"就是占卦的蓍草，"筹策"，就是判断、分析形势，以预测未来，作动词用。也就是说，不止人类，包括种种事类、物类，一切事情的开始到结束，结束再开始，从始到终，终而复始，每一个阶段都可以料算到。为什么会如此料事如神呢？因为前面懂得"观阴阳之开阖"，然后"命物"，知道"存亡之门户"，故可以"筹策万类之终始"，让它结束就可以结束，结束之后还能够生出新的开始，一切始终都不脱离你精确的观察、预测、掌控。

"达人心之理"，打仗重要，外交重要，一般的谈判、公关也重要，想要赢得胜利，就要懂得人心、人情，要了解对方心里想什么。很多情况下是"诚于中，形于外"（《大学》），这还好说，但也有"诚于中，不形于外"，有很多的假面具，对于其中的道理，我们就要了解、通达。人心是最难了解的，也很容易失控，但是不管外面有怎样的表象、怎样的活动、怎样的说辞，他心里的反应，我们还是要掌握，了解其真正的企图。"见变化之朕焉"，"朕"就是征兆。履霜时，要晓得坚冰将至。如果"臣弑其君，子弑其父"（《易经·坤卦·文言传》），要小心国破家亡。这些都非一朝一夕之故，是有征兆在先的。只有先知先觉的人，才能够敏锐地感知，能及时处理他就处理了，不能处理时，至少有警觉并做好准备。绝大多数人则是后知后觉、不知不觉，完全蒙在鼓里，大祸临头了都还不知道。这就是因为我们看不到变化的征兆，或者征兆已经看到了，就是感觉不到其重要性和危险性。圣人就能完全掌握。一旦他看到征兆，是吉或者是凶，就开始审慎了，这直接影响到他的思想、行为，他会采取行动。如果是好的事情，准备好迎接它的到来；如果是糟糕的灾祸要来临，就赶快调整部署，努力化解危机。这就是"而守司其门户"。"而"就是能，"门户"是必经之地，看好你的门户，门禁要森严，不要让不良分子混进来，里面的也不可以随便乱跑出去，就像不能讲的话不要乱讲。人多少要有这种看门的本领，事业小有基础的时候，一定要精挑细选，不要让那些不对劲的混进来，要把坏分子挡在外面，千万不可为了扩张，以致"捡到篮里都是菜"，良莠不齐。《易经》家人卦（䷤）就说，我们要成为一家人，一定要经过严格的资格鉴定，那就是"闲有家，悔亡"，要严格把关，才不会有懊恼的事情发生。我们要培养人才，要造就千里驹，就要养一身的本领，出去才不会出错，所以严格把关是必要的。组织界限分明，这才是"守司其门户"。自己谨言慎行，也是"守司其门户"。有些话敏感，有些话容易引起误解，就算你没有那个意思也会造成不得了的伤害，尤其是面对重要人物，一定要察言观色看其变化。对方脸色变了，声调变了，心情变了，都是征兆。言为心声，一定要谨言慎行。只有"守司其门户"，才能滴水不漏。

"故圣人之在天下也，自古至今，其道一也"，圣人对天下事，最基本的智慧，包括他的做法，自古以来没有什么差别。像知机应变，"潜龙"（《易经·乾卦》初爻"潜龙勿用"）的时候就要看出未来有"飞龙"（《易经·乾卦》五爻"飞龙在天"）的可能，这个潜在的因素不要小看，要赶快准备。履霜的时候，自然而然就要想到更严重的坚冰即将到来，那就赶快除霜吧，等到霜变成冰就没救了。自古至今，这些圣人都是领先跑在前面，很多事情早就看到了，早就化解了，我们还不知道，有时被他救了几次都不知道。其实他的道一点也不繁复，就是"一"。儒、释、道也有"其道一"的地方，各种不同的法门，不同的方法基本都是这样。可见，面对智慧不及的、后知后觉的众生，圣人发悲悯心，用其深刻、领先的智慧，帮助我们看清楚形势，巧妙地化解危机或者创造新的机会，就是"其道一也"，并没有什么不同。老子说："天得一以清，地得一以宁……侯王得一以为天下贞"，"道生一，一生二，二生三，三生万物。万物负阴而抱阳，冲气以为和"。这种最好的方法、不二法门，掌握事情的整体性，肯定管用的就叫"一"。

"变化无穷，各有所归"，事物的千变万化，一定会有一个归属。以不变应万变，化繁为简，以简驭繁，事物往哪里发展，都能进行恰当的回应，怎么变都不怕，知道它最后会怎样。"或阴或阳，或柔或刚"，阴阳是比较形而上的，柔刚是非常具体的，在触感上都感觉得出来。"立天之道曰阴与阳，立地之道曰柔与刚"（《易经·说卦传》），地之道就比天之道要具体了，可接触、可落实。由阴阳发展到刚柔，刚柔相推而生变化，这是我们很熟悉的。同一个事物，有时候呈现阴态，有时候呈现阳态，一直在变，因此我们一定要与时俱进。"或开或闭，或弛或张"，有时打开，有时紧闭。有时松弛、轻松、节奏放慢，人不能一天到晚绷得那么紧。但有的时候绝对要紧张，要剑拔弩张、高度戒备，充满了张力。该紧张的时候紧张，该放松的时候放松。像《易经》中的蛊卦（䷑），在面对拨乱反正的时候，就必须紧张、严肃，而随卦（䷐）就要尽量放松、随和。随、蛊两卦相错相综，就是一弛一张。做事情有时要加把劲，有时反而要放松，都是看当时的情况而定，因时因地制宜。随、蛊两卦就是一弛一张的代表。像蛊卦的"干父之蛊"，抓贪腐，就不要管他是谁，老虎、苍蝇一起打，这就是张，把弓箭拉开，随时准备抓人，对贪腐零容忍。当然，这是政府，对于腐败问题不能放松。从个人的事情来讲，一天到晚也不能这么全神戒备，有时候也得适度放松，那就叫随。一星期上班五天，第六天、第七天就得休息，休息是为了走更长远的路。所以，人生不能永远那么紧张，也不能永远那么散漫，要看节奏、对象而"或弛或张"。你的功力不错，智慧足够，对手太弱，就不需要太张了，闭着眼睛就可以跟他玩。人不能永远绷那么紧，会出问题的，也不能永远那么散漫，该张的时候就张，该弛的时候就弛。

一个高手，面对对手，张弛有度，就像《老子》所云："善数不用筹策。"善于计算的，不必使用筹策。这就是高手，什么都能算得到，完全不用任何工具。也就是说，智慧到了一定境界，何必还要去占卦、问卜、求签呢？他的智慧足以了解天地变化的数了。一般人脑袋想破了也想不到，高手用膝盖想一想就想通了。"善数不用筹策"，用筹策，档次就比较低。人家来请教你对这个问题有什么看法，还得回家算一卦。高手一掐指，心思一转，就知道该怎么做了。有时候沉默不言，人家完全看不出来，还对你很敬畏。《老子》讲："善结无绳约而不可解"。要跟人结交，要发展纵横交织的人脉关系，就要做到让人生死相随，不会叛离。就像随卦的上爻"拘系之，乃从维之"，周朝八百年的基业就在于维系人心的力量特别强，老百姓生死相随。这就叫"善结"。不是要结交朋友，而是要永结同心。善结的无绳约，没有任何契约、约定，也没有拿绳子把大家绑在一起，但是我们之间谁也不会出卖谁，我们的缘分怎么解都解不开，你中有我，我中有你。没有有形的约束，没签卖身契，也没上手铐，却永不分离，不可解。这都是老子讲的处世的功夫。"善结无绳约而不可解"之前还有"善闭无关楗而不可开"，一旦他决定不理你了，觉得你这个人乱讲话、居心叵测，他就什么话也不跟你讲了，他根本没有那个关门的动作，但是你绝对打不开了。"善数不用筹策，善闭无关楗而不可开，善结无绳约而不可解"，修为够、智慧深的人，可以达到那样的境界，完全不落形迹。我们一般人太依赖筹策，没有筹策，简直不会思维了。一定要依靠什么东西才可以怎样，都不是高手。而圣人是对任何事情发展的每一个阶段，从始到终、终而复始，都可以全面掌握。他不靠工具，就可以料算未来，观人善恶，了解人性人情，了解人心的变动，看到变化的征兆，然后立刻采取防范措施，把必经之途的门户完全看住。

（二）

是故圣人一守司其门户，审察其所先后，度权量能，校其伎巧短长。

"圣人一守司其门户"，"一"就是守一、贞一，"同归而殊涂，一致而百虑"的"一","致一"的一。以专注、整体性、纯然不杂的态度，才能把门户看好。"审察其所先后"，要严谨审察一件事情先后发展次序的原因。例如，为什么是春夏秋冬？为什么是元亨利贞？其先后顺序为什么不能颠倒呢？像《易经》的卦序，前面讲完一个什么卦，然后"受之以"，后面一定跟着什么卦。我们一定要去了解这个先后顺序是谁排定的，这个因果关系到底是怎么回事，那就要下很深的功夫，这就是"审察其所先后"。《大学》也说："物有本末，事有终始，知所先后，则近道矣。"还不是道，但是很接近道了。任何事情有的先发生，而且先发生的必然带来后面发生的事情，这个前因后果我们一定要研究透彻。我一直强调《易经》的占卦，演卦容易断卦难，断卦必须要具备卦序、爻序的知识，不能够断章取义，要搞清楚其变化的时间的准确落点。也就是说，现在清楚了，过去清楚了，未来自然就清楚了。"审察其所先后"有一个时间的因素，不是平面、静态的，A+B 不保证等于 B+A，代数里面的交换律在这里绝对行不通，A 在前与 B 在前，结果天差地远。就像下棋，先下哪一手，再下哪一手，顺序无比重要。古代那些说客要去说服国君时，先去见谁都是要慎重的，而且那是第一关，绝不能失败，非成功不可。一旦谈妥了，你就有筹码了，然后就可以再去见谁，这样才更有把握，一切都好谈。如果你选了一个最难的下手，绝对谈不拢，那就没有任何筹码了，后面的就无从进行了。

所以先做什么，后做什么，本末、终始非常重要。《易经》中的蹇卦（䷦），这么艰难的一个局面，如何整合，如何风雨同舟，化解困难，蹇卦的上爻就懂得先做什么、后做什么，绝对不会糊里糊涂，他一定要帮"九五"去除心腹大患——内部派系的纷争，即蹇卦的第三爻——化解内部的阻碍。如果能够说服三爻配合中央，带着上爻跟三爻的关系，说服三爻，帮五爻解决了问题，再去见五爻，这时五爻一定给你一个热烈的拥抱。如果你不帮他解决第三爻窝里反的问题，直接跟他摆龙门阵，他的气不打一处来，你就惨了。蹇卦的上爻就特别懂得这一点，要带着见面礼，其爻变为渐卦（☶），既代表一个雁行团队，又晓得循序渐进，懂得没有寸功不能随便去见国君。可见，前面不打下很深厚的基础，后面期待有什么样的发展，那是不可能的事情。诸如施政、做学问、搞创作，都有先后的问题，没有先就不会有后，时间的次序千万不能搞错。

"度权量能"，度，要有一把客观的量尺去算，哪一个时间点合适，哪一个位置合适，要很科学，很精确。我们去忖度人家的心意，了解人情，就像《大学》所说的"絜矩之道"，前后、左右、上下所有的人际关系，要得到平衡。不能动不动"事无不可对人言"，有很多事情对左右副手完全要保密，对下面讲的东西不见得对上面也可以这么讲，要有所权衡。这就是"度权"。权也是力量，你有权会不会用呢？总统有权，但是不会用也没用。用权的人就要懂得权衡事理，不能死板地背法条。《易经·系辞传》所说的忧患九卦中，功夫最高的就是巽卦。"巽以行权"，不管你用哪一招，反正结果好，但是人家也看不到，"称而隐"，最后就做得很圆满。这样才算能够掌控全局的节奏，可以决定很多事情的最终结果。战国时期的纵横家，往来于大国之间。他们去跟国君谈的时候，对这个国家的资源、地理位置，以及邻国的形势，都清清楚楚地做过地毯式的研究。"量能"，每一个国家的权不一样，每一个国家的能也不一样，都要经过度量。大国小国不一样，它们之间相处的关系如何，也得量。权、能，都得度量。

还有"校其伎巧短长"，校就是比较、较量。"校其伎巧"，不只是对一些资源进行概括评估，还包括运用那些资源的方法技巧，如外交辞令、作战技巧等都在内。用力少而成功多，是因为懂得运用杠杆的支点，这就是技巧。技巧是短还是长，决定输赢成败。外交也称"长短术"：哪一些地方是你所短，就要避其短；哪一些地方是你的长处，就要用其长。而且长短是相对的，不是绝对的，跟对手较量或者跟合作的伙伴配合时，我们要以己之长，战胜敌人之短，绝对不能倒过来，用自己的短处去跟人家的长处拼。有一部书叫《长短经》，原理也是如此。《易经》中的兑卦是专门讲话术的，文辞简短，没有长篇大论，但是它完全把意思表达出来了。

这里的"校其伎巧短长"，是要较量列国之间的实力短长、度权量能，一定要通过比较之后，才能够看出优劣，决定是要合作，还是要结盟，还是要打仗。这跟《孙子兵法·始计第一》很像："故校之以计，而索其情，曰：主孰有道？将孰有能？天地孰得？法令孰行？兵众孰强？士卒孰练？赏罚孰明？吾以此知胜负矣。"所以，《孙子兵法》是"始计第一"，《鬼谷子》是"捭阖第一"。

（三）

夫贤不肖、智愚、勇怯有差。乃可捭，乃可阖；乃可进，乃可退；乃可贱，乃可贵；无为以牧之。审定有无，与其实虚，随其嗜欲以见其志意。微排其所言而捭反之，以求其实，贵得其指。阖而捭之，以求其利。

"夫贤不肖"，人天生就是这样，一定有一些人贤，有一些人不肖。"智愚"，有些人就超级聪明，有些人就笨。"勇怯"，有些人天不怕地不怕，勇气十足；有人就怯弱，什么都怕。天生万物，自然而然就有差别，这是没有办法的事情。

没有办法要求完全平等，正是因为有差距，"乃可捭，乃可阖；乃可进，乃可退；乃可贱，乃可贵"。有差距才可以捭阖，没有差距还不知道怎么操作呢。有智慧的人斗智的时候，就可以把愚笨的人搞得团团转，因为他们的智慧有差距。勇敢地靠着一股勇气，勇往直前，光气势就赢了怯弱的人几分，因为他们有差别。贤、不肖、智、愚、勇、怯，这种天生必然有的差别，使得我们面临诸如国力的差距、聪明才智的差距、资源发展的差距时，可捭可阖，可进可退，可贱可贵。王羲之《兰亭集序》说："天下之大，品类之众"，万事万物太多了，怎么可能没有差别呢？有差别才热闹。"乾道变化，各正性命。保合太和，乃利贞"（《易经·乾卦》），每一种资源不一样，形形色色，要让它们能够和谐相处，合起来能产生很大的正能量。

"无为以牧之"，无为不是没有作为，而是什么都能做，就像老子所说的"为学日益，为道日损，损之又损，以至于无为，无为而无不为"。因为嗜欲浅，天机深，亲近自然，看到了天下众生的差距。这个差距掌握在手，你要帮谁，或者希望有怎样的结果，你就可以操作：想要关就关，想要开就开；也可以让他进、让他退。然后自己不会随着贵贱、进退、开阖受影响，而是主导整个形势的发展，要"无为以牧之"。"牧"就是像牧羊人一样，这些都是羊，驱而往，驱而来。《孙子兵法》讲"若驱群羊"，要他去哪儿就去哪儿，完全听你调动，丝毫不能反抗。这一切都因你创造出这样的形势，你是主导，像牧羊人一样。基督教的牧师在台上讲道，他要控制全场，要让下面的人都觉得欢欣，最后还要唱圣歌。牧师的译法从中国的文化脉络中来，是很美的一个词。牧师者，羔羊之牧，道义者师，所有的羊一只都不能跑掉，要把迷失的羊全找回来。《易经》中的谦卦就说，谦谦君子，用最低调、最谦和的态度，成功渡彼岸，靠的就是"卑以自牧也"，自己养自己，管得住自己。有时候，我们人生出现状况，就是牧得不好。"无为以牧之"，好像什么也没做，但是那个东西绝跑不掉。他看到世间万事万物的差别，就可以去操作运用，可揵可阖，可进可退，可贱可贵，随心所欲，而自己不会随波逐流，跟着失控。

"审定有无，与其实虚"，阴阳刚柔，虚实有无，有时候要无中生有，有时候明明有，也要假装成没有，这些操作，我们要审定。比如，给人一个永远不可能真正圆满实现的梦想，也有可能激发很多人追逐那个梦想，产生很大的能量。那个梦想可能没有办法落实，但是达到了我们阶段性的目的。一般人都是不满足于现实的，所以提出一个跟现实不一样的梦想，望梅止渴，画饼充饥，有时反而能激发出意想不到的大能量。《易经》升卦第三爻称"升虚邑，无所疑也"，人只要相信一个东西，就算是假的也想变成真的，这就是"虚"的利用。有时是实的利用，有时是虚的利用，虚虚实实，让人捉摸不定。《孙子兵法》不是有《虚实篇》吗？我们要知道虚实，还要懂得操作运用。"随其嗜欲以见其志意"，人与生俱来都有嗜好，都有欲望，庄子就说："其嗜欲深者，其天机浅。"这是百分之百的真理，任何国家、任何公司、任何个人都有嗜欲。无为的圣人审定有无、虚实之后，顺着他人的嗜好、欲望，了解他心中的主张，他的起心动念全掌握在手。对方的意志表现在外面，常常是嗜欲在发挥作用，除非他是有道之士或者修为非常高。人一定是受制于他的嗜欲，嗜欲就显现出他的企图，那是一个人致命的弱点。喜欢钱的，只要碰到金钱的事情，马上暴露出很多破绽、弱点，你就可以操纵利用，做明确的辨别。一旦对方有致命的嗜欲，我们顺着他的嗜好和欲望，就可以知道他真正的企图，对付他就很容易了。所以，我们要想知道对手想干什么，一定要让他的志意曝光。庄子说人的嗜欲要浅，《易经》损卦（☶）要"惩忿窒欲"，就是因为嗜欲太重时，你与别人的对抗、较量，就很可能失败。一个人嗜欲越浅，天机、商机、兵机就越深，他做什么都有高境界，没有多少弱点，就不容易被对手利用，别人当然无从对付。

下面就讲到与别人此来彼往言辞交锋的状况，这是鬼谷子的实际人生经验："微排其所言而捭反之，以求其实，贵得其指"。世界是钩心斗角的，双方过招，你一言我一语，不管在会议场上，还是在谈判场所，我们讲的话恐怕真的东西不多。而人家跟我们讲话时，好像完全没有私心，但你不要马上就相信，这个人不可能这么大公无私，不可能那么伟大，但你也不要直接揭穿他。"排"就是不接受，对方冠冕堂皇，讲了这个又讲那个，你并不是马上就无条件接受，可是也不要用很大的动作去拒绝对方，否则对方更深的用意就显现不出来。这就是"微排其所言"。你不讲，就一副怀疑的样子，让他感觉到他说的没有取信于你。既然他没讲真话，那要如何引诱他讲出真话呢？"捭反之"，他讲的不是心里话，不是他真正的企图，对我们来说他是设防的，心门是关起来的，那么，我们要听真话，了解他的真正企图，就要想办法引诱他不知不觉地把心门打开。我们没点头接受，但是并没有激怒他，假如他想要说服我们，发现说假话没用，我们把他挡回去，他就要考虑换一个说法或者把原先还没说的内容透露一些出来，那就是我们的目的——"以求其实"。如果他完全没有透露"实"，怎么继续往下谈呢？

对方第一次的尝试无功而返，很快会提出第二个方案，希望得到我们的认可——"贵得其指"。他到底要什么，这是我们要掌握的主旨。我们要求实，虚的东西我们不接受，实中还有那个"指"，即他的关键大要。可见，我们要学会辨识，辨识对方前面哪些是胡扯、是释放烟幕时，就要想办法用一种不破坏双方谈判的方法使对方调整说法，让对方掏出一点干货，把真话说出来。可能有一些不是要点，那么我们就要掌握其要点。这就是"捭"的动作，引诱对方把心门打开，把里面真实的信息放出来。"以求其实"，还要求实中的关键处。有时候我们要保持沉默，"阖而捭之，以求其利"，一定要逼出对方更多的真相，让他着急，知道他没有真正说服我们。经过了几次交锋之后，他必须透露更多、更真实的信息给我们。我们需要的信息他还没有完全透露，我们就保持沉默，是一个关闭的状态，逼着他放出更多的信息。沉默的力量是非常可怕的，可以强大到摧毁对方的心防。

（四）

或开而示之，或阖而闭之。开而示之者，同其情也；阖而闭之者，异其诚也。可与不可，审明其计谋，以原其同异。离合有守，先从其志。即欲捭之，贵周；即欲阖之，贵密。周密之贵微，而与道相追。

"或开而示之"，我们要开示他，有时候可以明讲；"或阖而闭之"，有时候我们不讲，但是至少让对方明确知道我们不满意。"阖而闭之"，主要是保护我们自己的想法，让对方感觉我们高深莫测。也就是说，对方开出的条件如果我们认为还不是实话和真正的底线，那我们可以保持沉默。沉默的抗议会让对方着急，下面就会释放出更多的条件，透露出更多的真实信息。

　　"开而示之者，同其情也"，对方显现了他的诚意，我们也不能完全不讲，把一些可以讲出来的东西告诉对方，双方分享信息，就可以获得共同的立场，拉近彼此的距离，引起共鸣。距离一旦拉近，那就可以继续往下谈。对方表现了一定的诚意，我方也表现相对的诚意，双方获得共鸣，这就是"开而示之"的效果。

　　有时候要"阖而闭之"，对方怎样逼问我都不再讲，因为"异其诚也"，代表双方有分歧，也就是说我对你的诚意有怀疑。既然你不完全跟我讲真话，我就没有必要跟你都讲真话。这就表示对你缺乏诚意的谈判态度不满意，多谈无益。酒逢知己是"开而示之者"，"同其情也"千杯少；"话不投机半句多"，就是"阖而闭之者，异其诚也"。既然双方想的不是一回事，那就别浪费时间了。可见，人的闭口不言跟开口讲话，讲多讲少，都直接影响双方的互动。知彼知己，百战不殆。如果谈几句之后，发现道不同，那就别浪费时间，不相为谋，还不如吃饭聊天。如果发现可以谈，但是躲躲闪闪，我们就要利用这种高度的敏感，做一些诱引的动作，使对方打开心门。

　　《易经》中的同人卦（☰），想要"同人于野，利涉大川"，即跟全世界不同种族、不同宗教、不同习性的人沟通谈判、和平共存，同人卦的君位就是"先号咷而后笑，大师克相遇"，刚开始很不顺，但一旦显现实力，就排除了障碍。同人卦第五爻爻变就是离卦（☲），网络建构起来了，大家消除了彼此的猜忌，可以永续了。孔子在《系辞传》中对这一爻就说："君子之道，或出或处，或默或语。二人同心，其利断金。""或默"，有时候保持沉默是最好的，不讲，即不表示赞同，不置可否。"或语"，有时候需要讲。有时是沉默好，有时是讲好，但是目的都是让双方建立共识，克服障碍，达到双赢局面，最后的目的就是要同心，"其利断金"。"或默或语"，沉默有时是最佳的表达，在人际交往中，沉默是最可怕的。他不骂人，也不打人，就保持沉默，光是那个沉默就有极大的杀伤力。夫妻间吵架不也一样吗？有时候沉默最可怕。明明很生气，怎么不讲呢？不讲最可怕，你笑也不是，哭也不是。这在《易经》中就是"不言之象"，沉默的力量才可怕，所以我们要善用。但是，有时候就必须要讲一点，耍花招或者转移视线，没意思。双方都有一定的实力时，既然要谈，最好真诚地交流，不必绕圈子。

记得在二十多年前，我在出版公司做总经理，管业务部门，那些业务员个个都是骄兵悍将，公司花很大的成本养他们，他们做出一点点的业绩就让财务非常紧张。每个月的月初要开业务检讨会，提出下个月的计划。我是文人带兵，要压得住这些家伙，该怎么训话呢？于是就占一卦，结果是兑卦（☱）变艮卦（☶），兑卦是会说，艮卦是根本不讲，这不就是"或默或语"吗？我就恍然大悟了。第二天主持业务汇的时候，那些业务代表拼命解释，叽叽歪歪，还有一个副总经理讲了半天，我一句话也不讲，他们一看就有点儿心里打鼓了，是不是要开除？是不是要裁员？我就是装作很不爽的样子，完全不讲话，随便你们讲什么，我都"无为以牧之"，这下他们紧张了。你看，《易经》

指示得多好，结果那个月他们拼命动员力量，也不敢藏私，第二个月的业绩就把第一个月的损失补回来了，还有余。可见，沉默是很可怕的，我们要善用沉默。有时兑卦的能说会道完全无效，你讲什么都没有用；艮卦则完全不讲，对方猜不透，压力就产生了。佛祖拈花微笑，完全不讲话，悟了的只有迦叶，大多数人还是笨蛋。所以，大家要锻炼这种默契，一切尽在不言中。在实际的商务谈判、政治谈判、外交谈判中，"或默或语"就是斗智的高明手段。

"可与不可，审明其计谋，以原其同异"，谈判到最后总有可行、不可行的判断，能不能够继续谈，是否关闭谈判的门，都要认真考量。"审明其计谋"，像问案子一样，一定要搞清楚。因为彼此为了自己的组织、国家的利益，一定会想办法争取最大的利益空间，得到最好的条件，要做到这些不可能不用计谋。"审明"即知彼知己，了解敌方的计谋，想清楚我应该用什么办法去对付。"以原其同异"，"原"是动词，即追本溯源。对方为什么会有这样的表现，突然讲出这样一句话，做出这样一个动作呢？一定有原因，你要找出那个根源来。冰冻三尺非一日之寒，搞不好几十年前或者是什么时候，你得罪了什么人，根本就不知道，只会觉得没道理。我们会有同，也会有异，同就是"开而示之，同其情也"，什么叫异？"阖而闭之者，异其诚也"。夫妻有同异，父子有同异，同学有同异，师生也有同异，我们要彻底了解，追本溯源，找出分歧。要知道，有些人善于藏心事，隐藏心中的不痛快，有时真的可以藏半辈子，累积到一段时间，因为一个特殊的诱因，或者面临某一种时空环境，他爆发了，以致大家大吃一惊：怎么回事？怎么会这么失态，他怎么会突然讲出这些奇怪的话呢？所以，我们要追溯原因，对照目前言行的结果，找出异同，能化解的就化解，不能化解的也要找出原因来，不找怎么解决问题呢？

"离合有守，先从其志"，人际交往如同网络，都有一个标准，离合都得有原则，不能感情用事，尤其是谈判。代表团体谈判，是决定离还是决定合，不能没有原则。像外交官谈判，一定要谨守底线，有一个大原则，即以整体的利益为依归，而不是依从个人的情绪。"先从其志"，了解对方，并不代表你接受对方，但是先让对方提建议，你不要太快出招。你如果占一定的优势时，更不必那么积极，要让对方着急。如果真正是同，还有合的可能；如果是不同，不能谈了，就必须离开。虽然有这种离合的考量，也一定要坚守自己最重要的底线、原则，探到对方的心志之后，随顺对方的心志再做进一步的考察，不要直接推翻或者桌子一掀就走了。这就是"离合有守，先从其志"。真正懂得谈判的人，绝对不会意气用事，不会中途掀桌子或者集体退出了。因为人在自己的志向确定之后，就算被我们探测到一定程度，他还会顺着这种逻辑去想，我们就要再发展、再深入，看他到底是怎样想的，不能意气用事地放弃。所以，谈不拢就再见，谈得拢就逐步渗入，一定要有规范，不要感情用事，要"无为以牧之"，以整体的利益为考量，绝对不以个人的情绪意志为转移。麻烦在于有时无法从其外在的言行，找到其内心真正的意思。我们只有一层一层地剥，才可能找到核心的想法。

"离合有守，先从其志"，注意这种开阖的互动，"即欲捭之，贵周；即欲阖之，贵密"。"即欲捭之"，假定认为还有希望，对方还没有完全打开心门，一定要周全、周密地考量，他还没有打开，只是开了一半，我们要引诱他再打开一点儿，对事情的判断一定要以全方位的了解为基础。引诱他从关闭状态到打开一半，再到打开三分之二，甚至全开，讲出真话，"贵周"，贵在周密。我们要掌握全面的信息，那些漏掉的局部的信息搞不好就是关键信息，所以要思考周密，方法也要周密。"即欲阖之"，我不想跟你谈了，"贵密"，就要保守机密。因为大家钩心斗角，每个人都不可能一开始就全讲真话、把所有的底线都拿出来。如果关键的信息没有必要让对方知道，那我就绝对不讲，要密不透风。

"周密之贵微，而与道相追"，"微"就是隐微不显、精微、微妙。周密，还要照顾到最细处都不泄露。我希望人家暴露更多，自己守住更多，就要在小处周密，譬如眼神、肢体细微的动作，都要用心做到自己隐微不显，同时，观察对方显露的信息。因为那都是几微之处，知几才能应变，这样子才合乎谈判之道。我们虽然不敢说完全符合道，但跟那个道的差距不会太大，即"与道相追"。换句话说，主导我跟一个难缠的对手谈判的道，始终都不要脱离。如果有差距了，落入下风了，我得赶快追上。周密贵微，要探到人家更多的信息，我要"贵周"，而自己有一些东西是打死都不能让人家知道的，就要"贵密"。《孙子兵法》讲用间时，就说"无所不用间"，"微乎微乎，至于无形"，"无形则深间不能窥"，最深的间谍都不能窥视我们真正的奥秘。还有"智者不能谋"，对手再有智慧，都没有办法谋划好对付我们的手段。

"周密之贵微，而与道相追"，这样才合乎道，始终不能偏离这个大原则。《易经》节卦（䷻）第一爻"不出户庭，无咎"，《系辞传》就说"君不密则失臣，臣不密则失身，几事不密则害成，是以君子慎密而不出"，这说得非常有道理。节卦初爻讲的就是保密的重要性，要是你一不小心泄露了，不管是有心无心，或者中了人家的计，人家就从你泄露的局部，马上可以推出全局，然后就破获了机密，然后你就完蛋了。节卦第一爻就告诉我们，守不住机密，不能周密，不能用心于微，爻一变就是坎卦（☵），无限的风险就来了。节卦卦象是泽中蓄水，初爻为阳爻，一变阴爻就泄底了，水就流光了。任何人、组织、国家都有机密，不管是商业机密、军事机密、外交机密，保密没有那么简单的，一定要周密。你看很多的捭阖事例就知道了，人总是希望捍卫自己，想多知道人家的事情，不想人家多知道自己，那就要双方过招。有时在不知不觉中你就讲多了：人家发现你打死都不讲，就请你去一个轻松的地方喝喝酒、聊聊天，你就讲出来了。

第二段结束了，我们再回顾一下："是故圣人一守其门户，审察其所先后，度权量能，校其伎巧短长。夫贤不肖、智愚、勇怯有差。乃可捭，乃可阖；乃可进，乃可退；乃可贱，乃可贵；无为以牧之。审定有无，与其实虚，随其嗜欲以见其志意。微排其所言而捭反之，以求其实，贵得其指。阖而捭之，以求其利。或开而示之，或阖而闭之。开而示之者，同其情也；阖而闭之者，异其诚也。可与不可，审明其计谋，以原其同异。离合有守，先从其志。即欲捭之，贵周；即欲阖之，贵密。周密之贵微，而与道相追。"我们可以贬低、抬高对方，但是自己一定要如如不动，始终掌握整个议程，心不要乱。你越无为，对方所有的有为，你都能看得透亮。你自己要是乱了，那就什么也看不清楚了。要掌控全局，审定有无、实虚，得到我们要的真实的信息，从信息中掌握要点。可以保持沉默，利用沉默的力量，打开可能获益的空间，也可以显现你的善意，双方真诚对话。大家想法不同，可与不可，一定要找到根源。"开而示之者"，采取比较坦率交流、开放的态度，"同其情也"，只要双方在情上面相通，交流就比较顺畅。"阖而闭之者，异其诚也"，为什么突然不说了、不表态了？因为发现我们不是同道，不容易有共识。那就明确表示，当然也不见得一定要讲出来反对意见，不说话即可。"可与不可"，最后决定到底可不可以合作，可不可以达成共识，还得下功夫，不是感情用事，要"审其计谋，以原其同异"。彻底搞清楚真假虚实、有没有合作的可能、还值不值得谈下去，以便做出重大抉择。如果连同和异都搞不清楚，那还谈什么呢？有些人明明不是一路人，却还拼命往上凑，忽略了他们之间巨大的差距，怎么可能组成攻守同盟？有同的地方，有绝对不同的地方，为什么会有一些地方同，或者同志之间变成异了呢？到底什么时候种下的根呢？一定要把缘由找出来。

另外，我们看"离合有守，先从其志"，这个"其"到底是指我方还是对方？这就是中文的精炼之处。《孙子兵法》里面就有好多这种"其"。中文的笔法有很多没有主语，为什么过去的中国人都看得懂呢？《易经》的爻辞有时也是莫名其妙，居然没有主语。中国人就活在动词里头，奇怪的是大家都懂，也不会产生误解。所以我特别佩服那些把这种经典的文字翻译得很精确的人。像卫礼贤，他是德国人，在青岛住了几十年，非常熟悉中文，他才能做这样的翻译工作。如果不懂得语文脉络，我刚才讲的所有这些"其"，就很让人头疼了。"先从其志"的"其"如果是指谈判对手，你掌握了他的心意之后，就顺着他的思路，先听听，看他讲什么。一旦你"从其志"了，他就越讲越欢，讲出来的东西就越多。这是一种。还有一种"先从其志"，是从自己的志，从头到尾都"离合有守"，绝对不会牺牲底线，对方讲的如果违背了你的底线，根本就不要谈了。像很多外交官谈判的时候，现场随机应变的辞令，"老板"是不可能事先教他的。"老板"只告诉他一个底线，必要的时候什么可以让，但是最后一定要谈判成功，这就是"受命不受辞"。打仗也是一样，怎么打那是你的事，但是不能打输。所以"其"

就如"一"，像元亨利贞的"贞"，超过底线就不能同意，这个原则一定要把握。如果是这样的，"从其志"的"其"就是指大原则。不管谈判怎样变化，我永远把握利益的底线，绝对不会牺牲原则去换取一些不可靠的东西。这就是谈外交的比卦（䷇）的第二爻。比卦第二爻在讲"比之自内，不自失也"，我们跟人家谈判合作，希望取得某种利益，但绝不能丧失独立自主的原则。交朋友不代表我卖给你了。外交是内政的延长，绝对不要牺牲独立自主的原则，否则就会成为附庸。

（五）

揣之者，料其情也；阖之者，结其诚也。皆见其权衡轻重，乃为之度数，圣人因而为之虑；其不中权衡度数，圣人因而自为之虑。

鬼谷子的文章，即使你常读古文，读起来都有点儿费劲，因为这个人确实很"鬼"。假如他真是住在云梦山水帘洞里面，在那种阴湿的环境下，不这么写文章大概也不行。他写的内容，每一个字我们都认识，但是不见得真明白他在说什么。从以前的那些注解来看，大家是在猜他的意思。他的门下出了那么多纵横家、兵法家，这个人的心思确实很深沉。他的深沉影响辞章的表达，跟我们熟悉的老子的深沉又不一样。老子比他博大开阔，鬼谷子机敏，而且城府特别深。揣摩人家心中真正的意图，他有独到之处。那么应该怎么体会其意思呢？光靠一个人在家里想是不行的，要跟社会互动，诸如谈判、沟通、交流、公关，揣摩对方的行为、语言，包括语气、气色、态度上的种种变化，也就是说要实际接触，不然我们根本不晓得鬼谷子所讲的到底是怎么回事。要知道鬼谷子这一套思维，主导了整个战国时代那个大争之世，处在那个时代，不争是不可能的，争就不希望落入下风。

我们之所以到 21 世纪又开始重视鬼谷子的思想，一方面它是整个民族的文化遗产，另一方面就是现在全世界靠硬干能解决问题的不多。军事、征战的效力是有时而穷的，而且成本太高、代价惨重。现在外交纵横的领域无比重要。《孙子兵法》讲"上兵伐谋"，在计划阶段就把敌人摸透，事先做趋避的动作，抢占先机。"其次伐交"，就落实到这种合纵连横的外交上了，这时就不只是斗力，而是斗智了。现在的中国面临极其复杂的国际局势，美国已经把假面具摘掉，直接力挺日本。严格来讲，美国从罗斯福总统之后，都在走败家的路。对中国来说，实力强、实力弱是一回事，外交绝对可以弥补不足，也就是要讲求斗智的学问。

我们回到正文："揣之者，料其情也。摩之者，结其诚也。皆见其权衡轻重，乃为之度数，圣人因而为之虑；其不中权衡度数，圣人因而自为之虑。"先看"度数"，《易经》哪一卦要注重"度数"？节卦，节气的"节"。大自然的节气，阴历、阳历皆是度数，科学得不得了，差一天都不行。节卦讲"制数度，议德行"，分寸恰到好处，要想发而中节，一定要权衡轻重。就像谦卦要求平衡，要弭平争端，要改善贫富不均，就得聚多益寡、称物平施。任何东西都有轻有重，有小国、大国，有小公司、大公司，我们一定要衡量好，"乃为之度数"。度数，就可以量化，掂量自己的分量，想清楚怎样出招，放出什么资源，有什么样的合作空间。

"揣之者"，就是"料其情也"，我们要克敌制胜，跟谁接触都得"料其情"。对方到底在想什么，一定要弄清楚。人绝对不可能摆脱这个情，我要打开、要引蛇出洞、要表态，为的是看清对方是真的附和还是假的附和。如果我不做"揣"的动作，就不容易掌握对方到底在想什么。"阖之者，结其诚也"，不谈了，关上了大门，没有什么好谈的了，或者你的态度、对方的态度需要修正，那就不必强求。志同道合才能合作，利害与共才可以风雨同舟。不管是"料其情"还是"结其诚"，要搞清楚敌我的实力真相和对方的真正企图。有时候是开，有时候是关，都要做得恰到好处，"皆见其权衡轻重"，经过周密思考，不是意气之争、感情用事，而是称量过了。

《孙子兵法·形篇》就讲"称生胜"，发展结构越均衡，该称量的都称量了，胜利才会到来。敌我差距、综合实力的对比，叫"称生胜"。所以称是不能乱来的，"权衡轻重"就要"为之度数"，有很多的指标，"圣人因而为之虑"，这样就有一个度数、有一个客观的标准，那就可以深思熟虑争取最大的利益。要是"其不中权衡度数"呢？完全没规矩、没制度，那还要不要跟他进行合作？不必了，"圣人因而自为之虑"，既然绝对不是一个好的合作对象，就像苏秦、张仪之流，发现这个国家不行，国君绝对不是可以辅佐的，有时候还会惹来杀身之祸，那就"自为之虑"，替自己打算，千万不要愚忠愚孝。扶不起的阿斗为什么要扶？这就是纵横家的冷静。他们为什么可以朝秦暮楚？原因就在此。"中权衡度数"，就可以帮他出谋划策。如果经过一番交谈之后，发现这个国家没有救，或者望之不似人君，那就不必殉主，甚至发现对方有不少弱点、破洞，实在补不了，那就再砸大一点，让他垮掉，自己从中分得利益。这就是纵横家。所以，你遇见这种人，要小心，他可能坐收渔利，有可乘之机，就会占便宜。

现在的企业，老板在征员工，员工也在选老板。如果"不中权衡度数"，何必费心呢？就自己干了。但是，话是这样说，问题是人有感情包袱，桃园三结义就是这样。刘、关、张兄弟情深，愿求同年同月同日死，结果一语成谶，三人之死相差不了几天。刘备死后怎么办呢？留下一个阿斗，阿斗就"不中权衡度数"。诸葛亮很聪明，却死在感情用事上，硬是要辅佐这个扶不起的阿斗。刘备临死前也是睁着眼睛讲假话，对诸葛亮说阿斗能辅佐就辅佐，要是认为阿斗不行，你就自己干。其实真的是这样吗？非也，这是拿话堵住诸葛亮的异心。诸葛亮必然"鞠躬尽瘁，死而后已"。如果诸葛亮"其不中权衡度数，圣人因而自为之虑"，还有阿斗吗？三国的历史估计要重写了。

（六）

故捭者，或捭而出之，或捭而内之。阖者，或阖而取之，或阖而去之。捭阖者，天地之道。捭阖者，以变动阴阳，四时开闭，以化万物；纵横反出，反复反忤，必由此矣。

"故捭者"，又回到"捭阖"的动作，"或捭而出之，或捭而内之"，"内"即纳，"出"就是赶出去。借着捭的动作，赶出去或吸纳进来。"阖者，或阖而取之"，保持沉默也可以，有时沉默反而能要到东西。"或

阖而去之"，人家一看你不理他，就真走了。捭出捭纳，阖也可能"阖而取、阖而去"，看你最终是想出还是想纳，是留他还是赶他走。

"捭阖者，天地之道"，捭阖是自然的道理。《系辞传》就说"一阖一辟谓之变，往来不穷谓之通"。这是自然的法则，就看你如何巧妙运用。"捭阖者，以变动阴阳，四时开闭，以化万物"，捭阖可以使阴阳产生变化，使四时交替循环，使万物得以存续。后面就提到了"纵横"，有人认为有衍文。"纵横反出，反复反忤，必由此矣。"清朝的俞樾就说"反出"和"反忤"是衍文，念起来文气也不顺，他说应该是"纵横反复，必由此矣"。纵横反复，错综交互，一下往这儿、一下往那儿，一下出、一下入，就像天地的"变动阴阳，四时开闭，以化万物"，万物不可能不受自然环境的影响。"纵横反复，必由此矣"，从养生到治国，没有任何人能够摆脱自然法则的影响。拿掉"反出、反忤"，确实比较顺。

（七）

捭阖者，道之大化，说之变也。必豫审其变化，吉凶大命系焉。口者，心之门户也。心者，神之主也。志意、喜欲、思虑、智谋，皆由门户出入。故关之以捭阖，制之以出入。

"捭阖者，道之大化也，说之变也"，作为说客，有时候说不通，就得换一招，将以前的说辞暂时搁置，看别的说法能不能打动对方的心弦。

"大"字，有的版本就认为是多余的字，因为与下文不对称，应该是捭阖这个动作，是"道之化，说之变也"。自然的为化，人的言辞叫变。

"必豫审其变化"，"豫"即预测，要占先机，早一点儿看出未来的变化趋势，这样的话管理成本才会低。"必豫审"，像审案子一样精确，预测其未来的变化。"吉凶大命系焉"，得失、成败、吉凶、输赢的大命、天命，就系于此。这完全是真刀真枪的较量，不能出差错。谈判是千变万化的，有些人只有一个说法，不会变招，人家是尊重他，不好意思叫停，他还在拼命地讲，不懂得换一个说法，这样谈判怎么会赢呢？春夏秋冬季节变换，才有万物的生长。人也是如此，穷就必须变，变才会通，而且还要提早掌握，"豫审其变化"。你的吉凶、天命都系于此，如果没有这个能力，就不要出来丢丑。

"口者，心之门户也"，我们心里想什么，借着我们的口说出来。"心者，神之主也"，心是神之主。一个人有心、没心，绝对不一样。"志意、喜欲、思虑、智谋，皆由门户出入"，内心的任何想法都是由口表达出来的。《易经》中要我们慎言，就是因为"君不密则失臣，臣不密则失身，几事不密则害成"。祸从口出，病从口入，故颐卦（☲）告诉我们一定要"慎言语、节饮食"。"故关之以捭阖"，捭阖一定要恰当。"制之以出入"，要限制某些人事的出入，不能没有门禁、门槛。所以，绝对不可以乱讲，甚至有时一颦一笑都要小心，因为怕人家误会。言者无心，听者有意，搞不好你就树了一个一辈子的敌人，还搞不清楚什么地方得罪了对方：不该笑的时候笑得太灿烂；人家讲话的时候，你冷笑了一下；再不然他意气风发一通讲话，结果你什么也没说。要是碰到记仇的人，会无理由地恨你一辈子。

（八）

捭之者，开也，言也，阳也；阖之者，闭也，默也，阴也。阴阳其和，终始其义。故言长生、安乐、富贵、尊荣、显名、爱好、财利、得意、喜欲，为阳，曰始。故言死亡、忧患、贫贱、苦辱、弃损、亡利、失意、有害、刑戮、诛罚，为阴，曰终。诸言法阳之类者，皆曰始，言善以始其事。诸言法阴之类者，皆曰终，言恶以终其谋。

"捭之者，开也，言也，阳也"，这个很好理解，捭就是开，就是言，就是阳。"阖之者，闭也、默也、阴也"，阖就是关闭、沉默、阴。"阴阳其和"，孤阴不生，独阳不长，真正会操作的要阴阳和合、刚柔互济，才有创造性的突破。既然是谈判，就不要随便，谈不成仁义依旧在，不必树敌，一切以和为贵。不合作可以，别伤了和气。"终始其义"，任何事物不一定是从始到终就结束了，总要留有余地，留一个后招，终而复始才可以生生不息。现在谈判没成，没能合作，说不定十年后又变成好伙伴了。"终始其义"，这样才合适。要说服人家，要懂得阴阳，从阳光面，从人家的长处，从人家有实力的地方，特别向往的地方去引诱他。如果你做到让对方听你的，就可以"言长生、安乐、富贵、尊荣、显名、爱好、财利、得意、喜欲"，诸如胜利成功、家庭美满、子女形貌端正，这是阳的。"曰始"，可以诱发对方的追求，说不定就有合作的空间。如果讲阴的，就讲他的种种的不利，讲黑暗面，强调风险，这就是"故言死亡、忧患、贫贱、苦辱、弃损、亡利、失意、有害、刑戮、诛罚，为阴，曰终"。人嘴两张皮，苏秦要促成六个弱小的国家联合起来对付秦国，靠的就是嘴皮子功夫。他每到一个国家，如果那个国家很弱小，他就拼命讲该国的军队素质很高，境内又有山河险阻。不好的东西他就不提了，好的一面频频提起，才会激起国君的雄心，开启合纵之路。同样一个国家，张仪要去离间山东六国时，就说这些国家这也不行，那也不行，没有竞争力，应该依附大国。同一个国家，苏秦净讲阳的那一面，就能说出很多优势资源。张仪净讲阴的那一面，说这个也不行，那个也不行，跟人家斗是以卵击石，不要合纵了，还是靠秦国吧，结果打消了对方合纵的念头。要了解对手是阴的还是阳的，是胆小怕事的还是想雄霸天下的，要迎合对手去达到你的目的。"言长生、安乐、富贵、尊荣、显名、爱好、财利、得意、喜欲，为阳，曰始"，才可以激发他的雄心。给他描画一个大饼，希望他慢慢上套。如果去讲对方坏的一面，讲对方种种的不堪，那就是"言死亡、忧患、贫贱、苦辱、弃损、亡利、失意、有害、刑戮、诛罚，为阴，曰终"。一个是利诱，一个是威胁，一个跟人家谈阳，一个跟人家谈阴，完全是对立的谈法。这边谈长生，那边就谈死亡；这边谈安乐，那边就谈忧患。一个谈有利的那一面，一个谈不利的那一面，都是为了说服人，达到自己的目的。

"诸言法阳之类者，皆曰始，言善以始其事。诸言法阴之类者，皆曰终，言恶以终其谋"，"法"就是效法，要效法讲阳光的一面，"皆曰始"，鼓舞、激励人，"言善以始其事"，总有一些有利的资源，可以促成其事，让对方投入。"诸言法阴之类者"，要效法讲阴暗面，讲他的不利，讲其结构上的种种弱点，讲其资源的匮乏，"皆曰终"，"言恶以终其谋"，讲他不好的一面让他死心。这是说服、谈判常用的手段，需要结合具体条件立论，评估可能的利益，提醒可能的风险。"言善以始其事"，对方才投入，"言恶以终其谋"，对方才会死了这条心。一个是劝诱，一个是劝止。需要用阴柔的功夫强调"终"。像谦卦就是阴柔的功夫，"夫为不争，故天下莫能与之争"，"谦亨，君子有终"。八卦中很阴柔的巽卦，就如坤卦一样"无初有终"，最后都是得善终，所以希望保善终就不能太强硬。乾卦强调创始，鼓励人创业，但现在就不是一个好的创业时期。我有一些颇有才具的朋友，在大企业做到高管，总觉得这一辈子没创业好像有点遗憾，一创业，前面赚的全没了。可见，善终很重要，这样才可以终而复始。

（九）

> 揣阖之道，以阴阳试之。故与阳言者，依崇高。与阴言者，依卑小。以下求小，以高求大。由此言之，无所不出，无所不入，无所不可。可以说人，可以说家，可以说国，可以说天下。为小无内，为大无外；益损、去就、倍反，皆以阴阳御其事。

"揣阖之道，以阴阳试之"，这句话比较容易懂，是纯粹的白话文。有些人阳刚进取，喜欢奋斗、开创，喜欢"无中生有"，有些人就要因人成事，适合做幕僚，不适合做老板；有些人是没有资源绝不出来扛责任，有些人是没有资源都敢出来；有些人喜欢冒险，把吃苦当吃补，有些人摸摸鸡也痛，摸摸鸭也痛。这就是阴阳生的万物，各有特色，所以我们一定要搞清楚对象到底是雄才大略，还是懦弱无能，要"以阴阳试之"，由此决定自己是开还是阖。人的阴阳、主客的阴阳、大环境的阴阳，都要掌握。像现在全球环境就不是很阳，有点儿违反常情。做生意、从政恐怕失败者多，成功的绝对是少数人。"捭阖之道，以阴阳试之"，什么东西都要试，不试怎么知道呢？黄石公想要传道给张良，就要花三天时间来考验他。先是让他捡鞋子，然后是迟到不行、准时到不行、到得不够早还不行。这就是试，好在张良最后通过了测验。

决定要捭还是要阖，要与外面的阴阳相配合。"故与阳言者"，如果对方是一个阳刚气比较重的人，就"依崇高"，要讲丰功伟业，以配合其雄心。"与阴言者"，如果跟那种胆小怕事的人说事，"依卑小"，就谈一点儿小团体或小家庭的事情，因为对方没有大格局，没有那么多的雄心，给他画一个大饼完全是对牛弹琴。这就是根据对象决定怎么讲，千万不要搞错对象。

"以下求小，以高求大"，一样的道理，先看对象，再决定用什么东西来打动他。讲卑下求小利，讲高端求大利。"由此言之"，没有搞错对象的话，"无所不出，无所不入，无所不可"。这就是《大学》所讲的"无所不用其极"，怎么都对，什么环境都能发挥；还有"无入而不自得"，想打进任何环境都会得到你想要的东西，绝不会空入宝山。不论富贵、贫贱、造次、颠沛，任何环境都有一定的表现，完全正确了，就没有了障碍。"可以说人，可以说家，可以说国，可以说天下"，可以说大，也可以说小，也可以说个人，也可以说家，可以说国，可以说天下。那些外交高手，就是要无中生有，改变世界，阴阳配合绝不能错。要视对象而言，用的招式才会对。

"为小无内，为大无外"，小可以小到几乎没有东西，大可以大到浩瀚无垠。商鞅见秦孝公时也试探，双方都有所试探。商鞅先谈王道，秦孝公快睡着了；次谈霸道，秦孝公有一点儿精神了；再谈富国强兵，兴致来了，双方都达到了目的。小到可以谈今天芹菜多少钱一斤，大到可以谈整个事业，主要视对象而定，伸缩自如。

"益损、去就、倍反，皆以阴阳御其事"，"益损"，损益这个账得算，"去就"，离开、留下，"倍反"，叛离、回头。益、损相对，去、就相对，倍、反相对，要重视阴阳的妙用，来管理一切。"一阴一阳之谓道"，高手运用的道就是"阴阳不测之谓神"。有些人做事很拙劣，有些人什么事情都搞定了，别人还不知道他是怎么完成的。

（十）

阳动而行，阴止而藏；阳动而出，阴隐而入；阳还终阴，阴极反阳。以阳动者，德相生也。以阴静者，形相成也。以阳求阴，苞以德也；以阴结阳，施以力也。阴阳相求，由捭阖也。此天地阴阳之道，而说人之法也。为万事之先，是谓圆方之门户。

"阳动而行，阴止而藏；阳动而出，阴隐而入；阳还终阴，阴极反阳"，阳极转阴，阴极转阳，阴阳会变，每一个刹那都在变，这一概念理解了，就可以付诸实际的操作行动。

"以阳动者，德相生也"，人生正面的、光明的、勇猛精进的结果是"德相生"。德很重要，是相生的，你帮助他，他帮助你，就如韩信落魄的时候受漂母饭，韩信成功的时候，涌泉以报。只有这样才有机会，不然就是不断的恶的轮回。如果"以阴静者"呢？"形相成也"。就像《易经》在乾卦的时候还是无形的，坤是阴，就有形有势了。德相生，形相成，相生相成。不管是阳动、阴静，乾始、坤终，乾发动的德，比一切都重要。到坤阴的时候涉及广土众民，涉及现实形势，就要重视形。

"以阳求阴"，如果你是阳面的，孤阳不生，需要求阴，就像男人要追求女人，有实力的产品要有市场，这就"苞以德也"，有实力的当然要包容没有实力的，要以德相容。"以阴结阳"，如果绝大部分都是阴的，就要"施以力"，要有这个控制力。注意，讲阴时，提到了实力、力量。有德，还要有实力，两面都要顾到，这就是理想与现实相结合。"阴阳相求，由捭阖也"，阴要求阳，阳也要求阴，才能开合。"此天地阴阳之道，而说人之法也"，这是天地阴阳之大道，可说服他人之法则。"为万事之先，是谓圆方之门户"，是万事之开端，堪称天地圆方的门户。

反应第二

扫一扫，
进入课程

　　我们看"反应第二"。"反应"二字可能不是太妥当，很多学者说应该是"反覆"，覆就是倾覆、颠倒。从文辞来说，"反应"通常是我们接收到一个信息，会有什么回应。这一篇所探讨的当然也有这个意思：一往一来，你抛出一个话题试探，说什么或不说什么，对方总会有一个回应。但是这并不是这一篇的主轴，这一篇的主轴应该是探讨"反"与"覆"。老子讲"反者，道之动"，"正言若反"，还有我们平常所说的物极必反，一定是有回路的。主客之间过招，针对各自的利益、理解，为了保护自己，他会回一招，这个往来就叫"反覆"，涉及两个关键人物之间的互动。也就是说，我们不能只关心自己的想法，也要试探对方接受不接受我们的想法，要测试他的反应，随之进行调整。反、覆，就是往来的路，一个互动的动作。在实际的说服、沟通、谈判的过程中，在成人的世界里，我们要保持完全的真诚，尤其是面对陌生人，心中有所欲求时，那是很难的。所以一定有一些试探，通过旁敲侧击或者放烟幕弹的方式，得到我们想要的答案。

　　因此，很多版本都认为应该是《反覆第二》，虽然内文里也有"反应"二字，但是大部分都在讲"反覆"，那是一个主旋律。我们要得到验证，就要借助不断的往来沟通，采取试探的言辞，甚至肢体语言，察言观色，去校正自己的做法，越校越精准。不能只靠单方面的臆想，"覆"就有核验的意思，要进行确认、验证。借着沟通互动，一方面把自己的意思讲清楚，另一方面把别人的意思搞清楚，看对方能不能接受。然后我们随时修正，经过往返几次之后，目标大致达成，双方就可以展开合作关系。

（一）

古之大化者，乃与无形俱生。反以观往，覆以验来；反以知古，覆以知今；反以知彼，覆以知己。动静虚实之理不合于今，反古而求之。事有反而得覆者，圣人之意也，不可不察。

"古之大化者，乃与无形俱生。反以观往，覆以验来；反以知古，覆以知今；反以知彼，覆以知己。"我们先看有"覆"字的三句话，第一句话待会儿再讲。"反以观往，覆以验来"，一个是往，一个是来；一用观，一验核。"观往"与"验来"应该是两个相对的工作，一往一来，一个用"反"，一个用"覆"。覆是特别重要的，就是要探讨任何事情的真相，乃至核心的真相。可是核心的真相不会暴露在外面，外面包装了重重的假相。就像《易经》剥卦（☶）的上爻"硕果不食"，果皮、果肉一层一层包裹，那是假相，核心的真相是果实中的种子。可是，从外面怎能看到？一定要经过一层一层地剥，剥开假相，把果皮、果肉都给削开了，里面的核心的真相的种子才能看到。知人知面不知心，核心的想法、事情的真相到底是什么？这就是"覆"的功用。要查明真相，光靠搜集资料，研究个人，揣摩想象，不一定对。如果

这个人深沉得很，那么一定要实际接触，才可能真正掌握对方的真实意图。《韩非子·说难》值得我们一读，它里面就讲到说服领导人的曲折艰难。当然，这也不能怪那些领导人，领导人为了保护自己，也不能知无不言，言无不尽。尤其是对于陌生的说客，他的试探是必要的，这也是斗智。所以要覆，要探讨事情的真相，双方都要搞清楚对方真实的想法，谈判的底线才可以大致确定。还有，在试探的过程中你可能会犯错。错大了，就可能回不了头，如果错得不远，还可以调整回来。"覆"最实际的运用，就是人生随时随地要记得改过，因为人永远会犯错。出现大过、小过、误判，赶快调整，否则"差之毫厘，失之千里"。颜回称"复圣"，就是因为他改过还不只是实际行为上有错就改，而是起心动念有错都会改。孔子评价他说："颜氏之子，其殆庶几乎？有不善未尝不知，知之未尝复行也。《易》曰：'不远复，无祗悔，元吉。'"（《易经·系辞下传》）这就是改过，有错了立刻从善如流，马上就回到正道上。

　　"反以知古，覆以知今"，我们活在当今，可是有很多事情需要参考过去的东西，诸如背景知识、历史事件，我们一定要了解，数往才能知来。要想知道未来当然先要知道现在，但是还得了解过去，了解事情发展的因果关系。就像有了种子落地，才会有未来的生根、发芽、伸枝、展叶、开花、结果，要是不了解事情的因，没有掌握种子，后面如何发展就无从把握。假定那是桃仁，那么它绝对不会长出杏来。要掌握知古、知今的问题，一定要清楚其历史的沿革，这就是《易经》中为什么要强调卦序、爻序，那就是因果。不知道过去，你怎么可能真正知道现在呢？未来就更不必讲了。如果没有透过抽象的反、覆来知古、知今，一个人只活在当下，只能看见眼前这一点，对该知道的历史背景完全不知道，也不可能真正知道当下，活着就像瞎子一样。如果你一天到晚发思古之幽情，只对过去的东西特别清楚，但是对当下的理解严重偏离社会现实，知古而不知今，那么你很难有存身之地，这就是所谓的"陆沉"，没有地方可以立足。人一定是要立足于当下的。知今不知古，谓之"盲瞽"；知古不知今，谓之"陆沉"。所以，人要不断地学习，道理就在这里，知古还要知今，前后才能贯穿起来。

《易经》的随（䷐）、蛊（䷑）两卦针对的就是知古和知今，随卦之随就是了解当下每一个刹那的变化。过好每一个刹那，随机应变。蛊卦就是你必须了解过去，这样才能拨乱反正。随、蛊二卦，相错而相综，不只是观往验来、知古知今的关系，还有"反以知彼，覆以知己"的作用：先发出一个信息去了解对方，由对方的一些反应再回过头来校核、了解自己。人不见得知己，自知之明是很高的功夫修为。老子说"知人者智"，了解别人是有智慧，"自知者明"，知道自己才是更高的智慧。人不是把自己评估得太高，就是太低，这都是不真正了解自己。《孙子兵法》称"知彼知己，百战不殆"，也是借着反覆、去来、古今、彼己，以达到全知，全面掌控沟通的过程，把握对方的节奏。一旦你在这上面的修为不够，不够老练，就会失去主控权，那就别说要做苏秦、张仪，只能随波逐流，被人家打得稀里哗啦、体无完肤。那些建功立业的纵横家们，他一定全部是活在自己的节奏中，不断地换招，整个局面由他掌控，而且掌握主动权后，无形无象，低调深沉，别人根本就不知道。

"动静虚实之理不合于今，反古而求之"，动静虚实，就是阴阳刚柔，那里面绝对是有道理、有法则的。"不合于今"，有的版本叫"不合来今"，"来"就是未来，反正不合于现在，也就是说当下的状况不对，需要赶快调整。"反古而求之"，去找过去发生过的一些事情来验证，现在到底是怎么回事，怎么会跟现状格格不入呢？不合，一定是过去发生的一些事情影响到对方现在的表现。对方的犹豫、彷徨不合于今，显然是因为时间的纵深不够，所以没有办法充分理解，那我们必须要再搜集一下过去的信息，想一想过去，"反古而求之"，去寻找真相。人有时候会受过去的事情的影响，连他自己都不知道，说不定就是这些带来一辈子的痛，导致他现在这样的表现。奥地利心理学家阿德勒强调未来对人的行为的影响。他认为，人既然是有意识的，就能意识到未来的种种条件，制订某种计划，用以指导自己的行为。他也强调过去的经验（特别是原始的经验）对人的行为有影响。这些所谓的潜意识，可能是童年的记忆，可能是恐惧，可能是不安全感。所以，心理学家一般要"反古而求之"，了解病患的过去。阿德勒认为，童年对人的影响很大，欢笑的记忆会让人成年之后，心态比较阳光，能跟世人打成一片；而童年时期深刻的痛苦、创伤，就会让一个人在成年后变得自卑，他会回避群众，对一些事情有特殊的反应。要对症下药，就要"反古而求之"。一个国家、一个企业、一个组织、一个老板，都有其行为模式，有其在意的东西，这些就是其罩门。你如果在别人的伤口上撒盐，谈判就会雪上加霜。每个人都有他的心病，有其无妄之疾，如果你搞不清楚老板的无妄之疾，那你马上就有无妄之灾。《易经》中的"无妄之疾"是无妄卦（☳）的第五爻，说明老板精神正常的很少，一般都是寡人有疾。所以，《易经》中有疾的都是居高位的，不是第五爻就是第四爻：无妄卦第五爻"无妄之疾"，损卦第四爻"损其疾"，兑卦第四爻"介疾有喜"。

"事有反而得覆者，圣人之意也，不可不察。""事有反而得覆者"，做了这个动作，你掌握到了事情的真相，不是直接覆的时候找到，而是经过反覆得知。"圣人之意也，不可不察"，圣人处世的起心动念，是必须深察考量的。孔子说："书不尽言，言不尽意，然则圣人之意，其不可见乎？"（《易经·系辞传》）他都觉得难，那些创作经典的人到底怎么想呢？意怎么发展到心，心又怎么发展到形式呢？就像我们去看一个了不起的艺术创作，绘画鉴赏水平高、有底蕴的人，对一幅画的创意就能够看得深透，而我们装模作样地看几分钟都很困难，因为我们看不出什么名堂。这就叫"意"。禅宗重视佛祖西来意，一天到晚问：你知不知道佛祖西来意？有谁真正知道呢？可见，"意"不一定表现成有形有象的行为、文字。要对对方的起心动念有敏感的反应。怎样才能达到这样的默契呢？如何感受到对方的心，能够与之心意相通、心心相印呢？那就得下功夫，不然你永远搞不清楚别人的意思，反而会把好意当成恶意，恶意当成好意。

"圣人之意也，不可不察"，人要提升自己的智慧，强化自己的底蕴，对人世就要考察得足够清楚，对那些称得上圣人的人创作的经典、化民成俗的精义，我们必须"反而得覆者"。这就是我们为什么要读那么多经典的原因。只有经过反覆，才可以掌握事情的真相。

我们回过头来，讲第一句。"古之大化者，乃与无形俱生"，"化"者，教化、文化、人文化成也，以人世宇宙的真理弘道、宣扬教化的人跟大道本身一样，都是无形的。老子说"道，可道，非常道；名，可名，非常名"，道是最高的、无以名之的、不可思议的。无形无象，处乱世最需要修这个功夫，有形迹的是最肤浅、最愚笨的。无形则没有人知道他在做什么，真人不露相，露相非真人。这种圣贤，几乎是跟大道一起生的，一切的行住坐卧都合于大道，所以称"乃与无形俱生"。除了道家，儒家、佛家都有类似的话。也就是说，这种人本身好像就是道的展现，"与无形俱生"，天地与我为一，万物与我俱生。

还有，看事情要深刻，需要反复其道，才看得清楚，借着"反"，要观往，"反古而求之"，了解过去，以前发生过什么事情，多多少少要知道一点，当然也不要变成考古癖，变成单纯的观往。"覆以验来"，还要验来，你有未来，要回归你的本心，发掘你核心的创造力，对于经典上讲的东西要检验，过去的不一定全对，不要全当作真理。正如《中庸》所说的博学、审问、慎思、明辨、笃行，一步都不能少。前人所讲的东西有的不尽然，要经过检验。你可以参考前人的做法，但是不能完全照搬，要开创新的未来，一定要回归到自己的道路上来。所以，禅宗才会讲，你读多少书都可以，一切经典法门都要宛转归于自己（原文为"万法皆宛转归于自己"）。也就是说，自己的身心要受用。读书不是抽鸦片，要活学活用，要做到"反以观往，覆以验来；反以知古，覆以知今；反以知彼，覆以知此"。

再看，"动静虚实之理"，对方是动是静，要探探虚实。《易经》里面净是形势、虚实的例子，像升卦（䷭）的第三爻"升虚邑"是虚，可是这一爻却是一个阳爻。蒙卦（䷃）的第四爻"困蒙吝"，为什么吝？"独远实也"，跟"包蒙""击蒙"的教化没有缘分，隔得特别远，所以就虚了一辈子，没有办法开发出自己的智慧。还有泰卦的"翩翩不富以其邻"，称"皆失实也"，全是假的，只是有一个美丽的假象，下面可能"城复于隍"，彻底崩塌。人生就是这样在动静虚实中打滚。如果发现现状不合，我们就要"反古而求之"。"事有反而得覆者"，这就是反覆的好处。有时探索一件事情的真相，需要查证、一再修改，这样才能更接近真相。乾卦第三爻是人位，"君子终日乾乾，夕惕若，厉，无咎"，就是"反复道也"。"复"就是改过，过程很辛苦，早上犯错，晚上改过，晚上犯错，第二天早上改过。为什么改过？因为不改过就无法看到真相，无法见天地之心，无法生生不息地创造。

关于这一段，我再补充一下。"反"和"覆"，代表着两个相反的方向：知彼、知古、知己、知今，观往、验来。知今，还知道未来，功力就更高了，我们一旦掌握了覆，就可以预测未来。《易经·系辞传》说"顺数知往，逆数知来，是故《易》逆数也"，我们可以预料未来，因为掌握到了核心的真相，下面如何发展都知道。俗话说"三岁看老"，就是如此。"覆"是往内，可以知今，可以知己，又可以验来。在你知己、充分了解自己当下身心种种状况时，可以推测到未来的发展。"反"是往外，观往，知古，知彼，了解对方。那么，我要了解自己，还可以借着跟别人的互动，更深刻地了解自己，就像我们说朋友就是镜子，能看清楚自己的某些缺点。多交朋友，就可以多照镜子，让自己进步。我们在与别人的互动中，反过来可以更看清楚自己。为什么会知道未来呢？"覆以验来"，"覆"一定是往内心的动作，是收回来的动作，一直穿透到内心，不是外求，是内探的，内省得越深刻，越能看到未来。往外求，跑得再远，也看不到未来，你只能看到过去。因为"反"是知古、观往，已经发生的事情合不合乎我们现在的认识，还待检验。我们借助太空望远镜看到的宇宙，是几十、几百、几千甚至几亿年前存在的画面。你往外面看，看到的是过去，不可能看到未来。凡是重视内省的哲学思维，都叫人要往内心看，因为往内心看刚好也可以看到未来，仿佛可以预言几千万年以后的事情。孔子也说"百世可知也"。可见，往外看，只能看到过去；往外求，"虎视眈眈，其欲逐逐"（《易经·颐卦》），又能怎样呢？人生重要的是未来，内省的人在打坐的时候可以看到未来，因为他掌握了"覆"。当然，人类受光的传播速度影响，往外探索也是很受限制的。我们拼命发明那么多工具，再怎么看，还是很久以前的东西，依然看不到未来。而要看未来，需要靠内修，才能够料事如神，预言未来。但对未来预测得准，需要内省的功夫特别深厚，这不是一般人可以做到的。

（二）

人言者，动也；己默者，静也。因其言，听其辞。言有不合者，反而求之，其应必出。言有象，事有比；其有象比，以观其次。象者，象其事；比者，比其辞也。以无形求有声。其钓语合事，得人实也。其犹张罝而取兽也，多张其会而司之。

这一段是方法论了。"人言者，动也；己默者，静也"，我们就是要引别人讲话，有时候希望自己可以保持沉默。别人发言，一定会有所动，我们要重视这个动态：他为什么要这么讲？他讲的意思是什么？自己保持沉默，人家就搞不清楚你在干什么。而且沉默的时候，可以静听。人家动，在明处；你静，在暗处。双方既然是谈，不能都保持沉默，一个哗啦哗啦讲，一个一句不说光听，到底是谁占便宜？爱说的言多必失，能够保持沉默的，别人就不知道他在想什么。人们常说"雄辩是银，沉默是金"，因此我除了讲课不得已之外，大部分时间都是沉默，这样就少受一点伤。

"因其言，听其辞"，听对方说，我保持沉默，默默地听，借机观察他的神情、肢体语言，好像法官一样。"言有不合者"，如果听他讲的有点不对头，好像跟事实不符，跟自己想的格格不入，那你就要搞清楚：他是讲真的，还是故意试探呢？这时要"反而求之"，"反"就是知彼、观往、知古，要搞清楚，对方是故意讲错了，还是真的就这样想的。这就要用到"反"的那一招，"其应必出"，这样你才可以求取事情的真相。也就是说，你可以测试一下对方的反应，抛出一个问题，让他接招，那么他一定会接招。看对方的反应，再检验一下。所以一个善于听人家讲话的人，也要有很高的智慧、很深的修为，就像占卦时"其受命也如向"（《易经·系辞传》），想什么，完全能够反映出来，如同照镜子。可见，讲话或者讨论的时候，如果觉得对方说的话怪怪的，完全搞不清楚其用意，"言有不合"，那也要试探对方的反应，不要轻易放过，否则就没有办法有效地掌握真相，让这个讨论朝正面进行下去。

下面就谈得比较深刻了。"言有象"，人在说话表达的时候，都有象。"事有比"，我们看人的行事，可以比较、比喻。人有时候突然讲别的去了，那么他讲的是有关联的，我们要去体会。也就是说，对方所讲的会激发你类比的思考，甚至高度象征性的思考。我们听人家讲话，听人家提意见，里面都有很多的象，都是征兆，都是"机"。对方说话不是平铺直叙地表达，我们可以类推，这就是因小知大，见微知著。

"其有象比，以观其次"，有了象征和类比，下一步是什么呢？谈国家大事，以及重要的商业谈判、外交谈判，都是一招接一招的，我们就要一步一步来，每一个阶段都要搞清楚，要慢慢消化，弄明白对方的底线和意图，还要知道他下一步会做什么。"次"就是下一步，要静观其次。怎么"观其次"呢？对方的言语、行为，甚至肢体动作，都是"象比"，都是其内心想法的流露。要看他的下一步，他到底会憋多久，才会把条件开出来，我们都要冷眼旁观。因为我们从他的讲话，从他的动作中看到了象征，看到了"比"。我们知道人有时候很难完全掩饰自己细微的动作和神态，这些细微之处可以推而大之，由此探知对方内心的不安或新的渴求。

"象者，象其事；比者，比其辞也"，一旦言有象，对方下面要做的事情就已经泄漏出一些信息来了。由对方的语言肢体动作，扩而大之，做一个比喻，就知道对方下面还会说什么。对他的言、他的事，要懂得象、比。象、比是立体的，看着不相干，意义可大了，因为这是一种间接迂回的艺术化的表达，是可以类推的。

"以无形求有声"，我这边尽量静默，不显山也不露水，就是希望对方把他的东西统统讲出来。"其钓语合事"，用言语来诱导对方，说出事实的真相，好像一个阴险的老渔翁。"得人实也"，得到别人真实的想法。"其犹张罟而取兽也"，还像以前捕兽一样设下天罗地网。"多张其会"，还怕漏掉了，得多张几个网，汇集在一起，"而司之"，绝跑不掉。鬼谷子话讲到这里，已经注定他大概要下地狱了，真的是太坏了。网大得很，绝对不会有漏网之鱼，"司"就是主管的意思，永远掌控、抓住主要的节奏，来控制一切。还有把"司"理解成窥伺的"伺"，也通。用言语来钓人，有很多话是起这种作用的，张网捕兽丢给他一个饵，大鱼就上钩了。有些人很狡猾的，滴水不漏，你就要多张几个网，使对方在你的布局里头。布下天罗地网，对方往哪儿跑？而且，这个布网又是机密，没有任何人知道这一严密的布局。一旦全面掌控，逮住这个机会了，最后就可以一举收网。对于那种重要的谈判，影响人一生的、影响关键利益、核心利益的，绝不能客气，准确度要高，为了防止漏掉，就要多张一些网，网跟网结合在一起，这样才不怕有漏网之鱼。

网跟网之间要结，整个布局中要有结点，像间谍情报网，不是一体成型的，而是这边搭一个网，那边搭一个网。这个网跟那个网绑在一起，就叫作"会"，整体是一个网，反正都跑不掉，统统在这里头。这一套又狠又准，而且复杂极了，千变万化。"多张其会"，多连接几个网，汇集在一起，看他跑得掉吗？"而司之"，就盯着看鱼什么时候上钩。社会上有形的网、无形的网太多，你就要小心，少参加什么同学会、校友会，那都是网，网跟网之间还有会，人家不直接找你，从旁边找就找到你了。人就是在很多不同的组织、不同的人际网络中扮演不同的角色，几个网凑在一起漏网之鱼就少了。当然，如果碰到一个遗世而独立的就麻烦了，什么东西都没有办法接上。只有"多张其会"，没全部逮到也没有关系，至少不能全部漏掉。

（三）

道合其事，彼自出之，此钓人之网也。常持其网而驱之。其不言无比，乃为之变。以象动之，以报其心、见其情，随而牧之。已反往，彼覆来，言有象比，因而定基。重之袭之，反之覆之，万事不失其辞。圣人所诱愚智，事皆不疑。

"道合其事"，我们的道也要合事，就是要找到真实的东西吻合上，多张几个网也是为了这个。"彼自出之"，有些信息对方自己送上门来，因为他所有的行动就在网上。那个时候你真正想要的东西都跑出来了，他还不认为是自己泄密了。这就是想办法让他自出之，我也没逼他，可是我的网布下了，对方的信息自然而然就跑出来了。"此钓人之网也"，这就是钓人的网。"常持其网而驱之"，要经常持网赶一赶，让对方掉到那个圈套里面。《中庸》也有很深刻的人情历练方面的见识，它说："人皆曰予知，驱而纳诸罟擭陷阱之中，而莫之知辟也"。人人都夸你聪明得不得了，真有智慧，其实你是掉到人家的陷阱、罗网里还不知道，甚至死到临头尚不知。几千年前，人就这么难斗。要是"常持其网"，把网布下了，经常再动一动、赶一赶，那真的是让对方死定了。

"其不言无比"，但是你可能会踢到铁板，对方不见得百分之百上套。要是对方的话里面没有可以类推的呢？因为有些人讲话云山雾罩，很有戒心，除了讲天气，啥也不讲，那你就没有办法去类推。前面有"比"，你可以"以观其次"，如果"无比"，那就麻烦了。我的老师常跟我们讲，处社会的时候，跟人家聊天，要谈"玄"，别谈"闲"，闲话会暴露心意，谈玄，则是"道，可道，非常道"，或者是上帝、佛菩萨，反正对方见不到，能怎么样呢？谈闲就麻烦了，你自己可能觉得啥也没有，没有任何含金量，但人家可以推测到很多。况且"无形求有声"，都有丰富的信息可能透露。既然对方"无比"，把自己保护得非常好，前面已经设了一个网，这个小子不吐真言，这时你没有达到目的怎么办呢？那么"乃为之变"，你就调整对策。换一个方法刺激、诱导对方讲出真话，即"以象动之，以报其心、见其情，随而牧之"。这是非常高级的招式，"象"是较"比"更高的层次，比是直接的类比，很容易就让人家想到，谈这件事情可能会联想到那件事情，象是全方位的，一点虚虚实实的情况就能够类比、联想到全局。既然人家有警觉了，不上套，那就用更高级的象去打动他，"以象动之，以报其心"，结果"见其情"，所有的隐情都在象里面流露出来了。一旦掌握对方的真情，"随而牧之"，你就变成对方的主人，可以牧养他了。说得直白一点，就可以养着，慢慢玩弄他。也就是说，一旦掌握了他的真情，我就是牧羊人，若驱群羊，要他去哪里他就去哪里。

"己反往，彼覆来，言有象比，因而定基"，既然已经知道是怎么回事了，我来牧养的时候，还是"反以知彼，覆以知己"地运用。在这个新的基础上，我再旁敲侧击，提出问题，对方再回答，答案就越来越精准了。双方交谈言辞的内容、讨论的话题，都充满了象征性，"因而定基"，定出基调。对方依然在天罗地网中，我用更高的招式把他捆住，我获胜的基础一旦确定，就可以立于不败之地了。因为我看对方根本就是透明的了，对方的动作太多了，"重之袭之，反之覆之，万事不失其辞"，"重"是重复，像扭螺丝一样越旋越紧，孙悟空跑不出如来佛的手掌心。"袭"，因袭，衣服穿上去脱不下来了。"反之，覆之"，反过来覆过去。"万事不失其辞"，任何事都可以从对方的言辞中察知。也就是说，所有过去、现在、未来的事情，绝对不会再偏离，所有文字、言语上的表达，我都已经掌握，对方还不自知。

"圣人所诱愚智，事皆不疑"，圣人可以诱惑愚者或智者，这些都没什么好怀疑的。这两种人，圣人都可以诱使对方透露实情。很多人自以为聪明，"驱而纳诸罟擭陷阱之中"（《中庸》），还不知道。聪明反被聪明误的人多得很，自以为聪明的人多得很，结果碰到高手，一样乖乖入彀。智者亦可诱，因为他觉得自己聪明，这就是破绽，那么我就利用他的聪明，顺着他的判断，把他的实底给摸出来。愚人可诱，是简单好骗，那就更不在话下了。圣人最高的手段就是诱愚又诱智，提供诱因，诱使对方上道，"事皆不疑"，百分之百不会错。预测事情、料定未来、观察真情，就像春夏秋冬"四时不忒"一样精确。一切都明明白白，完全掌握。

（四）

故善反听者，乃变鬼神以得其情。其变当也，而牧之审也。牧之不审，得情不明。得情不明，定基不审。变象比必有反辞，以还听之。欲闻其声，反默；欲张，反敛；欲高，反下；欲取，反与。欲开情者，象而比之，以牧其辞。同声相呼，实理同归。

"故善反听者"，"故"字在别的版本中是"古"，认为古人比较强；当然也可以理解为"所以、是故"。最善于反听的，"乃变鬼神以得其情"。变鬼神不是作法、念咒，而是一个形容词，就像"阴阳不测之谓神"一样，鬼神无形无象。有创意的人，随时因时因地制宜，搞出新招。"善反听"的"乃变鬼神以得其情"，可以随时了解敌情，了解对方真正想什么。"其变当也"，发现不行，他就换招，可以随机应变。如果调整合适了，"而牧之审也"，对对方的控制也很周到。前面说一旦"以象动之，乃为之变""以报其心，见其情"，就"随而牧之"，好好来养他以得到真情。前面的调整变化得当，下面再去养有价值的真情报，很审慎地"牧之"。可见，每一个动作都很重要，好不容易钓到鱼了，就不能让鱼跑掉，要开始养。有时候鱼太小暂时不能吃，那就等它长大一点再吃。牧要审，变要当，变当之后就去养他，要很审慎地养，绝不能让他跑掉。

"牧之不审"，如果你掉以轻心，没有把对方圈住，没有审慎地牧养，"得情不明"，还是没有办法彻底明了实情。要是事物的变化在每一个刹那都不明晰，即"得情不明"，那就会"定基不审"。你要对付对方，基调要怎么定呢？心里没底了。不审慎，就会"牧之不审，得情不明"，"得情不明"的连锁反应就是"定基不审"。比、象是要变的，就像《易经》的卦爻之象有爻变、卦变一样，机灵得很。比是变，比变成象，象还可以爻变、卦变，随着时间的进行，只要最后的胜负没出来，永远都是随机应变、刹刹生新的。

"变象比必有反辞"，一旦你调整了，出招不一样，换了一个方式，对方绝对会有回应的。"以还听之"，这时你再好好地听，不断地测试，不断地调整。"欲闻其声"，我们想听到对方真正的心声；"反默"，最好保持沉默。我少讲，他就会多讲了，这就是以静制动。"欲张，反敛"，我要张开，反而收敛。这都是反作用原理，都是"反者，道之动"。因为双方都在互动，我采取这个动作，对方就得采取另外一个动作。"欲高，反下"，我想要升高，却故意显得卑下。"欲取"，我想要从对方手中拿到东西，"反与"，我反而好像还给他东西。我丢一块肉，他吃了肉，那么他的全部将来可能都是我的。这几句话就像老子讲的"微明"之术："将欲翕之，必故张之；将欲弱之，必故强之；将欲废之，必固兴之；将欲夺之，必固与之。是谓微明。"隐微不显，最难防范的智慧就是微明。采用欲擒故纵的手段，然后要养他的骄气，最后反而都是我们的。《三十六计》中的"假虞伐虢",即"假道伐虢",指以借路为名,实际上要侵占该国(或该路)。一般情况下,处在敌对两大国中间的小国,当受到敌方武力胁迫时,一方常以出兵援助的姿态,也就是通过给这个小国一点甜头,把力量渗透进去。当然,对于处在夹缝中的小国来说,只用甜言蜜语是不会取得它的信任的,一方往往以"保护"为名,迅速进军,控制其局势,使其丧失自主权。再乘机发动突然袭击,就可轻而易举地取得胜利。

春秋时期,晋国想吞并邻近的虞国和虢国这两个小国,但是这两个国家之间的关系不错。晋国如袭击虞国,虢国会出兵救援,反之,虞国也会出兵救虢国。大臣荀息向晋献公献上一计:利用虞国国君的贪心,投其所好。他建议晋献公拿出心爱的两件宝物——屈产良马和垂棘之璧,送给虞公。献公哪里舍得?荀息说:大王放心,只不过是让他暂时保管罢了,等灭了虞国,不都又回到您的手中了吗?献公依计而行。虞国国君得到良马、美璧,高兴得嘴都合不拢。晋国又故意在晋、虢边境制造事端,找到了伐虢的借口。晋国要求虞国借道让晋国伐虢,虞公得了晋国的好处,只得答应。虞国大臣宫之奇再三劝说虞公,虞、虢两国唇齿相依,虢国一亡,唇亡齿寒,晋国是不会放过虞国的。虞公不听,结果晋军借道虞国攻打虢国,取得了胜利。班师回国时,把劫夺的财产分了许多送给虞国国君。晋军大将里克装病,把部队驻扎在虞国京城附近。几天之后,晋献公亲率大军前去,虞公出城相迎。最后虞国都城被晋军里应外合强占了。就这样,晋国又轻而易举地灭了虞国。你看,原先给虞国国君的好东西,是不是只是暂时让他保管而已?其实晋国要的东西更多。可见,老子跟鬼谷子同样深沉,只是老子境界更开阔一些,鬼谷子则没有开阔的那一面。

"欲闻其声，反默；欲张，反敛；欲高，反下；欲取，反与"，这就很难防。"欲开情者"，想要打开他的心扉，让他别藏着掖着；"象而比之"，象也用，比也用，混合招式不吝啬。"以牧其辞"，通过象和比的招式，来驾驭言辞，即他讲的和我讲的，完全在我的掌控下。"同声相呼"，这是一定的，人会起共鸣；"实理同归"，看法一致就会走到一起。确实也是如此，人有一点好东西，有一点什么想法，就想跟最亲近的人分享。

（五）

或因此，或因彼；或以事上，或以牧下。此听真伪，知同异，得其情诈也。动作言默，与此出入，喜怒由此以见其式。皆以先定为之法则。以反求覆，观其所托，故用此者。己欲平静以听其辞，察其事、论万物、别雌雄。虽非其事，见微知类。若探人而居其内，量其能，射其意也。符应不失，如螣蛇之所指，若羿之引矢。

"或因此，或因彼；或以事上，或以牧下"，或者用在此处，或者用在彼处，或者对上面，或者对下面，都可以完全掌控。"此听真伪，知同异，得其情诈也"，俗话说"逢人只说三分话，未可全抛一片心"，我们听到的别人讲的很多话都是假的多，真的少，都是冰山一角，这时用反听之法就可以辨别真伪，清楚我和对方哪一些地方有共识，或

者有共同的敌人和利害，是可以合作的，还有什么方面是绝对没有办法相处长久的，这些一定要知道。这样的话才可以"得其情诈也"，"情"就是真情，"诈"就是虚假。外交谈判中，诈的东西多得很，你一定要分判清楚，要学会筛选、过滤，识别真情和伪诈。

"动作言默，与此出入，喜怒由此以见其式"，对方的行动语言，以及内心的喜怒，由此找出标准公式，都能掌握规律。人就是这样，到一定的年龄阶段，再怎么伪诈，自己的行为已形成了一定的惯性，说话也有一定的习惯，如果把它摸透了，人的喜怒规律就可以被轻易掌握。"皆以先定为之法则"，如果已成竹在胸，掌握了那个法则，对方再怎么狡猾也脱离不了你的判断。

"以反求覆，观其所托"，用反来求得对方的反应，就像照镜子一样，剥除外面的假象，找到事情的真相，就可以观察到对方的真实意图，所以这种言辞很实用。"观其所托"的"托"，可解释为寄托、托词，也就是说对方有时候讲A，其实他的意思不只是A，可能还有B或者C，你都要听得出其弦外之音、言外之意，这就叫托。像庄子跟我们讲的寓言，都有所托，有其深刻的寓意，不是表面的故事那么简单。人有时候想推掉一些事情，或者指桑骂槐，都是在侧面表态，那你就要听得懂对方的言语。"故用此者"，所以就用这种反听的方法。读到这里，我想一般人都会感觉很累，不管是文辞，还是做法，任何人之间交谈如果都这样用尽心机，确实很累。看我们中国人读这些书，都累个半死，要是翻译成英文，让老外读，估计他们会生不如死。

"己欲平静以听其辞，察其事、论万物、别雄雌"，自己想要平静，以便听取对方的言辞，考察事理，论说万物，辨别雌雄，也就是说，你一定要沉得住气，静下心来听对方讲话。人家的话语里有很丰富的信息，有的不是那么直接，还有言外之意。满怀心腹事，尽在不言中，有时候连大家都不讲话的静默时刻，都值得你用心观察。"己欲平静"，就告诉你不能太激动，一激动自己的心态就不稳了，要静下心来听对方的言辞，察明事理、论序玩物、分别雄雌。"虽非其事，见微知类"，有时即使不是这件事本身，也要懂得从细微的地方类推这件事情的实质和发展趋势。因为你听到的好像跟你想的没有直接关系，但其实还是有内在的关系的，你要学会类推。他为什么会讲这些呢？他讲这些又和原来的头绪有什么关系呢？我们要学会"见微知著，见微知类"，不要放过任何重要的细小的地方，虽然那还不是直接的答案，但是可以把答案的线头给拽出来。

"若探人而居其内"，我们要试探一个人，彻底搞清楚一个人，就要变得像他肚子里的蛔虫，学孙悟空整人时就跑到人家肚子里，屡屡得手。为什么要卧底、要蹲点、要打入敌人内部？因为"居其内"才能看得清楚，跑到对方的肚子里面，对方的狼子野心我们才得以知道。《大学》讲"人之视己，如见其肺肝然"，所以，人何必掩饰呢？"量其能，射其意也"，探测到人的内心，就可以量度他的能力，捕捉对方的意图。好像射箭一样，还要射得百发百中。人的意念最飘忽了，随时变化，但是我对于对方所想的，绝对能捕捉到。

"符应不失，如螣蛇之所指，若羿之引矢"，等你练到高手境界了，所有的东西一定是符合的，就像一块符破成两块，最后还对得上，百分之百地精确，像螣蛇所指引的福祸不差，像后羿射箭必定命中。螣蛇，这种蛇据说能飞，在古代社会有占卜功能，能预卜吉凶。螣蛇指到哪里，哪里就会发生重大的事情，没有例外。后羿善于射箭，曾助尧帝射九日。传说十日齐出，祸害苍生，后羿射九日，只留一日，给大地带来复苏的生机，人们遂尊称他为"大羿"。

（六）

故知之始己，自知而后知人也。其相知也，若比目之鱼；其见形也，若光之与影。其察言也不失，若磁石之取针，如舌之取燔骨。其与人也微，其见人也疾；如阴与阳，如阳与阴，如圆与方，如方与圆。未见形，圆以道之；既见形，方以事之。进退左右，以是司之。己不先定，牧人不正，事用不巧，是谓忘情失道。己审先定以牧人，策而无形容，莫见其门，是谓天神。

"故知之始己，自知而后知人也"，所以要了解掌握对方的情况，首先从自己开始，先要自知，然后才能知人。不自知，自己就站不稳，就会感情用事，看别人都有问题，做事情就有偏差，凭着主观见解戴上有色眼镜。老子曾说"自知者明"，你了解别人有偏差，是因为没有完全了解自己。自知是知人的基础，所以，内修比什么都重要。"知之始己"，从自己开始练，《易经》中的晋卦（䷢）就是"知之始己"，要"自昭明德"，到了明夷卦（䷣）的黑暗环境时，就"自知而后知人"，"君子以莅众用晦而明"。其实都知道，偏偏装作不知道。为什么知道自己比较容易知人呢？因为人性是共通的，只有真诚地面对自己所有的各种小动作、小反应、小情绪，了解自己的弱点，发扬自己的善心，才可以"自知而后知人"。

"其相知也，若比目之鱼"，人的自知与知人，就像比目鱼一样，两两并列而行。"其见形也，若光之与影"，对方一旦有形，光一投射马上就显露出来。也就是说，我们的智慧之光一照，对方的投影绝跑不掉。可见，我们知道自己之后，再去看别人，什么都看得透明透亮，就像比目鱼，距离很近，绝对很准确。"其察言也不失"，看人家讲的话绝对不会漏掉。"若磁石之取针"，像磁石吸绣花针一样绝跑不掉；"若舌之取燔骨"，像用舌头从烤肉中剔出骨头一样容易。

"其与人也微，其见人也疾"，自己暴露给对方的微乎其微，而发现对方的情况却十分迅速。我们跟人家互动接触，没有什么大动作，但是对方的表情、反应，我们第一时间就可以掌握到。正如《易经》所讲的"不疾而速，不行而至"，"寂然不动，感而遂通天下之故"。这就叫高手。"如阴与阳，如阳与阴，如圆与方，如方与圆"，就像阴变阳、阳转阴，又像圆变方、方转圆一样。无论是阴阳、圆方，都可以得心应手。

"未见形，圆以道之"，我们如果还没了解掌握对方的形，那就"圆以道之"，用周圆的策略对待。"既见形"，一旦他现形，慢慢被抓住狐狸尾巴了，"方以事之"，我用框框对付你，开药方对付你，进退左右都可以。"进退左右，以是司之"，是进还是退，是左还是右，都是据此来定夺。"己不先定，牧人不正，事用不巧，是谓忘情失道"，如果你自己都毛毛躁躁，统御别人也无法正确行事，做事没有技巧，这就是忘了实情，失了正道。所以先要定得下来，要有定力。要是不先定，牧人就不正，不自知就不能真正知人。在你感情用事的时候，看别人都不是完全的真相，总是不客观。就像《易经》睽卦（☲）的负面情绪，看别人都是恶人，都是泥巴猪，还载着一车子的鬼。己不先定，牧人就不正，你要养人家，看人家，观察人就不正确，处理事情就不灵活，没有高招，"是谓忘情失道"。如果你犯了前面那个错误，就得不到事情的真相，偏离了大道，结果一定凶。失道就糟了，会忘情，忘了实情、正道。"己审先定"，如果你自己先定得住，知止而后有定，"以牧人"，你去养人、牧天下，"策而无形容，莫见其门"，你的计策别人完全搞不清楚门道。"是谓天神"，这大概是鬼谷子觉得自己是天神。

可见，在人生的战场上，我们要多多历练体会，才会越磨越精。人生的斗争基本上是交易，我们要做交易，拿什么东西来换呢？掌握有用的信息，就可以了解对方真正的意思。我们如果可以达到目的，就不一定要把人家摧毁。

内揵第三

在 21 世纪，怎样活学活用《鬼谷子》?《易经》的回答是巽卦（☴）第三爻和第一爻变，两爻齐变为中孚卦（☵），就是要取得人家的信任。一个游说者要游说一个目标，通常是有求于他，目标有实力，希望打动他，说服他，建立彼此信赖的关系。一旦建立信任机制，就不容易被人家离间破坏了。在他做决策的很多选项中，他可能就优先考虑你，就像亲子之间，不容易被打散。那么，怎样达成这样的中孚呢？靠巽的功夫。乱世忧患九卦的最高深、最幽微的功夫，就是巽卦。巽卦可以"称而隐"，"称以行权"，权变无方，无形无象，很深入地掌握对方的想法，来实现自己的志向，即"申命行事"。

我前面讲的鬼谷子的理论几乎都是如此，至于后面的理论也不外乎这一点。也就是说，要想成功游说一个目标，要预先下很深入的揣摩功夫。巽卦的下一卦是什么呢？就是兑卦（☱）。要说服对方，还要让对方内心欢喜，完全同意。"巽"就是"兑"的前置功夫，后面才是兑卦的话术。如果不下深入揣摩的功夫，你就可能永远被拒于千里之外，进不了门。就如巽卦的前一卦旅卦（☶）一样，失时失势失位，到处飘飘荡荡。所以，要由旅卦到兑卦，被接纳为自己人，成为可以推心置腹、谈知心话的对象，中间必下的功夫就是"巽"。《鬼谷子》就是在"巽"里面产生"中孚"。

巽卦的第一爻，就是从旅卦完全徘徊在门外的外人，下决心打进核心，大概要准备的一些方案是："利武人之贞，进退"。进去之后也不是那么一帆风顺，可能会遭遇很多障碍，那就是第三爻，经常会出现瓶颈，以致没有那么容易成功——"频巽吝"，自己还得校正，做情绪的控管，深入再深入，揣摩再揣摩，修正再修正，见风转舵，不要太坚持自己原先的看法。既然离原来的预期还有很大的差距，那就慢慢对焦、调整，反正目的就是要取得中孚的信赖关系。一旦互信建立，后面的什么都好说。由巽至中孚就是我们学习《鬼谷子》的目标。再难的东西研究透彻之后，不断练习都可以潜移默化，至少可以达到巽卦的第四爻："田获三品"。这是鬼谷子的基本功。

《捭阖第一》是《鬼谷子》的开宗明义，其卦象就是循序渐进的渐卦（䷴），第一、二、三、六爻动。渐卦是一步一步来，不能急，然后一定要成功。在这一过程中，考虑得很冷静，步步为营。有时候遭遇障碍也不要硬冲，迂回一下，想清楚再往前推。渐卦经常是这样的，要止而巽，动不穷也，永远有后招。渐卦下卦为艮，内部的阻碍要突破，最后才会成功，不然就不会有第六爻的完胜："鸿渐于陆，其羽可用为仪"，建立一个成功的模型，可进可退。循序渐进，是要非常冷静的。整个说服的方案要一步步往前推进，滴水不漏。

渐卦让你冷静地观察，修正思路，掌握节奏。四个爻齐变就是节卦（䷻）。你在说服、沟通的时候，节奏是由你来主控的，不会失序。恰到好处，不钻牛角尖，也不过火，节卦之后就产生中孚了。换句话说，"捭阖"是有韵律、节奏、章法的。

《反应第二》涵盖面更广，因为它在了解自己、了解别人、了解过去、预推未来。要说服人家是有往来的，要看人家是什么反应，然后再决定要怎么应对，甚至对方还会隐藏自己很深邃的心意，你要想办法张开网，布局、试探，逼出对方真正的心意。人的一颦一笑，说话的声调，脸上种种丰富的表情，就叫象。象会变，虚虚实实，不定型，象在形先，但是象就是内心的征兆。诚于中，很难不形于外，你就要捕捉那一刹那，遭遇困难就懂得马上用更高的招把对方的真情逼出来。用心很深，观察非常细腻，绝对不能有主观的情绪。感情用事，自以为是，都是致命的。所以，对于《反应第二》来说，《易经》给出的答案是损卦（䷨），第二爻和第六爻动。损卦要懂得"惩忿窒欲"，嗜欲越浅，天机越深，才可以从中获益。损的目的是要获益，益卦（䷩）就是随时调整，"迁善改过"。所有的"迁善改过"都建构在"惩忿窒欲"上。老子说："为道日损，损之又损，以至于无为。"要是你有主观的想法，一厢情愿，绝对看不清楚，反而落在人家眼里成笑话了。损卦的第六爻就是最好的结果，损极转益，第六爻单爻变是自由开放、君临天下，取得主控权的临卦（䷒）。损卦从第二爻就开始，抑制自己不恰当的情绪，和第六爻一样都是"弗损益之"，单爻变是颐卦（䷚）。第二爻、第六爻齐变就是复卦（䷗），复卦就是要掌握真相，穿透假象，直探核心。

　　第三篇《内揵》，揵同"楗"，揵即锁，"内"指内心世界，从字面上理解，"内揵"即从内心深处锁住。"内揵"这个词用得很怪，大概是鬼谷子门下的这些人，其活动、说服的对象是那些掌权的国君，就看你能不能说服、打动他，让他充分信任、启用你。一旦说动了这些君王，马上就是白衣卿相，苏秦、张仪就是如此。但是，这样的白衣卿相一定会有一堆人嫉妒，毕竟很多人熬资历不知道熬了多久，都没有上位，结果一介布衣凭着两三句话就爬到上位，这些人一定会想办法来破坏，在国君面前毁谤、造谣。这也是人之常情。所以，你要让新的老板始终对你信任不衰，就好像你把他锁定了一样，不受挑拨离间，交情一下就卡得很深。

要知道，人与人之间，尤其男人跟男人之间，情谊没有那么自然的，一定是从利益出发，从供需方面来考量。要使国君没有办法离开你，别人讲的话都没有办法产生破坏力，这就要"内揵"，不仅关了门还上好了门闩。就像老子所云"善闭无关楗而不可开"。

在短期内建立一个别人没有办法挑拨离间、破坏的关系，就叫"内揵"。快速建立信赖关系，好像把他的心锁住了，从外面还看不出来，然后他心服口服，完全接纳你。商鞅在短时间内就让秦孝公产生了信心，然后授予他大权，让他推行震古烁今的变法改革，一下子平步青云。你看，他得面对多少人的嫉妒、破坏？不论外面的人怎么破坏，秦孝公依然坚持变法，这就不容易了。这就是作为一个说客非常重要的自保功夫，即重要的"关楗"是谁，你能把他锁定，别人再怎么破坏都没用。这种方法就叫"内揵"，给它上把锁，而且没有钥匙能打开。人都有嫉妒的天性，自己没有本事办到，看到别人办到肯定要嫉妒、破坏，见不得人家好，就拼命去搜集资料，捕风捉影搞破坏。只要那个"关楗"的人屹立不摇、信心不动，别人就拿你没办法。

《内揵第三》，写在《反应第二》和《捭阖第一》之后，没有任何善恶是非的问题。这涉及建功立业，不是开玩笑的，至少要自保，因为你怎么知道信赖关系是不会变的？挑拨离间日久，能确保不生异变？就像曾参的妈妈，别人三次说她儿子杀人，她就不相信儿子了，吓得赶紧跳墙逃跑，对不对？还是老子高明，"善闭无关楗而不可开"，他都不用锁，是无形的，怎么会有钥匙呢？"善数不用筹策"，特别会算的人不需要占卦，不用筹也不用策，也能未卜先知。要知道任何一个东西都可以被破坏，只要有形的就可以被破坏。别人看到你一定要用筹策才能够"顺数知往，逆数知来"，他就会买通你身边的人把筹策丢掉，这样你就没有办法占卦了。假如你不用筹策都能未卜先知，对手即使把你的筹策都丢光了，你还是可以数往知来。因为你对任何东西没有依赖感，你的智慧是活的。这就是老子的智慧，"善数不用筹策，善闭无关楗而不可开"。还有"善结无绳约而不可解"，跟人家结交，紧紧地绑在一起，并没有用绳子绑，就是解不开。这种铁打的交情，别人根本无法破坏。

可见，内揵是永远都没有办法打开的，外面想破坏的人看不到那把锁在哪里。这都是巽卦的功夫，不知不觉中打了一个楔子进去，谁也拔不掉，而且还不知道楔子在哪里。

关于"内揵"，南朝学者陶弘景注解道："揵者，持之令固也。言君臣之际，上下之交，必内情相得，然后结固而不离。"也就是说，你要持盈保泰，要稳住这样的关系，要固持，让它永远不被破坏。君臣上下之交多危险，随时可能会被破坏，随时可能会被出卖。所以要"内情相得"，要掩蔽内情，让人家误判，伤害不到你，这样才可以如鱼得水。如果不相得，勉强凑在一起，绝对不可以成事。就像《易经》中的革卦（䷰）所说的"二女同居，其志不相得"，非冲突不可，一定在短期内就会有剧烈的变化。而睽卦（䷥）的"二女同居，其志不同行"，纯粹是同床异梦，看着在一起，其实离得好远。这些就是内情有问题。不了解内情的，还以为是牛郎织女或者金童玉女，其实已经是怨偶了。内情，别人不会知道。相得，然后结固，这样的结交才坚固而不离，永远也打不散。

要知道，人跟人能够互信几十年真的不是件容易的事情，不管是夫妻，还是亲子、朋友，能互信多年不易。花无百日鲜，人无千日好，尤其是往来的频率高，更难长期互信。很多形式上的东西，如果你没有真正从内心搞定，那就通通不可靠。结婚的可以离婚，签约的可以撕毁，说的话可以不认。"二人同心，其利断金，同心之言，其臭如兰"（《易经·系辞传》）。说不说都可以，"或默或语，或出或处"，这种交情才不会被破坏，其他的东西通通不可靠。

（一）

君臣上下之事，有远而亲，近而疏；就之不用，去之反求；日进前而不御，遥闻声而相思。事皆有内揵，素结本始。或结以道德，或结以党友，或结以财货，或结以采色。用其意，欲入则入，欲出则出；欲亲则亲，欲疏则疏；欲就则就，欲去则去；欲求则求，欲思则思。若蚨母之从子也；出无间，入无朕。独往独来，莫之能止。

"君臣上下之事，有远而亲，近而疏；就之不用，去之反求；日进前而不御，遥闻声而相思"，这几句颇有诗的韵味，这个鬼老头还有点摇头晃脑的意趣。人确实是这样，尤其涉及领导管理的事情，有时候真看不懂：到底谁是他的心腹？谁是他的爱将？他到底听谁的话？挤在他身边的人，可能他讨厌得要死，根本就不信赖；而看不到的人躲在后面对他影响很大，随便吹吹枕头风就可以决定一个人的生死。君臣上下的事情是很难说的，"有远而亲"，有的离他好远，几年也没见一面，也没有看他召见，怎么关系那么亲呢？"近而疏"，有的人明明离得很近，关系却疏远得很。办公室就在隔壁，就住上下楼，都不讲点真心话，还有深刻的矛盾。离你越近的越疏远，看着就烦，看着就讨厌；离你越远的，反而亲密得很。这种事我们经常可以见到。"有远而亲，近而疏"，尤其是君臣上下之事，万般不与政事同，有太多的利害在其中。就像《易经》的一个卦中，二爻（地方大员）、五爻（君主）"远而亲"，四爻（朝中大臣）、五爻"近而疏"。当然也有相反的现象，即四爻跟二爻争宠的时候，会把二爻完全排除在外，和五爻成为一个共犯结构。所以这里说"有"，而不说"全"，也就是说走得近有时会很亲密，就像穿一条裤子一样，一起贪污。而有的则不是，因为二爻离君主远，故多誉（有好声誉），而四爻是近臣，伴君如伴虎，故多惧（战战兢兢），是不是"远而亲，近而疏"？面对这些状况，你就要研究，"就之不用"，要迁就、屈就。天天往来、天天见面的，听不进任何谏言，找领导人也没有用，因为他不会用你的。"去之反求"，有时候离开领导人好远了，领导人却用快马把你追回来。这种情况可能会发生在同一个人身上。也就是说某人向国君进谏，被弃而不用；离开国君，说此处不留爷、自有留爷处，老子换一个地方去游说，结果没出国境就被国君追回来了。这就是"就之不用"，反而坐冷板凳；"去之反求"，反被国君快马追回重用。

　　"日进前而不御"，天天就在君王面前，反而得不到重用。"遥闻声而相思"，有的人只是远远地听到有大才，国君就好想与那个人见面。可见，人性很复杂，也很有趣，天天在眼前的东西太容易得到了，反而不要，非得去追慕一些遥远的，甚至没见过面的。就像秦始皇想见韩非，没见到韩非的时候，读了韩非的书，马上变成韩非的第一号粉丝，想办法把他弄过来。等到韩非来了，一看他讲话结结巴巴，结果不但没有重用韩非，还受了身边虎视眈眈的李斯的怂恿，杀了韩非。换句话说，表面上的那些距离，可能都不是真相。到底产生了什么变化，这些都得给它研究清楚，不然你永远也看不透。

下面就有一个结论告诉你了："事皆有内捷，素结本始。"任何事情都有一把无形的锁，平常的东西都与本源相联结。所以，我们要把人家锁定，要不然心里就觉得不安全。我曾经去过不少风景区，到巅峰的时候，正想看风景，发现那里系着一堆锁，都是男女的同心锁。一把外在的锁真的能锁住一生？真要去调查的话，我估计很多锁都白锁了，以大地山川为证成了笑话。人生不就是这样吗？男女之间互相太喜欢了，不是弄同心锁，就是在身上刺青，还刺在很重要的地方。万一不在一起了，刺青怎么办呢？要是下一次找的伴侣的名字有一点儿相同还好改，一改就改过去了，要不然又得挖刺青、重刺。所以我建议这些人刺青前考虑考虑，看看有效期有多久，不然刚刺完，余痛未消就分开了。刺青的时候保留一点儿变化的弹性，要知道《易经》中说爻变就爻变，说卦变就卦变，卦中还有卦。这些外在的锁都不是内捷，只是外捷而已，是贴纸，一撕就撕掉了。"事皆有内楗"，这才是高手。要做到这一点，就得"素结本始"，平常就要下功夫。不要事到临头才想办法去表态、套近乎，内捷的功夫是不知不觉中下的，早就在布局了，别人却都不知道。一切都在平常下功夫，每天做一点儿，时间长了，关系深刻到别人想破坏都不行。

那么"素结本始"，要结什么呢？"或结以道德，或结以党友，或结以财货，或结以采色。""或结以道德"，这是最高的，属于道义之交，他们在这方面有类似的水平，所以彼此欣赏，彼此推重。在道德上来交，这是最根本的，很纯粹。"或结以党友"，同党、朋友，有共同的利益，属于利益之交。党友有好有坏，东汉就有"党锢之祸"，明朝的宦官结党被称为阉党，朝中清流也有党。"或结以财货"，这直接讲了，他们之间以财物结交。这种结交有时难免提心吊胆，像有些人不敢把钱存入银行一样。现金放天花板上，放床底下，一旦被揭发，把天花板一顶，就掉下来了。"结以财货"的利害关系太深了，一旦发生事情，就是共犯结构。"或结以采色"，有的人以美色、娱乐相结交。那种美女开路、裙带关系都属此类。

上述这些关系中，只有以道德相交的关系相对来讲没有问题，但是"结以道德"的恐怕很少，"结以党友"的还不一定做坏事。"结以财货"的就很难突破了，"结以采色"的也很难过关。权钱的交易，哪里跑得掉制裁？

"用其意，欲入则入，欲出则出；欲亲则亲，欲疏则疏；欲就则就，欲去则去；欲求则求，欲思则思。"这种关系不是轻易可以破坏的。只要"用其意"，意念动一动，想进去就进去，想出来就出来，想亲近就亲近，想疏远就疏远，想靠近就靠近，想离开就离开，要人家征召我，他就征召我，要人家想我，他非想我不可。这就叫"用其意"。一个眼神都能杀人，可以让对方急得跳脚，这就是懂得内揵，而且那种"结以"的关系是很复杂的，不见得只有一种。这些关系外人看不出来，他就算破坏了其中的一个关系，还有好几个更重要的关系存在。好几层关系，就是人际网络，布局严谨，外人绝不可能破坏。

关系一旦锁定了，根本不怕人破坏，即内揵成功。接下来鬼谷子就举了一个自然界的例子："若蚨母之从子也；出无间，入无朕。独往独来，莫之能止。""蚨母"，即青蚨，一种昆虫，形似蝉而稍大，陶弘景注解说"似蜘蛛，在穴中"。如果它的幼子被偷取，蚨母不论远近都会飞来相救。还有研究说，蚨母住在洞穴中，非常有安全意识，它要出去的时候，为了保护幼子，洞口一定掩盖得很严密，别的动物无从知晓。所以它进也好，出也好，别的动物无法端掉其巢穴。蚨母养它的小孩，善用盖子把洞穴覆盖起来，好像逃生躲避的地下室，出入往来，不留任何痕迹。可见，它知道外面充满了敌意、杀机，所以一定要无形，让敌人找不到入口。它不在时，敌人没有办法进入巢穴。"出无间"，出口没有缝，人家没有办法破坏。"入无朕"，"朕"即征兆，也没有任何征兆，它又进去了。人要是找到一个安全的地方，别人都没有办法端掉你的大本营，因为根本就不知道出入口在哪里。入穴出穴，防身有术，而且"独往独来"，谁都不能掌握你的行踪，都不能把你封杀，想出来就出来，想躲起来就躲起来。

我们都知道，人生在世，尤其是身处乱世时，平时就要多准备一些资源，如狡兔三窟，只挖一个穴是不行的，最好中间还坑道相连。当然，洞穴有它的好处，也有它的坏处，在下面是安全，猛兽进不来，但是藏在洞穴中，对外面的情况就不能掌握。万一你要再钻出来，刚好人家躲在那里守株待兔，怎么办？人生会遭遇一波又一波的振荡，所以，还要准备避难的高地，视野辽阔，跑到上面谁也奈何不得你。看来，我们得跟蚨母学习，母爱太伟大了，它为了保护小孩，都懂得用心机，敌人都不知道它的巢穴在哪里。还有"独往独来"，别人无从把握其与谁交往，因为他的交往是无形的，不着痕迹，就不会成为破坏的对象或者怨谤的对象。

（二）

内者，进说辞也。捷者，捷所谋也。欲说者，务隐度；计事者，务循顺。阴虑可否，明言得失，以御其志。方来应时，以合其谋。详思来捷，往应时当也。

下面就要解释名词了，什么叫"内"？什么叫"捷"？"内者，进说辞也；捷者，捷所谋也。"怎么才能打进这个楔子，使得关系这么深、信任感这么强呢？"进说辞也"，要向实力派人物游说，提出你的方案，打动这个实力派人物。不然你怎么打得进核心，让他和你的关系这么近呢？所谓的捷，就是运用你的谋略，对方有重大疑难问题，跟别人谈都无从解决，跟你一谈，如茅塞顿开。就像商鞅跟秦孝公谈了三天三夜，都忘了吃饭睡觉。"捷所谋"，一定有谋略，而且那个谋最好不要让别人知道。法不传六耳，一些绝对的机密不能为外人得知。这就是"内捷"。

"欲说者，务隐度"，要说服人家，务必悄悄地猜测人家的心意。"机事不密则害成"，一定要揣摩上意，搞清楚君王真正的想法。"务隐度"之"务"，就强调绝对要专心致志，说服人家，千万不要打锣打鼓，一定要自己揣摩，料算精确，"他人有心，予忖度之"。

"计事者"，尤其谈一些机密的国家大事，"务循顺"，要依循君王的意愿，了解其心里真正想干的事。《韩非子》中有一名篇《说难》，"说难"就是揣摩上意，不要搞错了。君主表面说的可能不是他心里真正想的，有时候甚至会说反话。所以你要打中他的心坎，了解他真正的企图，这叫"隐度"。隐，就是还不能够公开，自己要在心中算计，随顺君心。顺君意、度君心，才能得到自己所希望的结果。

"阴虑可否"，还没正式开谈时，先要想自己的说法能不能说服他，他会说 yes，还是 no，自己要去猜想。假如还没有把握，那就搜集情报，再试探。前置作业一定要做好，说出来的方案没有任何一句废话。"明言得失"，直接提方案，告诉君主这件事情的得失、吉凶、成败如何。毕竟很多事情不会全得，也不会全失，有得必有失，有利益必然有风险，要很明确地分析给他听，不容含混。前面的"阴虑可否"是心理活动，后面的"明言得失"是实际建议，不能啰唆，不要长篇大论，半天不进入主题。英国首相丘吉尔在第二次世界大战的时候，要求所有的工作团队都要做到在限定的时间内或在一张纸上，把要汇报的事情统统讲清楚、写明白，如果有必要再用附录；不要等到看完你这一篇伟大的报告，德国军队都打进来了。其实当老师的也一样，学生写论文，你认为老师都会看完吗？如果老师看了你前面三五段还不知道你在扯什么，保证是叉叉叉。所以一个说客要练习能够在极短的时间内吸引谈话对象的注意。"阴虑可否，明言得失"之后，就是"以御其志"，要弄清楚他内心真正想干啥。志乃人心之所主，人一生就是有某种志，百折不挠都想要完成。志是人内心的主宰，你要充分掌握、控制，这就是最高的领导统御。领导统御不只是上面管理下面，也可以针对君主，完全清楚君主想什么，就能够"御其志"。

"方来应时，以合其谋"，以道术进言应合时宜，以便与君主的谋划相合。国君问你意见时，他心中肯定是先有想法的，不可能说一片空白，什么事情都丢给幕僚，他自己也有一些谋划，只是没有把握。君王首先会自问应该怎么办，没把握时，再去问周边幕僚。还不行的话，再做一点民意调查，再不行就占卦问天了。所以你先要搞清楚，君主没有把握才会问你，不然他干吗问你。这时你要进献合于君主意向的谋略。国君把握的是大方向，有很多细节没有考量到，你所进献的方案除了要应时，合乎时之所需，还不能跟他的腹案偏离太远。《孙子兵法·始计篇》就说，作为大将，要说服国君，就要站在国君的角度去谋划。国君有治国平天下的方案，希望大将能帮他完成。"将听吾计，用之必胜，留之；将不听吾计，用之必败，去之。"换句话说，你想争取一份工作，想运用这个资源，就要合君之谋。如果你说的跟他想的南辕北辙，那就白费心机了。

"详思来揵，往应时当也"，详细地考虑后再来进言打动君心，劝言也应该适应形势所需。要非常详尽地思索，周密地谋划，所有的想法、谋划刚好卡住君主的需求，你们就绑在一起了。如果你不管他心中有什么想法，就乱给人家建议，肯定要撞墙。所以要思虑周到，要恰当，要适时，然后去回应君主。

（三）

夫内有不合者，不可施行也。乃揣切时宜，从便所为，以求其变。以变求内者，若管取揵。言往者，先顺辞也；说来者，以变言也。善变者：审知地势，乃通于天，以化四时，使鬼神，合于阴阳，而牧人民。见其谋事，知其志意。事有不合者，有所未知也。合而不结者，阳亲而阴疏。事有不合者，圣人不为谋也。

"夫内有不合者"，如果经过试探之后发现判断错误，没有那个客观条件，"不可施行也"，那就不要实施。"乃揣切时宜"，就要揣摩切中形势。也就是说，还要合乎时宜，这是最重要的。"从便所为，以求其变"，原先的方案有问题了，那就要调整，千万不要拘泥于原先的方案。因为不可施行，故要随机变化。双方谈得不爽，假定还有机会的话，那就要随机应变了，才能让谈判具有可操作性。这里要变的是你自己，不能说绝对不变，而是要随时调整。一个方案就可以打通关的，这样的事情很少。这就说明了临机应变的重要性。敏感度非常重要，在对话的过程中，要学会察言观色，随时都能体察你讲的那些话有没有打动对方，如果发现不对劲，那就得赶快调整。对于这些未知的变数，事先都要做心理准备，原先的方案可能要进行大修改。凡是这种重要的说服过程，都是希望对现状进行重大改变，中间不知道要改多少次。很多创作也是这样，最后的定案跟原先的草案，有时相差很远。这就是《易经》革卦（☲）所说的"革之时大矣哉"，如第三爻"革言三就"（意即多听、多试、多调整），就是要取得对方的信任——"有孚"，第三爻爻变就是随卦（☳），强调调整的弹性——"以求其变"。发现不对了，就不要坚持原来的方案，赶快调整。像巽卦（☴）也是特别会调整的："随风，巽。君子以申命行事。"所有调整不能偏离时宜、时变，要便宜从事，怎么方便，怎么合适，就怎么做。不要钻牛角尖，不要把一些空的理论架构往上套，要随时调整。只有经过多次的修正、试探、调整，才能取得成功。

　　战国时期的纵横家就是如此，他可以朝秦暮楚，既可以纵，也可以横。那些游说君王的策士，在游说君主时，只要能让国君如愿，随时都可以换一个说法。如法家的商鞅入秦时，先讲帝道，秦孝公没兴趣，边听边睡；然后就讲王道，秦孝公兴致依然不高；最后就讲霸道，要变法强国，孝公来劲了，一个越讲越欢，一个越听越迷，竟然数日不厌。由此，君臣一拍即合，开始变法强秦。商鞅游说取得成功的关键在于能随时调整方案，如果他坚持帝道或者王道，秦孝公会听吗？

"以变求内者"，以变来求人家接纳，然后你才能够打进去。"若管取揵"，"管"就是钥匙，就像用钥匙打开锁一样。想打开他的锁，就要有一把钥匙。每个人都有锁，每把锁都有钥匙，所以不要用错。一旦打开他的心锁，下面就可以畅谈了。"言往者，先顺辞也"，游说之前，要阐述形势，分析得失，就得涉及已发生的事情，那就跟他讲讲这件事情的沿革，为什么会发生，为什么会如此发展。要言不烦，要用"顺辞"，即顺从君主之意的言辞。当对方清楚到一定程度了，"说来者，以变言也"，讲未来可能的发展，在掌握基本方向的前提下，要用灵活应变的方案来应对，以留有变通余地。这里的"变"也包括一些重要的关系人的反应，你的出招因他的反应而变，不断在变。

"善变者，审知地势，乃通于天，以化四时，使鬼神，合于阴阳，而牧人民。"善于应变的人，要熟悉各国地理形势，精通天文以及四时的变化，这样才能役使鬼神，与阴阳之道相合，从而对牧养人民有充分的把握。这一句话当然不是迷信的观念，也不是在施法。天地人鬼神、春夏秋冬、土地民众，他们的变化都要掌握，这样才能够充分控管，不至于失控。

"见其谋事"，言谈之间，通过对方做事的方式，可以预见其谋事的方式：怎么解决问题，都显现在他的政绩或者危机处理上。再加上你和君主的一对一的谈话，不是更可以近距离观察这个人吗？看他怎么谋事，就"知其志意"。人会谋划，会思考应该怎么做事以推行自己的主张。要知道人的志跟意一般人是看不出来的，尤其作为君主，更是不会轻易流露出来。但是我们凭君主如何谋事，就可以推测到他的志意是什么。行家一伸手，就知有没有，你要了解这个人的志意，就看他怎么谋事。做事情不能马虎，前面一定要谋，看他怎么想、怎么做，做的结果是什么，我们才能够了解他，推动他后面的志意。

"事有不合者，有所未知也。"有些人自诩聪明，觉得自己完全了解决策者的想法。但是由对方后来做事的表现，发觉自己判断有误，不合君意，那一定是情报搜集有问题，了解对方还不够透彻，可能还有一些关键的信息没有真正掌握。人要全知好难，兵法说打仗要知彼知己，还要知天知地。如果关键的信息你不知道，当然是"事有不合"，不应对就不能成功。打仗是用力量来合，说客是用说来合，"有所未知也"，这一点必须承认。"不合"，就是情报掌握不够，"有所未知"，看着是合了，怎么没有进展呢？其实还是有不知的地方。

"合而不结者，阳亲而阴疏"，不希望双方结成同盟，对君主的意图表面亲近，背地里却疏远。"阳亲而阴疏"在政治上、在聘雇关系上是常有的现象。表面上，不管周遭有没有人，都显得跟你亲近，但是心中还有一些顾忌，或者是"阴疏"，实际上他跟你还是疏远的，他没有真把你当自己人。他显现的态度就是"阳亲"，表面上跟你很亲，虽然你已近乎变成幕僚团的一员，变成了重要的军事顾问，但他实际上还没有把你当身边人——"阴疏"。

表面上是亲近，实际上是疏远，一时半会儿很难识别，所以"事有不合者，圣人不为谋也"。"事有不合者"又出现了，前面说的"事有不合者"，是看起来君主不是完全满意。"圣人不为谋也"，对这种谈判失败的，人家并没有真正从心里接纳你，这时作为一个专业的说客，任何谋事、谏言，都要考虑放弃，因为毫无意义。你即使变成幕僚团的一员，但是并没有变成君主的谋主。一定是什么地方出问题了，可能是你的问题，也可能是他的问题，也可能还有第三者。"圣人不为谋也"，别花脑筋了，不要白费力气了，想问题、斗心机很耗心力的。发现不对了，发现人家表面笑、实际冷，"圣人不为谋也"。天底下那么多地方，一定要待在这里吗？

（四）

故远而亲者，有阴德也；近而疏者，志不合也。就而不用者，策不得也；去而反求者，事中来也。日进前而不御者，施不合也；遥闻声而相思者，合于谋以待决事也。

然后就解释了，为什么前面距离很近，"日进前而不御，遥闻声而相思"？"故远而亲者"，为什么实际的时空距离很远，而他们却那么亲近呢？那是因为"有阴德也"，他们的关系之深，超乎你的想象。他们暗中心意相通，即"阴德"。

"近而疏者"，那些关系亲近反而被疏远的人，就像办公室就在隔壁，关系却很疏远，因为"志不合也"，和君主的心意不能相通。志不相合，说明不是同道、同志，难以心意相通。找到一个真正的同志很难，因为真正的同志，有共同的想法，做事的风格也很接近。《礼记·儒行篇》就讲："儒有合志同方，营道同术；并立则乐，相下不厌；久不相见，闻流言不信；其行本方立义，同而进，不同而退。其交友有如此者。"作为儒者，有同样的师承，以同样的风格共事，营道用同一套办法。就像儒家有儒术，道家有道术，佛家有佛法，这就是同志。如果行事风格差异太大，就没有办法长期合作，最多只能风雨同舟，互相利用一下。所以说真正的长期合作，要求是很严格的，还真的需要有缘。"志不合"，那怎么行呢？《说文解字》解释"儒"字的特有含义，说是"术士之称"，当然不是江湖术士，而是强调做事情讲方法。"术"就是要实践，要设计出起点在哪里，目标在哪里，怎样的路线可以达到。换句话说，如果做事情没有道道，没有策略，也不讲方法，就不能称儒。

"就而不用者，策不得也"，已经那么接近了，很迁就他了，结果还是不用我的谋略，这是因为提出的策略没有得到他的欢心与认可。"策不得也"，当然不会用你，尤其在战国时代，国君都是要用有用的人才，一切都是很现实的。

"去而反求者"，刚开始大家接触不良，最后你离开了，跑得远远的，这个君主反而想办法用快马把你追回来了，什么原因呢？"事中来也"，你原先的预测对了，灵验了。"来"就是未来。当时跟君主谈的时候，事情还没发生，提出的一些形势分析和预测，君主不相信，觉得荒唐，不采纳你的意见，那就再见。没想到还未到边境的时候被他拦下来了，因为事情已经应验了，谁都没有料到的，你料到了，那君主就要把你追回来。这叫"去而反求"，一切以结果论。

"日进前而不御者，施不合也"，天天见面，就是不用你，因为所有的策略措施都不合君心，与其想法不契合。"遥闻声而相思者，合于谋以待决事也"，隔那么远，还能让君主听到好名声的人，是因为其谋略合乎君主的心意，君主等待他来决策事情。"遥闻声而相思"，听起来很美好，是一个国君求贤若渴的表现。问题是有时"遥闻声而相思"，到最后发现"日进前而不御"，这就叫得不到的特别渴求，到手之后就特别失望，即"闻名不如见面，见面不如闻名"。现代很多的粉丝情结就是因为缺乏了解，等到见面的时候特别失望，偶像变成了"呕像"。

（五）

故曰：不见其类而为之者，见逆；不得其情而说之者，见非。得其情乃制其术，此用可出可入，可揵可开。故圣人立事，以此先知而揵万物。

"故曰：不见其类而为之者，见逆。"如果找不到双方相似的地方就仓促谋事，必定会遭到人家的排斥。物以类聚，人以群分，所以一定要有一些类比，察言观色也是类。"类"都不懂得运用，就瞎干，结果一定是什么事情都不可能成，会踢到铁板。"不得其情而说之者，见非"，没有掌握他的七情六欲或者真正的想法，就胡乱去说，一定会被人家拒绝。"见逆、见非"，都是失败，因为没有"见其类""得其情"。《易经·系辞传》说"通神明之德，类万物之情"，就是伏羲画卦的依准，我们学卦就得有这个本领，晓得这个类，才懂得是怎么回事。还有"得其情"，一定要完全掌握对方心中真

正的想法，不然你没有办法控制事情的发展。你都不知道他真正要什么，怎么去进行下一步呢？

"得其情，乃制其术"，得到对方真正的想法，才能制定出相应的策略。"此用可出可入，可捷可开"，一旦取得主导地位，对方就非听你的不可。你就可以自由出入，想走就走，想留就留，还有可以轻易地与对方在内心结交，使其敞开心扉。可见，情是人最大的弱点，就像一把锁，一旦控制住，开关都掌握在你手中。当然，这也是一个说客的自保手段：刚开始时，对方完全听你的，你可以操控自如；即使哪一天对方烦你了，你觉得不想干下去了，依然可以打开这把心锁，离开对方。什么时候出入、捷开，都由你来决定，而不是由老板来决定。任何一个国君或者老板，时日一久，对于身边的人不可能一直信任，旁边一定有人进谗言、搞诽谤，所以一个成功的说客要"开除"老板，不要等到被老板开除。有这种自由度，都是"因其情乃制其术"，对方的弱点你都知道，"此用可出可入，可捷可开"。

"故圣人立事，以此先知而捷万物"，圣人能成就事业，就是因为预先知晓事情能否有进展，如此才能驾驭操控万物。这就告诉我们，什么事情都要抢先知道，要做先知。对万事万物，我要把它锁上就锁上，锁了之后没人能把它打开，只有我有那把钥匙。看来，交朋友，不要交鬼谷子之类，一旦被他控制，就麻烦了。这种人真的不会感情用事，很冷静，能够充分掌握主动权，什么事都比人家先行几步，早就布好了局，在进的时候，就已经预留了退路，所以走的时候风风光光，不留任何遗憾。

（六）

由夫道德、仁义、礼乐、忠信、计谋，先取《诗》《书》，混说损益，议论去就。欲合者用内，欲去者用外。外内者，必明道数。揣测来事，见疑决之。策无失计，立功建德，治名入产业，曰揵而内合。上暗不治，下乱不寤，揵而反之。内自得而外不留，说而飞之，若命自来，已迎而御之。若欲去之，因危与之。环转因化，莫知所为，退为大仪。

这一段很像商鞅说秦孝公，是一个经典的说客策略，包括三个步骤。

"由夫道德、仁义、礼乐、忠信、计谋"，"由"就是按照哪一条路子走，顺着道德、仁义、礼乐、忠信、计谋这些方面来进言。先讲好的、冠冕堂皇的，什么人权、自由、民主等。"先取《诗》《书》"，《诗经》和《尚书》是当时大家熟知的经典，是大家引经据典的材料，引用其中的语句，自然让人信服。"混说损益"，还不纯说，要混说，加加减减，加油添醋。反正只要言之有据，合乎自己讲的目的就行，然后对方一定听我的。"议论去就"，决定自己留下来还是离开。这是说客的基本功，不能只有诈谋，冠冕堂皇的、合乎国际规范的都得用到，还要懂得混说，要用什么，不用什么，"议论去就"，要去还是要留，都得有把握。

"欲合者用内"，如果你接触这个君王，觉得可以共大事，就要用内揵的功夫，机不可失，非把这个国君的心打动不可，让他绝跑不掉，老子就要借你的势来成事。同时，国君觉得你魅力无穷，对你言听计从，你就成了头号军师，如鱼得水，就像刘备对诸葛亮一样。"欲去者用外"，如果你在谈的某一个阶段发现不对劲，比如不大喜欢跟这个人长久合作，也很难长久合作，说不定将来有"狡兔死、走狗烹"的下场，或者这个人是扶不起的阿斗，总有一天你要离开，那就不要再拉近关系了。所有的筹码不要乱用，注意力要摆在外头，说不定还有别家老板适合你。退一步海阔天空，此时就不要再进一步了，统统用虚招，开始往外做部署。在任何一个团体中，我们常常看到一个人曾经很重要，如果他有一段时间开会也不来，或者来一下也是一直看表，说今天有约，就先离开了，这就是在"用外"，准备另谋高就了。"欲去者用外"，"用外"有什么好处呢？既然不愿意在这里再深入发挥你的长才，就不要再深入，将来离开的时候，也不会知道太多不应该知道的东西。如果决意要走，还拼命往里面钻，等到什么机要都知道了，人家还会放你走吗？"欲去者用外"，既是自保，也是职业道德。一切到此为止，不要知道太多内情，人家告诉你都要说没兴趣，不然知道的机密太多，要走的时候也走不了。一旦走了，还得小心被灭口、被追杀。

"外内者"，不管是再深入，还是想抽腿，"必明道数"，不能乱来的，都有道，还有数，都可以算的。"揣测来事"，未来的事要先揣摩，"见疑决之"，还有想不通的，一定要决疑。对于学《易经》的人来说，这是基本功了。"策无失计"，所有提出来的完整方案，绝对不会遗漏。这里的计包括进言和遁退，想闪的，"走为上策"，绝不会算错。"立功建德"，功德就是这么建立的。进退有序，好来好去，进以正，退也以正，很不容易。怎么算都对，百发百中，替自己算也对，替别人算也对。最糊涂的就是替别人算都对，替自己算却错了。好多人都是这样，如勾践灭夫差后要文种自杀，文种还至死不悟。这一段在《史记·勾践世家》中记载得很详细：

> 范蠡遂去，自齐遗大夫种书曰："蜚鸟尽，良弓藏；狡兔死，走狗烹。越王为人长颈鸟喙，可与共患难，不可与共乐。子何不去？"种见书，称病不朝。人或谗种且作乱，越王乃赐种剑曰："子教寡人伐吴七术，寡人用其三而败吴，其四在子，子为我从先王试之。"种遂自杀。

"治名入产业"，这句话的"名"应该是有问题的，应该不是名分的"名"，而是老百姓的"民"，即帮助国君治理百姓，使百姓有固定的产业。如果民不聊生，就会引起内乱。如果更具体一点儿，"入产业"就是税负千万不要太重，最好能减税。要刺激生产，门槛不可以太高，税负不要太重。"曰揵而内合"，这叫作巩固与君主的内部关系。这就是和君主的关系很近了，缺你都不行了。就像管仲已经完全"内揵"住齐桓公，所以他就可以做到"揣测来事，见疑决之……"，谁问他都可以很好地解决，以致富邦强国，九合诸侯，不以兵车，使齐国称霸，"立功建德"。"治民入产业"，在《管子》中是最实际的内容。这就是"揵而内合"，是内揵最高的表现。

"上暗不治，下乱不寤，揵而反之"，如果你辅佐的老板不是齐桓公这种人，而是昏君，"上暗不治"，国家治理得一塌糊涂；"下乱不寤"，下面也是乱哄哄的，没有办法使之清醒过来，就"揵而反之"。

领导人昏庸，下面也是乱得一塌糊涂，那要做另外的打算，何必蹚这个浑水呢？何况战国时期很多说客是外来的，有必要蹚这个浑水吗？这时要准备全身而退的策略，因为不会长久，要考虑不能长久之计。发现这个人不行，绝对不是一个好的辅佐对象，跟他发展下去总有一天会完蛋，那就准备退路。

"内自得而外不留"，对于那些内心自以为是而不采纳外人意见的老板，外面所有的高手、有才干的人，统统留不住。和这样的国君共事，实在不是一个好的选择，将来必定会出事。一个人刚愎自用，自以为是，高手一般都待不久。这时候怎么办呢？"说而飞之"，妙哉，继续说，不动声色，但是知道相处不能长久，只能给他灌米汤，跟他讲一些空话，把他搞得晕晕乎乎的。趁他还在晕的时候，你赶快自己想办法。反正没有办法救他，他听不进别人的意见，那就让他更糊涂吧。"若命自来，己迎而御之"，如果发现跟错人了，不能说走就走。而且国君还糊涂，还来找你，也没有关系，就迎上去，让他用你。在做了这些动作之后，虽然你心里犯嘀咕，还是要做最后的诊断，看看这个笨蛋到底可不可以驾御。如果经过这样的接触之后，发现还是不行，不可救药，"若欲去之"，自己想闪人了，"因危与之"，"与"就是交还职权。这样一个老板，怎么样也搞不好，那就不必跟他共生死共进退。他要你建言你就建言，他要你帮着办点儿事你就办点儿事。如果最后发现还是失控，没有办法起死回生，这个国家变得危险了，扶不起来了，那你就拿出早已准备好的辞呈，把那个烂摊子丢给他。在危局之下，既然没有办法帮他了，那就要懂得撤退，甚至还可以给他推荐一个更"好"的、当然也是更坏的臣子。"环转因化，莫知所为，退为大仪"，或去或留，像圆环一样随着情况的变化而转换，没有人知道你有什么打算，这样的人可以说是懂得全身而退的大法则了。

这个鬼谷子，这些话他肯定是对学生都明讲的，不但讲，还发挥，举很多案例。所以，他的书后来怎能不成为禁书呢？秦汉以后，皇帝最看重的是臣子的效忠，不效忠还糊弄，绝对不行。鬼谷子的说法可谓大逆不道，难怪这些个皇帝要禁他的书。合则留，不合则去，说明在先秦的时候读书人的自由度很高，只是在秦汉之后，皇帝是最不喜欢看到臣子有这个想法的。

"退为大仪"，哪个人能够不留退路吗？《易经》的大壮卦（䷡）血气方刚，乱冲乱撞，啥事也不能成，大壮卦的另外一面就是遁卦（䷠），要预留退路。有的貌似一家人，其实可能终身没有合作的可能，因为家人卦（䷤）的另外一面是睽卦（䷥）。那就不要勉强了，但是你发现睽之后，也不必公告天下，自己心里有计较、有安排就行。我们多多少少都有一些职场的历练，离职的时候，或者离开一个待了很久的地方时，能不留遗憾、不撕破脸，这是最重要的。这就是知进知退，知存知亡，也是内揵的关键。想要就一定征服他的心，不想要就一定让自己走得冠冕堂皇，而且有情有义。如果在你待过的地方，都吵得面红耳赤，那你的未来就有一点儿麻烦了。别人就会以此做文章，至少封你一个外号叫"老板杀手"。人的去就，假如自己不讲，将来甚至传记都不写，回忆录都不写，我们这种看戏的，真知道人家为什么要去、为什么要离开吗？不知道。不知道就算了吧，当事人知道就好了，为什么一定让别人知道呢？

这一篇讲完了，从《易经》的角度来说，"内揵"就是屯卦（䷂）的第五爻："屯其膏。小贞吉，大贞凶。"锁定君位。第五爻变就是复卦（䷗），屯中有复。屯卦第五爻是资源有限，可以帮他一点儿忙，但没有办法帮到大忙，因为"大贞凶"，这个国君是朽木不可雕也，帮他自己也会卷进去一起完蛋。辅佐这样的人是"施未光也"。所以自始至终一定要掌握君位的真相，掌握真相就是复卦，复就是果肉里面的核仁。你要完全了解君王的资源，以及可以合作到什么地步。不是完全不能干的情况下，可以干到什么程度？千万不要用力过度。这就是《内揵篇》的言外之意。

抵巇第四

扫一扫，
进入课程

"抵巇"，"抵"就是用力量抵住，"巇"就是缝隙。抵要抵对地方，抵的不是地方，就卡住了。要抵的地方、值得你全身用劲的地方，一定是结构上有最大弱点的地方，也就是巇。巇也是山涧。任何组织都有缝隙，都有结构上非常脆弱的地方。想要乘虚而入，就得抓住其结构上的瑕疵点，你才可以进去。进去之后还要懂得怎么出来，出入自由。想进去就进去，想出来就出来，一定要找一个突破口。有的结构从外面看好像是一块铁板，其实它一定有弱点，从那个弱点钻进去，就是"抵巇"。打入、蹲点、渗透，就像寻找山里面的山沟，间谍的"间"就是找缝隙，挑拨离间也是找人家的缝隙。抵的地方，就是一个突破口，这里也是出口。所以要说服人，一定要找到说服的要点。人不可能没有弱点，找到他的弱点，施加手段就可以进去。《易经》里面的夬卦，就是水装满了，一旦溃堤，中下游就产生重大危机。夬卦（䷪）最上面的缺口就是"巇"，要是不堵上，洞就会越来越大，直至崩溃。还有履卦（䷉），第三爻就是弱点，"武人为于大君"，这是最弱的地方，要从弱处去突破，才可以达到你的目的。这种目的可以是帮助，也可以是趁乱接收。

你看，鬼谷子好坏：如果人家乱，先去给他整治整治，有得救，还可以敲竹杠，做六国的丞相，最后就享受了；如果发现已经病入膏肓了，不可救，表面上也不讲，甚至还把弱点扩大一点儿，趁机会取而代之。接手过来，从头开始，有何不可呢？以前的那些改朝换代就是取而代之，夏、商、周不就是如此吗？鬼谷子完全坦白地讲出来，换句话说，他绝对不会有愚夫愚妇、愚忠愚孝的举动，而是很审慎地评估，不一定要帮别人做到底。什么东西都考量到，太冷静、太阴险了，但是这样的做法对不对呢？没有什么不对，在战国时代那种大争之世，未尝不可。只是后来的皇帝最讨厌这种人，其实开国皇帝不也是靠谋夺别人来起家的吗？

可见，"抵巇"就是找对方结构上脆弱的地方，就像山沟断涧处，你用力的地方是对方最脆弱的地方。挑拨离间、见缝就钻、渗透、打入、蹲点，都是如此。从军事对抗来讲，就是打击敌人最脆弱的地方。从外交、谈判来讲，也是找到对方最脆弱的点猛打，使对方承受不起那个痛苦。说客去见老板，要准备受聘做顾问，帮助他解决问题，解决什么问题呢？就是解决最脆弱的点，所以要评估一下，能不能够帮他弥缝。如果能够帮着对方把最危险的破绽补实，当然荣华富贵就跟着来了。但是如果你找到了对方的弱点之所在，发现患部已经溃烂了，问题太严重了，实在救不了了，救不了也不要空手而归，干脆取而代之。如果你的力量不够，也可以引用外面的力量，把他给并购了。已经不可以救了，何必再浪费精力呢？这些讲起来很残酷，但是严格讲也没错，因为救不了，为什么一定要救呢？不可以救了，干脆就重造，那样还快一点儿。这就是纵横家的思维，绝不感情用事，而是实事求是地考量。

下面我们来看《抵巇篇》的本文。

（一）

物有自然，事有合离。有近而不可见，有远而可知。近而不可见者，不察其辞也；远而可知者，反往以验来也。巇者，罅也。罅者，涧也。涧者，成大隙也。巇始有朕，可抵而塞，可抵而却，可抵而息，可抵而匿，可抵而得，此谓抵巇之理也。

"物有自然，事有合离"，事物的发展就像自然而生一样，有时相合，有时背离，非人力可以控制。"有近而不可见，有远而可知"，有时近在眼前却看不到，有时远在天边却了解得很清楚。

"近而不可见"，这叫"灯下黑"，有时候越是我们身边的事情反而越看不清楚。灯是要照亮远处的，灯下面的地方反而有一个阴影，所以人常常打起灯笼往外面照，就忘了身边的问题。卧榻之旁的问题，往往是最危险的，因为那个地方是看不见的。人观察事情，常常没有办法周全，怕远处看不到，故点亮了灯看远处。可是在灯的下面形成了一个盲点，有阴影罩着，反而看不见了。那些当国君的不知道前后左右都有危险，不知道身边有危险，就可能亡国败家。因为近臣中可能有佞臣，有野心勃勃的、有居心叵测的，但是"近而不可见"，就是看不到。"不察其辞也"，身边人讲的话，你有没有察验，还是百分之百地相信那些拍马屁、报喜不报忧的话？没有下察的功夫，所以给人家混进来了，获取你的信任，拉帮结派，甚至挖墙脚。这样的情况有没有？可见，对身边人所有的言辞不要感情用事，都要察。如果不察身边人、身边事，危机就很难看到，那就叫"剥床以肤，切近灾也"（《易经·剥卦》第四爻），你床边的危险，都看不到。"反往以验来也"，即根据已经发生的事情检验未来的发展趋势。要有这种高瞻远瞩、神机妙算的能力。

"远而可知者，反往以验来也"，"远而可知"，时间上、空间上，离你再远也不是问题，绝对能够分析透彻、抓到要害、神机妙算，趋吉避凶。远的不怕，历史上几百年、几千年以前的事情也可以知道。对过去了如指掌，该知道的统统知道，就是"反往"。"以验来"，未来发展的短期、中期、长期，也可以知道。不管在哪里的事情都可以知道，不会有疏离感。正因为掌握了事物变化的规律，有洞察的智慧，就可以"反往以验来"。可见，"有近而不可见"，就是"灯下黑"，人就是有盲点，越近反而越看不清楚；"远而可知"，远的能看到，因为有洞察的智慧和料算的功夫。

"物有自然"，万事万物有自然的规律，一切都是依照自然的法则运转。所有的人事，有时候如一段蜜月期，如胶似漆，一段时间过后就闹翻了。人世间的离合就是如此，缘近就合，缘散就离。相亲相爱就合，翻脸反目就离，终身不相见或者互相攻讦。那么远都能够看见，近处的却看不见，就要小心随时会出状况。不管远的近的，我们都要注意这种常常出现的漏洞，也就是"巇"，不知不觉、不声不响地把它补上，让它不再出事。

"物有自然，事有合离，有近而不可见，有远而可知。近而不可见者，不察其辞也；远而可知者，反往以验来也"，需要真功夫。旁观者清，也叫"远而可知"；当局者迷，就是典型的"近而不可见"，因为利害相关，在里面却看不清楚。有时候旁观者可以看到一些危险，当局者却看不出来。所以，我们要练达世情，跳开既定的立场，既要有投入的热情，也要有超级冷静的洞察力。

以前专门负责监督皇帝、大臣的御史，进言有免责权。皇帝是不能随便杀御史的，因为他有监察责任，本身甚至不负责实际的政务，仅担当着"旁观者清"的大任。他是"远而可知"，因为离争权夺利有一定的距离，才会看得清楚。那些有切身利益的人就容易感情用事，"近而不可见"。故从前的言官负责进言，也称拾遗、补阙，就是补官员的缺点。一个人总会犯错、看不清楚，言官就帮你看清楚，提醒你，帮你补一补。有的你忘掉了，不够周全，他就帮你"捡"起来。这就是在旁边帮忙、进言、提醒的人，他可以拾遗、补阙。一个人大权在握，常常遗漏、缺失重要的东西，而自己却看不清楚，所以必须要有制度上的设计，多几双眼睛来帮他看。曾国藩的书房就叫"求阙斋"，希望通过反省不断求阙，从自己身上找毛病。

"巇者，罅也"，鬼谷子解释"巇"，用了一个怪字"罅"，即山沟。"巇"就是小的裂缝，就像瓦罐上面有一条裂纹，慢慢漏水了，一打就破掉了。"罅者，涧也"，山里的断涧，就是一条大沟，在山与山之间。"涧者，成大隙也"，断涧造成地形结构上一个很大的缺口，这是大裂缝了。可见，一个东西一旦有一条细小的裂缝，如果不去弥补，那条裂缝自然而然就会慢慢扩大。就像水库大坝，刚开始有一条裂缝，结果变大，开始漏水，后面就是溃堤。这种腐蚀的力量开始不起眼，时间长了，就从小洞变大洞，到最后洞就补不上了。任何东西都是这样，刚开始是小裂缝，如果有人要在这里做手脚，运用抵巇的功夫，洞可能就更大了，直到不可救。

"巇始有朕，可抵而塞，可抵而却，可抵而息，可抵而匿，可抵而得，此谓抵巇之理也"，"巇始有朕"，"朕"即"朕"，征兆、迹象，小的裂缝是一个征兆，显示结构有一点问题了，要补就早一点补，晚了就来不及了。所以我们一定要在刚开始有一点征兆、问题还不那么严重的时候赶快下手。"可抵而塞"，洞很小，可以塞住，就把它补上吧，暂时还可以用。通常这种洞，是从里面自己裂开的，赶快补上，让它强固。这是可以塞得住的洞。还有"可抵而却"，如果是从外面来的因素，在外面打洞或者是别的，导致出现了结构上的裂缝，这时就一定要挡住外面的力量，让其退却，排除危险因素。就像有魔要来道场，那就要找金刚护法，门禁要森严，他进不来，就只能退却。这就是"可抵而却"，在那上面用功夫，外面打的洞就可以挡掉。内乱、内讧，这样的洞就拿一些东西糊上。所以，"抵巇"分几种。我们已经看到两种，第一种是内部造成的，第二种是外部力量造成的。

还有第三种。第三种更可怕，是里应外合，这就得重开处方来应对了。既要防外面、又要糊里面的，即"可抵而息"，让它平息。这时裂缝已经公开出现，就要让裂缝慢慢平息。你用的力量，得让伤口不再扩大，不要往上连累到心脏。"可抵而息"，就是从下面生出来的祸患。

第四种，"可抵而匿"，就是把它藏起来，不让人家发觉，至少大部分人不会大惊小怪。"匿"，一是问题只是一个小小的萌芽，像《易经》坤卦第一爻"履霜"一样，要趁大家还在睡觉的时候，把霜给除掉，才可以减缓它往坚冰发展的节奏；二是很多人还不知道，也不用告诉他们，就把它藏起来，想办法把它控管住，神不知鬼不觉，外面看起来啥事也没有。如果你不把它藏起来，一般人看到了会慌神，本来没有那么严重，结果大家一慌，小事变大事，变得非常棘手、难以处理了。

可见，"可抵而塞、却、息、匿"，都需要当机立断。尤其是"匿"，不要让一般人知道太多，自己暗中处理就好了，不然的话，就会更难处理，星星之火可以燎原。

最后一种就对不起了，"可抵而得"，干脆收了归我自己。一旦发现洞太大了，前面的方法都不行了，从外面挡不住，从里面也没有办法糊弄，更没有办法藏起来，那就干脆找买家，彼可取而代之。就像火势一大，已经没有办法救火了，那就干脆让火烧掉算了。"可抵而得"，因为补救比接收还要花成本，而且还不见得有效，那就干脆收了。

"此谓抵巇之理也"，以上五种，就是"抵巇"的道理。鬼谷子直接写在这里，他的那些徒弟一定都是秉承师尊的教诲。如果那些国君也看了《鬼谷子》，对他的弟子们估计要天天像防特务一样盯着。请鬼谷子开药方，要他来救你，弄不好他给你下一剂毒药，让你早一点"解脱"了。

（二）

事之危也，圣人知之，独保其身，因化说事，通达计谋，以识细微。经起秋毫之末，挥之于太山之本。其施外兆萌牙蘖之谋，皆由抵巇。抵巇之隙，为道术用。

这一段讲的是纵横家重视自保，因为他与这些说服的对象纯粹就是合则来、不合则去的关系，犯不着搭上性命。

"事之危也，圣人知之"，一旦事情危险了，这些了不起的圣人，他一定心中有数。对危险的察觉，不见得需要跑断腿去搜集资料。从一些细微关键处，如揣摩领导人的心态，观察其神情以及组织内部的气氛，还有老百姓的讲话，都可以看出端倪。这个地方有危险，要出乱子了，他们第一个想到的不是如何救人，而是"独保其身，因化说事"。先要立于不败之地，要是医生自己都被传染了，还怎么治病呢？首先要自保，这也是兵法的观念，不然还有什么战斗力和精神？《孙子兵法》云："先为不可胜，以待敌之可胜"，要等敌方出现弱点，我不可以有弱点。一般情况下是危邦不入，乱邦不居，但我既然进来了，首先就要保护好自己。这就是"独保其身"，保护好自己才能救人。这是很简单的道理。那些菩萨都是自保没问题了，才去保别人、救别人。自度才能度人，自己都一堆问题，烦恼比要度的人还多，怎么普度众生？

先是"独保其身"，然后再看看可以帮什么忙，即"因化说事"，这件事情从接触到发现危险状况，中间是会变化的。一般来讲，应该是变得更坏，或者有其他的野心家加入，或者现场主事的人没处理好，原来的问题本来是癣疥之疾，结果没有处理好，变成了"盲肠炎"，要人老命了。所以，事态是变化的，我们也得随机应变，不能根据原先的状况应对。危机是动态的，有时上午跟下午都不一样，这时我们就要"因化说事"，要对事态开药方。危局是动态的，不断在变，甚至是瞬间就变化很大，要因应事物的变化采取随机的措施，这就是"通达计谋"。"言之十"称"计"，"某之言"称"谋"，计谋要注意通达。"以识细微"，魔鬼都藏在细节里头，要学会识别。细微不是小事，缝隙虽小，可它会让大局崩盘，就如星星之火可以燎原。"因化说事，通达计谋"，就是要搞清楚那些重要的细微之处的变化。这种细微之处，有的是反映在数据上，有的是反映在关键当事人的眼色、表情的变化上，甚至讲话的声调变化都要掌握。

"经起秋毫之末","经"是始,"秋毫"就是秋天动物新换的细毛。很多事情就是从那么微小的地方开始变坏的,因为没有重视,最后发展到没有办法挽救。"挥之于太山之本",因为没处理,小病不治,就变成不可治的大病;小恶不改,就积成了大恶,就得遭报应。发展下去,就会像动摇泰山的根基一样。"本"就是根基,再大的帝国大厦根基都会动摇,都会被撼动。任何事情,小的危机破绽,一般人不会注意,像秋毫之末那么小,可是最后警醒时,已经不可治,连泰山的根基都会被动摇。内政不修,内部控管就出问题,然后拼命做一些华而不实的公关、应酬、外交,也是无济于事。外交中不可能结下任何真的情谊。内部出问题了,就如《春秋公羊传》的注解者何休所说的"虚内务而恃外好",内务都没有好好做,依靠好朋友挺你,这会好吗?要知道,健康的外交一定是内政的延长。如果内政管理得井井有条,组织的战斗力不容小觑,国家再小,别人也不敢轻视你。如果净做表面功夫,即"虚内务",外交措施也不会有太好的效果。

"其施外兆萌牙蘗之谋,皆由抵巇",针对外面的种种措施非常齐全,而忽略了内部合理、有效的管理,这样发展下去,这个国家的问题征兆,是不是就出来了?"兆",预兆,"萌",萌生。"牙蘗之谋",针对萌芽状态的细微问题,要及时处理。对一个管理者来说,出现这么多此起彼伏的抗议、乱象,当然要想办法扑灭,然后很多野心家或者居心叵测者,也在想办法扩大事态。大家的注意力都集中在那个可能的突破口。通过管理者前期的危机处理,就可以看出其胆气和管理效能。基督教的《圣经》常常讲,人的一生最好避免被人家试探。攻防的种种谋略,都因为试探而起。乱象一萌,继续发展就会变成恶毒的计谋。因为你老在忙外面一些无聊的事情，里面该做的事情不做，那就严重了，"皆由抵巇"。看到一个明显的弱点，每个人都懂得钻缝子，尤其在现代这种资讯时代，天天没事干、动脑筋的人多得很。"皆由抵巇"，这是天地之间自然的法则。人都欺软怕硬，因为有机会他才来，要是铜墙铁壁，他根本也不敢试探。

"抵巇之隙，为道术用"，要治理国家、搞好内控，或是要颠覆他国，正面、反面的攻防都是用抵巇。这就要处理好结构上的关键点、弱点、罩门。人要知道自己的弱点，尽可能地求阙之后，看看能用什么方法把弱点合理控管住。不要拼命往外冲，却疏忽了内部管理。就像《易经》晋卦（䷢）的上爻"晋其角"，往外都没有用，一定要回头去整顿内部，即"维用伐邑"。到"晋其角"的时候再做内部整顿已经晚了，难免下一卦明夷卦（䷣）黑暗的下场。所以，最重要的还是内功。从儒家开始，一直强调内圣是外王的基础。内部有问题了，外面怎么粉饰都没有用。"抵巇之隙"，善用抵巇的方法来弥补裂缝，所有的道术都在这方面一争短长。这种技巧我们一定要知道。我们接手一个团体或者一种资源，就要在最短的时间内找到那个缝隙、要害，及早用重兵把守或者把它补上，不然慢慢就会出问题。

（三）

天下纷错，上无明主，公侯无道德，则小人谗贼、贤人不用、圣人窜匿，贪利诈伪者作；君臣相惑，土崩瓦解而相伐射，父子离散，乖乱反目，是谓萌牙巇罅。圣人见萌牙巇罅，则抵之以法。世可以治，则抵而塞之；不可治，则抵而得之；或抵如此，或抵如彼；或抵反之，或抵覆之。五帝之政，抵而塞之；三王之事，抵而得之。诸侯相抵，不可胜数，当此之时，能抵为右。

"天下纷错"，讲的是战国时代天下局势一团混乱，纷纷扰扰交错其中。"上无明主"，上位者没有一个好的国君。"公侯无道德"，诸侯王公们道德沦丧。"则小人谗贼、贤人不用、圣人窜匿"，领导人出问题了，就影响一切，上无明主，公侯就不会有道德。旁边还有很多寄生虫似的小人大行其道，来迫害人，有的搬弄是非，有的妄进谗言，导致贤人得不到任用。圣人只好隐居山间，逃离乱世。在这个是非颠倒的年代，圣人的名头太大了，不得不藏起来，而且藏在一个地方时间久了还不行，小人们又会找上门。圣人每隔一段时间还得换一个地方，像流寇一样四处流窜。换句话说，在乱世的时候，圣人们想隐居山野开个道场授徒恐怕都不能长久。像六祖慧能，第一次出来讲经的时候，一个尼姑就说他讲得好，变成他的粉丝。粉丝越来越多，又不能讲了，得窜匿，因为对头找上门来了。

"贪利诈伪者作"，贤人、圣人无用武之地，一定是贪婪、伪诈之徒作乱。这个社会就是一个太极图，黑的地方多了，白的地方就往后退，黑的地方就不断扩张。贪利诈伪者用各种方法骗人，巧取豪夺。更有意思的是，"君臣相惑"，君有时候惑臣，臣有时候惑君，彼此互相惑。大家都在糊弄，根本就没有任何真诚的上下之交。一旦"君臣相惑"，就是"土崩瓦解而相伐射"，各种势力互相攻伐，国家面临着土崩瓦解的局面。国家局势不稳定，导致"父子离散，乖乱反目"。"父子离散"不用解释了，"乖乱反目"，就如《易经·序卦》说"睽者，乖也"，本是一家人和乐融融的，结果反目，家人变睽。

"是谓萌牙巇罅"，看到这些现象一定要反省，这是裂缝产生的萌芽现象，要赶快补好。否则裂缝变成洞，一定会越来越大。"圣人见萌牙巇罅，则抵之以法"，圣人看到了萌芽状态中的裂缝，一定想办法抵住。从这一段看，鬼谷子觉得战国之世太乱，他也想训练一些人，"抵之以法"。怎么抵呢？

"世可以治则抵而塞之，不可治则抵而得之"，圣人一旦看到了天下众国乱象丛生，他就用鬼谷子的法来抵。古人云"不为良相，便为良医"，国家就像病人，大医可医国，如果可以治，就用抵巇之法把那些破洞补上，塞起来，让国家走上正轨。如果实在是不可救药，"则抵而得之"，用抵巇之法，先把它灭了，自己收入囊中，再建一个新秩序。

"或抵如此，或抵如彼"，或者这样去抵，或者那样去抵。选项有两种：一个是救你，弥补裂缝；一个让你早登极乐，用抵巇之法达到取而代之的目的。"或抵反之"，用抵巇之法恢复正常状况，又可以维持一段时间。"或抵覆之"，覆就是倾覆，用抵巇之法让其倾覆。是倾覆还是扳正，都有充分的选择自由。

"五帝之政"，中国关于五帝的说法不一，先秦时期五帝有东、西（"西方五帝"指少昊、太昊、黄帝、炎帝、舜）两说，我们一般是采用《史记·五帝本纪》的说法，即"东方五帝"——黄帝、颛顼、帝喾、尧、舜。"抵而塞之"，五帝当然都是不错的了，政治清明，偶有缝隙，用抵巇之法就可以弥缝漏洞。我们不要认为尧、舜的时候，国家没有问题，但是他们在国家出现问题的时候能够"抵而塞之"，使问题不发散扩大。换句话说，任何东西一定有漏洞，世上没有铜墙铁壁，与其让敌人发现，还不如自己经常体检，一旦发现了，早一点补上。五帝之政也不过如此，就是不断地改过，而且改得快。

"三王之事"，夏禹、商汤、周文王，这三代都是用革命改朝换代的。三王的时代，天下大乱，缝隙已经不能弥补，需要"抵而得之"。像禹治理洪水，不再是堵塞，而是疏导。还有看到对方有问题，并没有帮他扶正，而是起来革命把他接收了。像商汤和周文王都是起来革命，分别取代夏桀和商纣，重建新的朝代。

"诸侯相抵，不可胜数"，在春秋战国时代，各诸侯国都是利用对方的弱点，"抵而得"，数不胜数。各国都在找对方的弱点，找人才补自己的弱点。天下就是如此，这才是大争之世。"当此之时，能抵为右"，既然生在战国时期，像孟子那样讲仁义道德就没有用，人家都要讲求实用，每个人都要求自保，能够深用抵巇之术的就做老大。古代以右为尊，"右"就是胜出，"左"就是落败。"能抵为右"，也是那个时代的形势使然。孟子不被重用，在于其想法不合时宜。谋士之所以会大行其道，就是因为合乎那个时代的需要。

（四）

自天地之合离终始，必有巇隙，不可不察也。察之以捭阖，能用此道，圣人也。圣人者，天地之使也。世无可抵，则深隐而待时；时有可抵，则为之谋。此道可以上合，可以检下。能因

能循，为天地守神。

"自天地之合离终始，必有巇隙，不可不察也"，这句话很好懂，意思是说从开天辟地以来有合有离、有始有终。这和"物有自然，事有合离"所说的一样，事物都是离合不断，终而复始。为什么会有这些变化繁复的现象呢？"必有巇隙"，就是因为一定会出现缝隙，这些弱点一出来，刚开始还可以补一补，到后来补不了了，就得整个换掉。这种结构上的弱点，没有任何事物能够避免，"必有巇隙"，绝对不会滴水不漏的。那么对于这种现象，"不可不察也"，不得不详察。所以，在这种优胜劣汰、不断转换的过程中，有心人一定要深入洞察，不要动不动就说一点儿机会都没有。其实机会多了，因为到处都是漏洞。像秦始皇一统六国，连天下的兵器都收了，看似天下无敌，谁知在短短的十五年中，秦王朝百孔千疮，最后导致反抗者起义。这些最小的缝是从哪里开始蔓延的呢？这就需要细细察探。

"察之以捭阖"，在抵巇的时候，观察漏洞，就要用捭阖的功夫，不然漏洞很难看得到。用捭阖的方式谈一谈、探一探，就能探出对方的虚实，得知致命的弱点在哪里。"能用此道，圣人也"，能够使用这种抵巇之术的就是圣人。

"圣人者，天地之使也"，圣人是老天派来的，是天地的使者。他的智慧比一般人高，一般人看不出来的端倪，他都能看出来。就像高明的医生一样，能够活死人、医白骨。作为天地之使，他了解自然之道，任何事能够做到先知先觉。当然，这个天使同基督教讲的不一样。圣人先了解天则，不愿意看我们受苦，就来提醒我们。"世无可抵"，如果时世没有插手的空间，没有着力的地方，那就千万不要莽撞，莽撞就会如《易经》大壮卦（☳）所说的"羝羊触藩"，会变成发情的公羊，到处乱撞，把角都撞断了。"无可抵"，就是因为对方保护得很周到，暂时没有任何机会，这个时候，"则深隐而待时"，浅隐还不行，要深隐，要把自己藏得像乾卦初爻所说的"潜龙"，深潜在渊中，"遁世无闷"，等待时机，等待有缝隙可利用。事物不会永远没有漏洞，"时有可抵，则为之谋"，一旦事物在发展中出现了破绽，有缝隙可利用，那就开始谋划。怎么谋呢？就用抵巇之术。"此道可以上合，可以检下"，一种是找到值得辅佐的对象，帮他把漏洞补上，解决他的心腹大患，就可以暗合上意。这是去帮人家忙，帮他稳定局势。一种是发现帮不上忙了，那就从下面给他接收了，取而代之，稳住民众，再收拾局面。就像伊尹开始试图帮夏桀稳住江山，结果发现不行了，那就"检下"，从下面下手，颠覆他的江山，跟商汤联合。姜子牙也是如此。"检下"，说白了就是人弃我取。

抵巇包含非常深刻的人性、人情，深谙大自然的变化之理，所以千万别小看它。"能因能循，为天地守神"，我们如果遵循、跟随并运用抵巇的法则，就可以掌握天地间一切变化，替天地守住这个规律，就可以永远成功。我们不是愚夫愚妇、愚忠愚孝，也不是殡仪馆的化妆师。守江山是他的责任，局面已经不可挽救了，我们要替整个天地来谋划。自然法则本来就是优胜劣汰，哪一种对大家更好，我们就站在哪一边。这种做法是替天地守神，不是为了任何一个政权或者个人尽忠。可见，圣人是为天地守神，不是为昏君守神，也不为任何感情用事的对象守神。为天地，要大公无私，要体现自然的法则。

"抵巇"，在中国古老的神话中就有体现。著名的神话故事女娲补天中，女娲就是专门补天的，天有缺口，她就得炼五彩石补天。这不仅要有看到缺口的眼光，还要懂得如何炼石，再把它补上。神话时代的很多东西值得我们推敲，不要小看这些，都有很深刻的意义。像愚公移山、精卫填海、夸父追日，体现的意志力是很强的，这就叫"天工，人其代之"。这些神话并不认为大自然没有问题和缺憾，不然人生下来干什么，一代接一代，人永远要扮演补缺的角色。

中国的上古神话中都很强调人的作用，这是中国文化与西方文化的相异之处。但是佛教的六道轮回，把人当作六道中的一道，对人的价值就看得非常低。其实，佛也是人，是借着人身，才能宣佛法，只是修到这一步并不容易。如果只是六道轮回中的人，那么也没有什么了不起，只是一天到晚受苦。

关于《抵巇篇》的宗旨，《易经》的萃卦（䷬）告诉我们，要集中力量和资源去抵巇，抵巇讲的就是萃卦前面的姤卦（䷫），萃就是在姤（机会）出现以后，看到巇了，就要去抵。那就要集中最优秀的资源去抵巇，或者是补漏洞，或者是找机会，创造后面的升卦（䷭）。如果旧的救过来了，当然升。如果变成新的了，当然也是升。危机就是转机，整个《抵巇篇》就很明确地告诉我们，这些纵横家在发现姤（机会）之后，就要研究国君到底是怎么回事，即萃卦第五爻。萃卦第五爻本身没有办法解决问题，其领导能力（孚）不够，又是当局者迷，故爻辞说"匪孚，元永贞，悔亡"。初爻"有孚不终，乃乱乃萃。若号，一握为笑，勿恤，往无咎"，也就是说，这些说客本是一介布衣，什么也没有，他想要的对象是第五爻，刚开始还犹豫，想观察一些时日，最后"若号，一握为笑"。那么萃的初爻跟五爻这么一较量，就有震卦（䷲）的象，下面会出现惊天动地的变化：一个是他突然变成宰相之类的高官；一个是国君不见了，被革命了。这两种情况都有可能。

　　还有一个就是踩老虎尾巴的履卦（䷉），敢于批龙鳞、踩老虎尾巴。第一爻基本功，"素履，往无咎"。履卦的前身是小畜卦（䷈），在夹缝中以小博大、以柔克刚，第一爻学到这些功夫了。第二爻则提示我们绝对要能够自保，"履道坦坦，幽人贞吉"说的就是如此。初爻、二爻都是基本功，然后有机会了，即第四爻有了接近君位的机会。第四爻"履虎尾，愬愬终吉"，这一爻爻变为中孚卦（䷪），得到老板的信赖。从初爻跟二爻的一介布衣变成佩六国相印，变化很大。履卦的初爻、二爻、四爻这三个爻变，就是观卦（䷓），从外围打到核心，都在用观的功夫，同时注意因时因地制宜，冷静察探人家的缝隙。这就是通过《易经》看"抵巇"的解说。

飞箝第五

扫一扫，
进入课程

　　"飞箝"，"飞"即飞语，假装赞扬对方，抬高对方的声誉，以获得对方的好感；"箝"即箝制。"飞箝"就是故意抬高对方，待对方戒心消除，那么内情必然暴露，进而箝制对方。人一般都喜欢听好话，连关羽这样的人都喜欢戴高帽。这个故事我在前文略有提及，这里再讲一下。据说，关羽死后升天为神，镇守南天门。一天，有一个云游散仙逛到南天门。关公将其拦下，喝道："你是干什么的？"这人回道："玉帝批准小仙下凡，随身携带高帽百顶，赏与人间。"关羽闻言大怒："高帽误尽苍生，不许通过！"言下之意就是，这种人最可恨，许多人因为喜欢戴高帽才犯了致命的错误。散仙连忙解释："世人爱戴高帽，已成习惯。您说得没错，但世上有几个人能像您一样刚正不阿，对高帽深恶痛绝呢？"关羽心中大喜，喝令放行。散仙挑起担子走远后，回头看了下担子，发现少了一顶高帽，原来这顶高帽已经戴到关老爷头上了。你看，关羽说对戴高帽深恶痛绝，但是当别人给他戴高帽时他还是很高兴，不自觉地接受了。

　　在《三国演义》里，曹操、刘备、诸葛亮、陆逊等人都曾给关羽戴过高帽。第六十五回中，刘备入川以后，收服西凉名将马超（字孟起）。关羽竟要入川和马孟起比试。诸葛亮赶紧修书一封给关羽戴高帽子，书云：

亮闻将军欲与孟起分别高下，以亮度之，孟起虽雄烈过人，亦乃黥布、彭越之徒耳。当与翼德并驱争先，犹未及美髯公之绝伦超群也。今公受任守荆州，不为不重；倘一入川，若荆州有失，罪莫大焉。惟翼明照。

关羽看到这封信，摸着长髯笑道："孔明知我心也。"将书信遍示宾客，打消了入川与马超一决高下之心。看来，关老爷成神之前就爱戴高帽。成神后，依然喜欢高帽。看来这种飞箝之术，所用的高帽很实用。动动嘴巴，讲得人家欢喜，目的就达到了。

可见，"飞箝"的招式就是灌迷魂汤，再控制人家。好，我们看鬼谷子如何"飞箝"。

（一）

凡度权量能，所以征远来近。立势而制事，必先察同异，别是非之语，见内外之辞，知有无之数，决安危之计，定亲疏之事，然后乃权量之。其有隐括，乃可征，乃可求，乃可用。

"凡度权量能，所以征远来近"，"征"就是征求，"来"就是招徕，"征远来近"即广求天下英才，吸引远近的人才来投奔。只有"征远来近"，才能够聚众，能够建立口碑，让人家对你建立信心，尽可能来投靠。此即孔子所说的"近者悦，远者来"。但是在做这样一件事情之前，

要"度权量能"，即忖度权略、衡量才能，一定要有一个目标、对象，事先得搜集资讯，忖度可实现的目标，看看对方的能耐和智慧，有没有资源，然后再决定要不要争取他，此"所以征远来近"。

"立势而制事"，"立势"，既是力量，又不只是力量，形势比人强。这些人才来了，如何运用，怎么配合？要是没有势，谁理你啊？或者在某一种形势下，你不是他长官，他也非要跟你共事不可，那你要不要建立这个势呢？"而制事"，还要制订很多的制度和游戏规则。有规矩，才能够推展一些事。

"立势而制事"就说明，五湖四海的各路好汉聚集起来，自然有磨合的问题，那就得立规矩，即"必先察同异，别是非之语，见内外之辞，知有无之数，决安危之计，定亲疏之事"，真的是忙不完了。

"必先察同异"，"必先"二字说明后面的动作绝对不能省，什么叫"同异"？因为征召的人来自五湖四海，有的属于同一派系，有的则是不同派系，有的干脆是孤家寡人，他们之间的同、异是什么，这就要研究了。属于同一个派系的，同的地方多，不同派系的就会你不服我、我不服你，孤家寡人者就是独来独往。这就是说，一个大家庭的成员，虽然称为家人，可是就有睽异，故睽卦（䷥）就得辨同异——"君子以同而异"。还有，团体要是大了，就如林子大了，什么鸟都有。管理者一定要彻底了解团体里面派系结盟的状况，他们有"异"也没有什么不好，就是因为各有派系，最高领导的仲裁者的位置才坐得稳。如果他们都是同的，没有任何一点差别，你就危险了。所以，一个组织大了之后，各种派系谁跟谁比较亲近，谁跟谁天天见面都不讲话，一定要了解。"察同异"，说白了，就是观察派系党羽，要知道他们的同异，先归类，看是哪一路，跟谁处得来、处不来，一定要知道。

"别是非之语"，既然派系的属性明白了，对于里面互相攻击的人和自己人的是是非非，就能有比较公正的裁断。不是同一党的就会党同伐异，先察出派系的同异，对于那些是是非非就能控制自如。我们常常纠缠在是非上，没有人不在人后说人是非的。是非要怎么裁断呢？真正的是，真正的非，站在一个团体的立场上怎么看呢？那就要了解他们的派系属性。因为同异产生是是非非，正如《庄子·齐物论》所说："彼亦一是非，此亦一是非，果且有彼是乎哉？果且无彼是乎哉？彼是莫得其偶，谓之道枢。枢始得其环中，以应无穷。"作为领导人，要站在一个制高点，判断是非。人不聚在一起，就没有那么多纷争；聚在一起，什么纷争都来了。所以一定要做到"先察同异"，就能够"别是非"。

　　"见内外之辞"，有些人在外边发表的议论，未必完全跟内心真正的想法一样，这些是场面上的话。有的是内部发言，在派系内部，大家觉得大概不会泄露，都在批评某某人。你要是从里面听到了，与他外面讲的那种虚飘飘的发言一对照，心里就透明透亮。人对内讲话和对外讲话，不会完全一样。一些人在私密场合评论某人时咬牙切齿，但是在公开场合，他却跟某某人握手言欢，然后说某某人很有贡献，领导有方。其实，他的心中一直在骂某某人，是不是？这就叫内外之辞。也就是说，内部的发言和对外面的讲话，怎么可能一样呢？可见，人的话不可以都相信，讲话对象有内有外，人多时更是如此。如果有情报资讯渠道，你就可以既掌握到外辞，也掌握到内辞，这样才有把握管理好团队。

　　"知有无之数"，在这样的人事纷争里面，怎样合作共事呢？他们搞小团体，或者干别的什么，你一定要了解这些人到底有没有你真正需要的才干。是名头大得很，手上只有三脚猫的功夫，就剩一张嘴？

还是默默做事的，原先不怎么被重视，来了之后发现其不搞小团体，也不制造是非？这些就是"知有无之数"，都要深入考察，而且要公正地考察。了解他们彼此之间可能的矛盾、彼此的渊源，"知有无之数"之后，才知道谁是真的有才，谁是平庸无能。掌握了这些"数"，就掌握了一些关键的信息。这样才能够"决安危之计"，对整个组织的安危大计才能定，否则就看不懂这些人为什么一天到晚都在吵，为什么这帮人提的意见，那帮人永远不同意。

"定亲疏之事"，人际就是亲疏。"家人"的时候如蜜月，就很亲近，睽违的时候就很疏远。有的是由亲转疏，退出决策圈；有的是由疏转亲，进入决策圈。"定亲疏之事"，这些事一定要搞清楚。任何人做事，像革命，想要变动一些东西，如同革卦（☲）一样"大人虎变"，旁边马上就得"君子豹变"，以及"小人革面"。在最内环的一定就亲，在圈外的第二圈、第三圈和最外面的圈，当然就疏。不可能一视同仁。有些人可以让他参与机要，跟有些人就得守口如瓶，这些都要决定。要是不适合亲近的，你跟他太亲了，不是很危险吗？有些应该亲近的，你却疏远了，那就会众叛亲离。在鼎卦（☲）中，居于权力中心的国君，对于本来就是祸害的第四爻，他就很亲近，而第二爻有真才实学，他却很疏远。所以，一个英明的领导，一定是亲贤臣远小人。因为到最后真正的决策圈只是少数中的少数，不能有问题，这样才可能"决安危之计"。

"然后乃权量之"，人才来了之后，你会发现他的优点，但是通常有优点的人，也有很要命的缺点，怎么对待呢？就用他的长处，制约他的短处，使其不至于妨害团体，用各种法规、方法去矫正、辅导他，这就是"其有隐括"。

"其有隐括"，有一个很神秘的内在机制。"隐括"就是来的可能是个人才，具有某种优势，但是并不符合规范，还不是我想用的成熟员工，还需要琢磨一下，那我就用制度要求他。他如果抵触、犯错，就得提醒、矫正他，用情、理、法都可以。就像以前的木工，有些木材刚开始并不见得可以用，为了让木材合乎规范，就要用矫揉的方式，矫枉使之成为直的木头，才可以用，这样的做法就叫"隐括"。学校教育也就是矫枉，通过教育把小孩子一些坏习气矫正过来，这种教育的机制就叫"隐括"。很多人进入一个新的团体之后，都要经过这个磨合期。作为团体的一分子，一定要遵守共同的法则。要是不适合，不愿意接受，那就走人。如果你愿意来，就得接受一套管理的规矩，这样才可以增加团体的绩效。磨合的功能、矫枉的功能，就是"隐括"，这是团体必需有的。合则来，不合则去，学生不遵守校规，学校可以把他开除掉，公司的员工也是一样，都不能放任。矫枉为直，木头才能成器。在《荀子·性恶篇》中，荀子如是说：

> 故枸木必将待檃栝、烝、矫然后直；钝金必将待砻、厉然后利；今人之性恶，必将待师法然后正，得礼义然后治。今人无师法则偏险而不正，无礼义则悖乱而不治。古者圣王以人之性恶，以为偏险而不正，悖乱而不治，是以为之起礼义，制法度，以矫饰人之情性而正之，以扰化人之情性而导之也。始皆出于治，合于道者也。今之人，化师法，积文学，道礼义者为君子；纵性情，安恣睢而违礼义者为小人。用此观之，人之性恶明矣，其善者伪也。

一个人融入团体生活，一开始就得用制度、礼仪制约他，这样才能就范。《易经》中的家人卦（☲）够亲爱精诚了，但是第一爻（原文为："闲有家，悔亡。"）设置门槛，第三爻（原文为："家人嗃嗃，悔厉吉；妇子嘻嘻，终吝。"）动用家法，绝不嬉皮笑脸。如果不这样做，一个家就不能成为一个团体，犹如一盘散沙。

"乃可征"，有了权量、隐括之后，才可以征召、使用人才，使之变成团体中的一员悍将，为团体创造绩效。"乃"字说明前面忙了一大堆必要的事情之后，才有后面的结果，所以前面的制度要非常严谨。还有"乃可求"，既然是团体的成员，就可以要求其履行义务，而且有一个"隐括"的机制，有惩罚，有奖赏；"乃可用"，这样做后，人才才可以用。人才的征选考核都是这样，是一直连续的，不能停的，因为人会变；管理也是持续的，一个人进来之后，可能闻名不如见面，实际表现只有想象的一半，任用之后才知道长短。发扬长处，矫正短处，这都是管理者要做的"隐括"工作。

（二）

引钩箝之辞，飞而箝之。钩箝之语，其说辞也，乍同乍异。其不可善者，或先征之，而后重累；或先重以累，而后毁之；或以重累为毁；或以毁为重累。其用或称财货、琦玮、珠玉、璧帛、采色以事之。或量能立势以钩之，或伺候见涧而箝之，其事用抵巇。

下面就进入实际的"飞箝"之术。

不管你是针对想征用的人才还是想让国君听你的，要用到"飞箝"，就要像弓张开而箭暂时不射出去一样，构成一个强大的引力场。"钩箝之辞"，好像钓鱼一样，让鱼甘愿上钩，不想跑。"引钩箝之辞"，就是用言词这种很低的成本提供一定的诱因，了解对方的实情。虽然每个人都懂得保护自己，可是有些人会上钩。假如他好名利，用名利可以让他上钩；假如他好美色，用美色可以让他上钩。"飞而箝之"，先钩出对方的实情，然后箝制他，有时候还要飞箝，讲一些空话，把他绑得更死。用虚名去钓人，就是一句话说出去，便把对方牢牢掌控住。

"钩箝之语，其说辞也，乍同乍异"，钩箝之语，作为一门话术，要随时变化。说他好，说他表现不错，甚至有一些夸大，再不然不直接说他好，而是引用外面对他的称誉，有时甚至不需要引出处。说辞完全是"运用之妙，存乎一心"。一会儿表示赞同对方，一会儿表示不同意见，这种"乍同乍异"的说辞，其实还是在试探，借着种种的钩箝，去了解对方内心的实情，希望他毫无保留地为组织奉献的同时，还要加深箝制，譬如用名利、美色，让他彻底为你所用。在进行钩箝时，言辞不要太假，不要一下被识破。首先要钩起他的注意，其次要让他非常在乎。有些人就是期望有好名声，希望各方面都对他肯定，尤其是老板更喜欢听赞誉。所以，讲话要有种种的变化，不要讲得太死，就像《捭阖篇》中的"或开而示之，或阖而闭之"，让对方有种"阴阳不测"的感觉。不要一味地迎合，好话说尽，很快就会把牌给用完，将来你们还能共事多久？一味地迎合没用，一味地骂也不行，好话说七成，意见也说三成，但是给对方的整体感觉，就是说到了心坎上。这样才是"乍同乍异"的说辞。

"其不可善者"，对那些不喜欢虚名、不喜欢听人吹捧、用飞箝之语难以搞定的人，怎么办呢？这种顽固分子，绝不轻易失去重心。你前面费尽口舌，"引钩箝之辞，飞而箝之"，"钩箝之语"灵活多变，"乍同乍异"，这样还搞不定，对方没反应，没达到钩箝的目的，这种"不可善者"，没有办法两三招就搞定的，就要用到更复杂、更精深的功夫了。飞箝无效的，方法有很多："或先征之，而后重累；或先重以累，而后毁之；或以重累为毁；或以毁为重累。"你碰到鬼谷子这样的人，心机繁复，变招无穷，真是很可怕。既然不能马上用你，但他有办法摧毁你，摧毁你的手段还有很多：首先是"或先征之，而后重累"。老板先是征召你，然后交给你很重大的责任。你不知道老板心里已经产生了微妙的变化，还以为是重用你，没想到是要废了你。要废你还要找一个理由，交给你一个绝对做不成的事情，把重担加在你身上，结果你做砸了，无话可说。不称职，没有办法完成重大目标，你不辞职都不好意思了。

其次就是"或先重以累，而后毁之"，有的先交给你重任，其实老板已经做好失败的心理准备，那个重任就是要压垮你的。我们举一个例子，民国初期的袁世凯，对付梁启超就是这样。梁启超书生意气，对于袁世凯执掌下的政府这也看不顺眼，那也看不顺眼，好像自己一出手就能振兴邦国。袁世凯一听他这也批评，那也批评，那好，你批评哪一个部门，我就让你担任部门主管。后来就请梁启超做司法总长，结果干得比原任还差。梁启超毕竟是文人，面皮薄。他批评前任，结果比前任做得还烂，根本没有办法胜任错综复杂的司法事务，只好辞职。不过，梁启超还算是有气节的，做几下不行了，那就辞职，不滥竽充数；有的人不是，你看台湾地区现在有些官僚都变成了名嘴，有的人捅了娄子，还百般推脱责任。所以，鬼谷子这一套不适用于现在的台湾地区，没有办法摧毁这些人，因为他们无耻。人不要脸，则天下无敌，比不怕死还厉害。

"或以重累为毁"，先把你找来，而后交给你重任，就把你拖垮，累死你。所以，交给你重任，其实是要摧毁你。"或以毁为重累"，有时候故意骂你，把你骂得体无完肤，最后再交给你重任。这种挫你的锐气，杀你的骄气，比较起来，说明你还是可以用的，有一些事还非找你办不可，但是绝对不能够低声下气求你，一定先把你骂得体无完肤。最后说，好吧，还是给你一个机会，你就肝脑涂地为他卖命了。先毁他，然后再用他。像黄石公训练张良，就先把他骂了个体无完肤，耍了他三天，那就是琢磨他，因为年轻人如果骄气太盛，是很难用的。可见，鬼谷子这样的心肠能够弯到吞镰刀的程度了。没有固定的招式，所有表面的东西跟实际的东西可能都不一样。

所用的招式达到目的了，才可以赋予重大责任。看着是毁你，其实是要交托责任。看禅宗五祖弘忍是怎么对六祖慧能的：慧能刚入门，弘忍就知道找到了衣钵传人，但是他表面上对慧能很冷淡，让他专门打柴，干些下等杂役，这样做实际上就是让他磨炼磨炼，免得过早陷入纷争，也是变相地保全他。待到把衣钵传给他时，还要三更半夜搞得像幽会一样，传完衣钵后，吩咐他赶紧逃，因为师兄弟们虎视眈眈。看来，不管是在宗教还是政治领域，真要成全你，可能另有方式，尤其在环境特殊的时候，四处都是敌人，要怎么交付重任呢？出头的椽子先烂，明着接受表扬的死得很快，因为已成为众矢之的。

下面的招式就很简单了："其用或称财货、琦玮、珠玉、璧帛、采色以事之"。"财货"，钱也；"琦玮"，宝石、美玉也；"采色"，美女也。

也就是说，在迎合对方时，使用对方可能喜欢的财货、美玉、珍珠、玉璧、绢帛、美色等。就像今天要给人行贿，送钱太扎眼，那就送古董、名画，可以掩饰行贿形迹，也让受贿人心满意足，从而达到目的。"或量能立势以钩之"，也可以正确衡量其才能，酌情任用以立其势来钩住对方。"或伺候见涧而箝之，其事用抵巇"，或者利用对方的弱点，即缝隙，人不可能没有弱点，什么时候暴露真正的弱点，马上就箝制他，在这种情况下，就得结合抵巇之术来对付了。"抵巇"在这里又用上了，和人处久了就可以掌握其弱点。就如兵法上所说，为将者一旦有所爱，就可以借机控制他。你爱廉洁，就栽赃你贪污；你爱老百姓，就给你制造难民。这就是《孙子兵法》所谓"夺其所爱则听矣"，人一旦执着于某种事物，那就是最大的弱点。这个弱点就是其真正所爱，这一点要搞清楚，否则抵巇之术无法使用。整个《鬼谷子》跟八卦中的巽卦（☴）太密切了，深入低调，无孔不入，而且见风转舵，快到无形无象。有时候对方出现弱点的时间只是一刹那，稍微一犹豫，就错过了时机。

（三）

将欲用之于天下，必度权量能，见天时之盛衰，制地形之广狭，岨崄之难易，人民货财之多少，诸侯之交孰亲孰疏、孰爱孰憎，心意之虑怀。审其意，知其所好恶，乃就说其所重，以飞箝之辞，钩其所好，乃以箝求之。

"将欲用之于天下"，要将飞箝之术用于天下，这和上面的"用之于人"相比，平台更大了。一个是用在全天下，一个是用在一些特殊的、关键的人身上，都是用飞箝之术箝制住。在当时的战国时期，鬼谷子希望弟子们能把飞箝之术推广应用到列国之间的斗争中去。而且在游说这些国君时，"必度权量能"，必须审时度势、衡量才能。怎么做呢？

"见天时之盛衰，制地形之广狭，岨崄之难易"，"岨崄"，就是我们一般讲的险阻，"岨"比"阻"更形象，"崄"是坎险，代表深渊，"岨"是阻碍，代表高山。这里是说，要能够看到天时是帮助这个国君强盛或者使其衰落，准确判断该国的地理形势是广大或者狭小，地势之险要是易于攻打还是据守。

"人民货财之多少，诸侯之交孰亲孰疏、孰爱孰憎"，了解这个国家的人口数量、经济实力，还有其国际外交，与诸侯国之间的关系是亲密或是疏远，国君比较亲近哪一个国家，比较憎恨哪一个国家。"心意之虑怀"，要掌握国君的起心动念，也就是他老搁在心里头的想法是什么。就像《易经》中的师卦（☷）第二爻的领军大将，让国君放心不下。"王三赐命，怀万邦也"，国君屡次颁令，不见得是想念这个大将，而是想他会不会失控、拥兵自重。关键人物心中的想法，一定要探知，否则有一天丢了性命都不知道是为什么。

"怀"要用心，有怀念、怀抱，有忘怀，还有怀疑。孔老夫子研究了一辈子人性人情，希望这个世界最终和谐，希望"少者怀之，老者安之，朋友信之"。自古以来，老的是最不容易安的，而朋友也是一天到晚骗来骗去，用各种方式算计。小时候没有那么多事业、利益的包袱，不能脱离父母的帮助。小孩子还不能过马路的时候，父母得牵着他过马路。等哪一天他初闯江湖，父母心里老是放心不下，这统统叫怀。"少者怀之"，也是他长大之后，对这个世界可能有很多经不起考验的理想、幻想。他想什么，这个社会能不能够提供给他发展的天地？社会要对年轻人给予照顾，提供足够的机会。他对未来有怀想，可能会落空，但还是应该提供支持。少者没有怀想的空间，那就没有未来。

"审其意，知其所好恶"，起心动念，要搞清楚，不要会错了意，每一个人都有好恶，包括其做事、用人、斗争。根据他的好恶行事，虽然不一定对，但是人很难不受个人好恶等主观成见的影响。老板喜欢谁、讨厌谁，这个太重要了。好恶，虽说是感情用事，却能决定很多人的想法、做法，所以必须脚踏实地去了解。何况有些人会掩饰其真正的好恶，不让你知道，那更加不能搞错。知道他的起心动念，还要知其所好恶，念头一动，就知道他想要干什么了。"乃就说其所重"，人一定对一些事高度重视，你要了解他对哪些事情表面好像很在乎，其实是不在乎的，哪些事表面不看重，心里却重视得不得了，绝对想争取、不想放弃。所以，一定要知道对方真正重视什么。掌握了这个，我们才可以"夺其所爱则听矣"，把对方最爱的、绝不能失去的东西夺了，那么他一切都听你的了。我曾经在讲《孙子兵法》时说："绑票"绑对了，绝对有用，就像要对付吴三桂，把陈圆圆绑票了，他就方寸大乱、一塌糊涂了。"夺其所爱则听矣"，要知道他的所爱是谁，千万不要搞错。这就是"乃就说其所重"，人一定有重视的东西，可能是名，可能是利，可能是爱，等等。抓到他心里最重视、最在乎的人或事去说服，当然能打到要害。

"以飞箝之辞，钩其所好，乃以箝求之"，并用"飞箝"的言辞，说人家好话，讲几句赞美的话，不用纳税，也不用花钱，但是人家很高兴，引你为同道，什么贴己话都跟你讲了。一个话题抛出去，"钩其所好"，掌握他真正在乎什么，就用这个进行说服。因为投其所好，他没有办法拒绝，就吞下了你设的饵，后面还有你的钩，再后面还有你的线和钓竿，那不就上套了吗？"乃以箝求之"，你就可以箝制他了。以箝求之，以钩之，然后就可以箝制。这下就牢牢控制住他了。

我们再回过头来，总结这一段。"将欲用之于天下"，可以用之于天下列邦万国、企业团体、政治团体，用在哪里都行，放诸四海而皆准，因为人性有共通之处。

"必度权量能"，力量、权力、权势，一定要测算，看看对方的分量，要量化，还要有精密的数据，要测量，不能靠想象。这个人可能在组织中的职务没多大，但他是实权人物，老板特别信任他；而有的人看着是很大的官，根本是摆设，没有多少权，所以一定要"度权量能"，看看他的能量。什么叫权，什么叫能？有些人是有能，但经常坐冷板凳，没有权；有些人则是位高有权，但是很抱歉，他无能。个人也好，组织也好，国家也好，要搞清楚权能，不然怎么去"飞箝"呢？"必"，是说服前要做的动作。《孙子兵法》中除了"知彼知己，百战不殆"，还要"知天知地，胜乃可全"，那才周全。

"见天时之盛衰"也很重要。大环境是天时，20世纪和21世纪，是不一样的。天时是盛还是衰？不能昧于大环境，你要完全看得准。"制地形之广狭"，你要去接触的国家，它的幅员几何？有的疆域面积很大，真正可以用的地却不多，有很多地方是苦寒、苦热之地。像俄罗斯的幅员很广，但有很多地方是苦寒之地。美国就有一点儿得天独厚了，它的领土完全不能用的地方很少。我们中国其实也是看着大，有很多地方不容易开发，地广人稀，所以，中国的先天条件并不那么好，有很多地方没有多少人，边疆线太长。"岨崄之难易"，有特殊地形，有高山，有大河，有峡谷，有沙漠。有的地方有阻，有的地方有险。有险阻不怕，要建功立业，就是要跨越险阻。问题是险阻有程度上的差别，有时候克服险阻很简单，有时候克服险阻很难，要花好多的心力。还有内部有很多的派系，这是内部的阻碍，你说服了老板，不见得全部人都同意，这是人为的险阻，更要研究。无论是天时之盛衰、地形之广狭，还是人心之险阻，都要充分掌握信息，要完全能够控制。我们说纵横家就是一个巽卦。巽卦在乱世是最高的功夫，称为"德之至也"，刚开始是被动的，但后来能够完全掌握主动，对局面有掌控能力。"人民货财知多少"，从整体的国力看，是穷国还是富国，这些怎么能够不知道呢？还有"诸侯之交"，即外交关系，跟列邦诸侯的外交，"孰亲孰疏""孰爱孰憎"。注意，外表跟谁亲，就真的很爱他吗？不一定。跟一些国家或者一些人经常不往来，他们就真的很疏远吗？也不一定。人跟人的关系，有时像烟幕弹似的：表面是一家人，其实是睽异的；有时候外面装着睽异，其实是一家人。所以亲疏未必等于爱憎，但是真正重要的恐怕是爱憎。爱憎分明，但是爱憎未必公正，人就是不能脱离爱憎。外在的亲疏仅提供参考，有时候亲疏就等于爱憎，这是合理的安排。有时候迫于形势，不得不跟谁亲，但是心里恨死了，真正爱的又不能够走得近。所以作为一个纵横家，要对此研究透彻。一个国家的外交关系之亲疏爱憎，一个人在组织中的亲疏爱憎，都是重要无比。对于这些，作为纵横家，要研究透彻，要有深刻的了解。

（四）

用之于人，则量智能、权材力、料气势，为之枢机，以迎之、随之，以箝和之，以意宣之，此飞箝之缀也。用之于人，则空往而实来，缀而不失，以究其辞。可箝而从，可箝而横；可引而东，可引而西，可引而南，可引而北；可引而反，可引而覆，虽覆能复，不失其度。

"用之于人"，特殊的个人、想争取的人才、想争取的老板、想争取的金主，统统包含在"人"内。把飞箝这一套用于人，人没有喜欢被人家骂、不喜欢被人家捧的。"则量智能"，智跟能不大一样："智"是乾卦的概念，"乾以易知"；"能"是坤卦的概念，"坤以简能"。"易则易知，简则易从"。乾是知，坤是能。知是智慧，能是能力。一个是体察认知，一个是执行能力。我们对一个人不仅要考量他有没有智，还要考量他有没有能。智能不全就糟了，这跟对国家或者企业组织的"度权量能"不一样，那是对整个组织的考量，这里则是指个人。个人可能是组织的领导人，领导人智能不足，他的公司、国家权能很大，那就糟蹋了，他不会用。像新加坡很小，权能不多，但是李光耀几十年治理下来，使这个国家不可轻侮，因为他智能高。

"权材力"，还要权衡这个关键人物的材力，看看他拥有多少实力、资源。智能是他的本领，材力则看他到底有多少实力、资源。"料气势"，这个虽然比较抽象，但是很重要。有些人气势、格局很小，没有办法达到一定的高度，也不能强求；有些人气势就很旺，如果没有环境限制他，他都要上太空去摘星辰。有些人有智能，有材力，但气势不足。你向他推荐一个很大的投资构想，他可能未必有兴趣，他觉得现状挺好，不想冒那么大的险。有些人有气势，但是没智能或者材力。所以，智能、材力、气势一样都不少的人确实难找。

"为之枢机"，把人的智能、材力、气势都了解了，就是我们要跟他展开互动的枢机。《易经·系辞传》称"枢机之发，荣辱之主也"，枢机关系一个人的前程，不可不慎。枢机一旦掌握，觉得这个人可以交流，可以与之言，就不要错过。如果是不可以交流的，你跟他讲那么多干什么呢？《易经》中孚卦（䷼）第二爻称"鸣鹤在阴，其子和之"，只有判断正确了，双方才有共鸣。"量智能，权材力，料气势"对了，就作为枢机。"我有好爵"，你有好构想，才能够跟他分享，"吾与尔靡之"。可见，枢机就是对一个重要的人要了解，要"量智能，权材力，料气势"。掌握了这个关键的枢跟机，发的时机一对，则"千里之外应之"，远近都有回应。如果发的时机不对，则"千里之外违之，况其迩者乎"。

完全透彻了解，再判断出手的时机，"以迎之、随之，以箝和之，以意宣之，此飞箝之缀也"。"以迎之"，枢机在手，成竹在胸，对方的某个动作事先就揣测到了，赶在人家有实际行为之前，就去迎接。以前讲那些孝子，父母亲话还没讲出来，眉毛一皱，眼光一瞥，他就知道父母要什么，马上就端来了。这是一个掌握先机，甚至揣摩人的判断力。李莲英为什么那么招西太后喜欢，根本就不要讲话，咳嗽一下，或者手指头一动，他就知道老佛爷要什么了。对方的动作还不明显，就直接抢先一步做完了。"随之"，就是对方已经有动作了，马上跟上，绝不落后。在《易经》中，修到大人的智慧就算是最高境界了，"先天而天弗违"，就是"迎之"，"后天而奉天时"，就是"随之"，虽然慢了一步，但是马上跟上了，没有落后。我们一般人能够有"随之"的智慧就已经不错了，人家做了一个动作，马上理解，立刻调整。"迎之"则更高，对方还没有明确表态，就已经猜到了，直接抢在前面，甚至帮对方完成一部分了，那他多喜欢啊！"迎之、随之"，在《老子》里面就讲："迎之不见其首，随之不见其后。"

"以箝和之，以意宣之"，彻底了解之后，掌握那个枢机，看什么时候发，发得早，叫"迎之"，发得稍微晚一点叫"随之"，然后就完全箝制他，掌握他的动向，你们就能够合作了，能够往深处谈了。"以意宣之"，即完全了解对方的"意"。但是人心中藏着一些东西，不见得对所有人都讲，一看你特懂，甚至不要讲得太明白，双方就可以达到真正的交流，把心意宣泄出来，这样一来，你们的结盟关系就太紧密了。"此飞箝之缀也"，连成了一线，成了心连心、命换命的铁杆，变成了命运共同体，可以风雨同舟，有共同的目标要实现。这就是用飞箝之术，几句话就讲到人家心坎里。

"用之于人，则空往而实来，缀而不失"，完全把他连在一起了，绝对不会跑掉。"空往而实来"，讲几句好听的、体己的话，就达成了同盟关系，可是你赚到的是实际的东西。你要的不就是这个关系吗？这就是会讲话的人，"空往而实来"，多实惠啊！有些人不会察言观色，不会讲话，不会用脑筋，讲了很多，还是打动不了人家，甚至直接拿出钱来，人家还是不同意，反而把你赶出去，这就是"实往而空来"。"空往而实来"，用小成本做成了大生意，也就是《易经》中泰卦（䷊）

讲的"小往大来"。如果"大往小来"呢？那就是否卦（▓）了，"否之匪人"，根本就不通气，成本太高。飞箝要的就是"空往而实来"，再加上"缀而不失"，既然联系上了，那就绝对不会再失去。完成了这样的合作关系，"以究其辞"，往后所有的沟通，都要推展到极致，每一句话都惊心动魄，都能够在已经建立的关系上继续发展、发挥。

把对方完全搞清楚，彼此契合，就可以完全掌控关系和局面。"可箝而从，可箝而横"，"从"就是"纵"，集众小，攻一强；"横"就是张仪那一套，秦国跟隔了好远的齐国连在一起，然后瓦解其他国家。是合纵还是连横，基于与谁建立了推心置腹的关系，让他合纵就合纵，让他连横就连横。"可引而东，可引而西，可引而南，可引而北"，一旦构成非常强大的吸引力，自己不需要花多少成本，就可以达到效果，东南西北要他去哪里就去哪里，绝对听话。"可引而反，可引而覆"，可让他反正，也可让他倾覆。"虽覆能复，不失其度"，一旦有破坏，看着要倾覆了，马上扶正了，又站起来，又拨乱反正，恢复正常，充满了创造力。这就是怎么做都行，百分之百精确，分寸拿捏得很好，完全控制了局面。

整个《飞箝第五》，用《易经》的卦象来说，就是"空往而实来"，特别懂得文饰、包装，但是绝跑不掉的贲卦（▓）：初爻"贲其趾，舍车而徒"；三爻是完全进入状态，"贲如濡如，永贞吉"；上爻"白贲无咎，上得志"。贲卦的这三个阳爻变，成坤卦，顺势用柔，什么都搞定。这一套阴柔的功夫，就是贲卦。贲卦也是官样文章，而且完全没有动手，光靠着文辞就搞定。不像前一卦噬嗑卦（▓），要咬牙切齿地斗争。贲卦完全不用，用软的手段一样达到目的。

忤合第六

　　我们看《忤合第六》。"忤""合"两个字意思相反，相背为"忤"，相向为"合"。也就是说，"忤"是和对方走不到一块儿，属于接触不良，有抵触，我的话不顺他的心，他的话不合我的意。平时我们常听到有人说自己的子女忤逆不孝。"合"就是配合得非常好。《易经》中的家人卦（☲）就是"合"，睽卦（☱）就是"忤"。要去说服人，谈得好就合作，就是"合"；谈得不好就再见，甚至还会对立，就是"忤"。《忤合》这一篇讲的就是趋向与背反之术。

　　本篇最后一段，明显就是《孙子兵法·用间篇》最后所说的："昔殷之兴也，伊挚在夏；周之兴也，吕牙在殷。故明君贤将，能以上智为间者，必成大功。此兵之要，三军之所恃而动也。"商朝革夏朝的命，就因为用了伊尹，"故伊尹五就汤，五就桀，而不能有所明，然后合于汤。"伊尹来来回回跑了五次，既跑到过夏桀那边去，也跑到过商汤那里去，经过参观比较，最后发现夏朝这个当权派难以为继，还是商汤这一新兴势力有为，他就帮着商汤灭了夏桀。这叫"上智之间"，即有最上等智慧的间谍。他不是那种专业的打入敌人内部窃取情报的间谍，但是他智慧高，通过观察，能确定最后胜利的一方。也可以这么说，伊尹来来回回跑，前几次可能真的是参观、比较，后几次则绝对是做间谍，因为他心里已经打定主意要帮助商汤颠覆夏桀。姜子牙也一样，他要灭殷纣，也是在朝歌城厮混，同时跟周文王、武王也很熟，到最后扮演"上智之间"的角色。故《孙子兵法·用间篇》说殷朝的兴起是因为"伊挚在夏",伊尹正好在敌人的大本营,完全了解对方的虚实。而周朝的兴起,则是"吕牙在殷",吕牙就是姜子牙。他们都是在敌人阵营,对敌方了解得全面深刻,就此决定了要效忠谁、反对谁。也就是说,要么忤,要么合。春秋战国时期,有些具备大才干的文武之士,要是他来你的阵营,在你眼皮底下,你没看出他是大才,或者你不想用他,或者旁边有一些既得利益者不希望你用,你于是放掉了一条大鱼,他就跑到对手那边,反过来对付你。就像商鞅,在当时的中原大国魏国,老丞相公叔痤在死前向魏惠王推荐商鞅,而且还说,如果魏王不用,就得把他杀掉,免得给别人大用。魏惠王却认为丞相老糊涂,竟然向他推荐一个小小的中庶子。魏王心想,既然自己根本就不想用他,何必要杀他呢?结果,商鞅在秦国得到重用,使秦国在短短的几年间国富兵强,魏国与秦国的几次大仗都败北。可见,以前的人看人确实厉害,而且也够狠。我劝你用一个人,你不用,那我就要站在国家的立场上杀掉他,以除后患。那个老丞相劝魏惠王的时候,也知道魏王不会听他的,他警告商鞅赶快逃,结果商鞅比他还厉害,说魏王绝不会杀我,他既然不用我,就是对我不认可,也不会在意,怎么会杀我呢?

你不用的人,别人会用,最后就来灭你。纣王没用姜子牙,姜子牙就亡纣;夏桀不能用伊尹,而商汤重用,伊尹就灭了夏桀。"忤合",对说客来讲,他掌握得清清楚楚、明明白白,他也能做到来去自如。如果是争强天下,他就会决定辅佐一个,把另外一个灭了。老板选员工,员工也选老板。春秋战国时代实在是充满了自由,没有说一定要帮谁,所以,君臣关系是会撞墙、谈不拢,还是情投意合,非常重要,而且不能勉强。

（一）

凡趋合倍反，计有适合。化转环属，各有形势，反覆相求，因事为制。是以圣人居天地之间，立身、御世、施教、扬声、明名也；必因事物之会，观天时之宜，因以所多所少，以此先知之，与之转化。

"凡趋合倍反"，"趋"，快步走，因大势所趋，所以要快步走。"趋合"就是假如发现一个值得合作的伙伴，双方谈得拢，他也可能用别人，那就不要矜持地等着人家三顾茅庐了，要赶快去，因为这是一个很好的合作对象。"倍反"，最终搞清楚不能合作的，闪的时候不能太快，要给对方留点面子。要是你不能为他所用，而你对他了如指掌，他就可能杀你灭口，所以在离开的时候要慎重考虑如何进行。也就是说，一旦发现原先的判断有误，这个人不能长期合作，走的时候，要懂得慢慢抽身，一边笑一边抽身。要是拂袖而去，说不定你还没走出大门就被灭了。所以要全身而退，就得学《易经》巽卦（☴）的功夫，神不知鬼不觉，人家完全没有觉察到你抽身的意图，你就远遁了，走的时候没有任何东西留下来。这就是一步一步地解套，如解卦（☵）第四爻在第三爻"负且乘"之后，"解而拇，朋至斯孚"，把不适合的旧关系解除掉，才能恢复自由身、结交新朋友。那么，"解而拇"的动作就不能太急，要低调进行，最好能神不知鬼不觉，然后慢慢解开。

这就是"趋合倍反",一个是可以合作，要快速抓住机会；一个是取消合作，得慢慢撤，不要给自己造成伤害。

"计有适合"，人跟人到底是能合作，还是没有办法合作，都要用计，最后再决定是合作还是退出。《孙子兵法》说，国君和大将谈得拢就用之，不用就去之，表面上都维持着客客气气的局面。古代有端茶送客，现代有"随时联系吧"，都是用委婉的方式表示"以后就不联系了吧"。合则留，不合则去，大家心里都有数。

"化转环属"，"属"是连在一起，这种合作的进程，中间是不断变化的，刚开始决定与某人合作的时候，不见得知道将来的发展，要深谈之后才会知道，这个变化连接起来就像圆环一样。

"各有形势"，在事态变化圆转的时候，中间是连续的，你要掌握住这个千变万化、随时变化的形势。"反覆相求"，有时候一次不能够完全搞清楚，还要一遍一遍地求，一定要搞清楚。"因事为制"，"制"即掌握主动，一定要掌握到那个关键的钥匙。事情是千变万化的，不能只靠言，还要看事，看对方怎么做事，看看大家对事情的看法有没有差距，做事情的习惯是什么，再决定能不能共事。就像《飞箝篇》所讲，有时是看对方的气势，有时是看对方的才能，有时是看对方有没有资源。"因事为制"，充满了弹性，灵活机变，你得跟上这个变化。

"是以圣人居天地之间"，像鬼谷子这种人，很有信心建功立业，他说人生天地之间要觉得自己是圣人。"立身、御世、施教、扬声、明名也"，立足社会，有效地控管世事，一旦取得一定的影响力，就可以发挥自己的教化作用，使自己的声名传扬，显示于外，真正造成影响力。如两千年之后，我们还知道有苏秦、张仪纵横的故事。对于猎取声名，鬼谷子一点儿也没有避讳。换句话说，纵横家在大争之世的战国时代，从不讳言他的人生追求，认为人生短短几十年，居天地之间，要"立身、御世、施教、扬声、明名"，造成很大的影响力，没有说要隐居，也没有说要修德，更不会说这个世界不好，自己要去极乐世界早点儿解脱。他们的想法很积极、很正面，千方百计寻找机会，观时世，看对象。"必因事物之会"，"因"即顺承，必定顺着人、事、物发展变化的关键点，即因缘相聚的交汇点，在时移世易、时来运转中，看看有没有缘找到合作的对象。很多事物一天到晚都在变动，一定要因，要抓住事物之会，然后充分利用。"观天时之宜"，观察天时合适不合适。"因以所多所少"，搞清楚自己所做的是多还是少，斟酌损益，增加或减少，要很冷静地计算。什么东西多了，什么东西不够，是对方、我，还是环境、天时的原因？"以此先知之，与之转化"，根据忤合的原理了解事物的大致发展趋势，再根据事物的形势变化而转变自己的决策。这就是居天地之间的圣人比常人厉害的地方，他可以先知，掌握大势的发展方向，每天都在修正、转变策略。战国时期的大商人吕不韦，虽然最后下场不好，但是在开始时还是创造了奇迹，无中生有，以"奇货可居"的策略走出了一条从政的大道。他把全部的身家押在当时被认为是弃子的秦国质赵的嬴异人身上，经过秦国几代国君后，最终吕不韦得以主掌秦国的大政，成为权倾天下的秦国丞相。这是怎样的眼光呢？当时秦赵两国之间的变化以及嬴异人回国作为储君的可能性，他是怎么知道的呢？这种无中生有的本事才是大能，根据形势和事物的变化，在人弃我取的情况下，慢慢培养机会，结果成就大功。

（二）

世无常贵，事无常师。圣人无常与，无不与；无所听，无不听。成于事而合于计谋，与之为主。合于彼而离于此，计谋不两忠，必有反忤；反于此，忤于彼；忤于此，反于彼。其术也。

"世无常贵"，一个人的身价，是不确定的，是根据行情来决定的。贵是没有一定的，就像《易经》中的归妹卦（☳）跟渐卦（☴）的关系，谁是小老婆，谁是大老婆，是不一定的。归妹卦初爻，"归妹以娣，跛能履，征吉"，跛脚的变成了大老婆，因为跛脚先跟独眼龙（指第二爻"眇能视，利幽人之争"）合作，然后把独眼龙干掉。有人以为自己一定是大老婆，最后却变成小老婆（娣），成了出嫁时的赠品。身价随时而变，出手一定要把握时机。有时候要惜售，有时候不能惜售，价格是随时变动的。"事无常师"，任何事情没有不变的师法对象。圣人没有固定的老师。老师要是不成了，你就只能学那一点东西，老师要是藏一手，你不就学成残废了？广泛地学习才能触类旁通，发展出自己的一套思想、行为原则。"世无常贵"，有人现在贵，明年可能就进监牢。"事无常师"，在某一点上他算是老师，可能在别的方面他却很拙劣。

"圣人无常与，无不与；无所听，无不听"，"与"是赞同，像交好的国家叫"与国"，两者水乳交融，我需要你，你需要我。但是，圣人认为蜜月不能长久，可能今年两国之间的关系好得很，明年就不一定了，搞不好还玩对抗。像美国拼命要讨好越南、日本，但他们在第二次世界大战中及战后互相杀了多少人呢？"圣人无常与"，说明我们交好的对象也是不一定的，世事无常，变化无常，所以不要死心塌地，以为关系不会变了。我们现在交好，就做好现在的事情，并不代表将来一辈子"与"到最后了。什么人可以合作，要视当时的需要以及自己的需要而定。"无不与"，也没有永远的不交好。要永远保持灵活的方式，即建交的可能。为什么要树敌呢？现在不跟他合作，因为还想不出来怎么合作，但是将来说不定可以合作。"无不与"就是跟所有人保留合作的空间。很多创业的伙伴到最后还能够"与"的有多少？跟刘邦"与"的，好像后来都不见了；投靠朱元璋的，也不见了。真正了不起的人能看透："无常与"，充满了弹性，"比之匪人"可以，"系小子"也可以。"无不与"，你怎么知道将来会跟谁在一起？都得示好，即使没有实际的合作关系，也要保留活的人脉，双方保留一个良好的印象。拒绝人家也不要说得太直白，只是目前缘分还不到，说不定将来有很大的合作空间。

"无所听，无不听"，没有说一定要听谁的，也没有说永远不听谁的。你讲的我都听，但是听了之后如何裁定、落实，那是另外一回事。我并没有说不听，我愿意听，只是没有说非要听谁的不可。这样的人充满了弹性。假如你有实力，对方可能暂时对你不中意，但现在不中意，说不定将来可能又中意了。就像我们经常看到一些人过去身边有谁谁谁，现在却是另外一个人了。"无所听，无不听"，端看时势怎么变化，看大家彼此合作的满意度。谁能说一定是什么或者重点是什么呢？只要"成于事"，对方可以授权，自己能够施展拳脚，"而合于计谋"，我所献的策略他都听了，"与之为主"，那就甘心辅佐对方。能够成事，计谋能够合，能言听计从，就如诸葛亮讲的，刘备都听，张良的建议，刘邦马上采纳，这就是"成于事而合于计谋，与之为主"。

注意，这需要有专业的分寸，不能乱来，千万不要脚踏两条船，要保留好的印象和未来合作空间。任何人都很在乎忠诚。如果你是间谍，没被发现还好，一旦被发现，对方一定除掉你或者永不录用。这就是"合于彼而离于此，计谋不两忠"。"必有反忤"，"反忤"就是"忤合"，"忤"是没法合作，"反"就是合。"反于此，忤于彼；忤于此，反于彼。其术也"，你跟这边合，就跟那边不合，或者你跟这边不合，就跟那边合。这就是根据实际情况灵活运用忤合之术。彼和此属于对立的，是不可能合作的，它们注定势不两立。你选择的时候就要想好，选择跟这一边合作，就忤逆了另外一边。就像伊尹、姜子牙，在没做出决定前，他们有选择空间，一旦投靠各自的主人后，就只有忠诚效命了。"计谋不两忠"，你不能拿一套东西到这边卖，到那边也卖。卖两边，领双薪，除非你是在用反间计，否则没有任何人能够容忍这种事情。合于彼就离于此，既然觉得那边适合，就把这边的事情辞掉。要是他们势不两立，你说你对两边都很忠诚，有这种事吗？《易经》中的随卦（䷐）有时是系小失大，有时是系大失小（第二爻"系小子，失丈夫"和第三爻"系丈夫，失小子"），在做决定的时候，只有一个效忠的对象。

可见，选择老板的时候要慎重，也别随便得罪人。既然知道真主之所在，有更好的选择对象，就要安排退路，要给前任保留一个良好的印象，至少表面上的关系要维持。也就是说，采用忤合之术求真主的时候，必须做到幽隐深意，让对方不能有所明，搞不清楚你心中的决定，才不至于有覆败之祸。陶弘景对于这一点深有体会，他说："既忠不两施，故宜行忤合之术。反忤者，意欲反合于此，必行忤于彼；

忤者，设疑似之事，令昧者不知觉其事业。"为人做事要忠诚，既然现任老板不合适，求得合适的老板后决定要拒绝现任老板，那就不要造成伤害，不要让现任太丢面子。这时要行忤合之术，让他搞不清楚你内心真正的想法。这样做的风险其实很高，尤其在战国时代，逼出这么精巧的思维、谋略，也不为奇，处理不好的话，一下子就没命了。不想待的地方，不要断然拒绝，要让对方搞不清楚，这些迷魂阵可以为你争取做出最后决定的时间和空间。

（三）

用之于天下，必量天下而与之；用之于国，必量国而与之；用之于家，必量家而与之；用之于身，必量身材能气势而与之；大小进退，其用一也。必先谋虑计定，而后行之以飞箝之术。

这套方法，"用之于天下，必量天下而与之"。把忤合之术用在全世界，就要把全世界衡量一下，然后决定跟谁交好。"用之于国"，用在一个邦国，"必量国而与之"，要和这个国家开展密切的合作，也得把它研究清楚，衡量该国有没有发展前途，能让你大展宏图。像诸葛亮造势之后，刘备来了，他"必量刘备而与之"，"量国而与之"。那时刘备还没有什么势力呢，但在后来的三国中，诸葛亮选了一个最小的蜀国。诸葛亮如果再等一等，会不会有更大的机会？毕竟蜀国是最小的，而且最先灭亡，看来诸葛亮还是有一点儿憋不住，因为卧得太久。

如果再待久一点儿，曹操会不会去找他？孙权会不会去找他？这都是有可能的。用之于天下和国家，都是权量的功夫。那么"用之于家"呢？不管是用到小家庭还是大夫之家，"必量家而与之"，都要经过精密的计算，才能与之交好。"用之于身"，用到个人，"必量身材能气势而与之"，必看对方的才能、品行、器质、地位再决定合作与否。

"大小进退，其用一也"，用在大小、进退等策略上，运用的原则都是一致的。就看你的机会、因缘，但是都要计算，选一个伴侣，选一个同志，都要好好考虑，不要随便决定。原则是，不要过度迁就，也不要过度强求。"必先谋虑计定，而后行之以飞箝之术"，"飞箝"又来了，必定先用忤合之术做好周密的策划，然后用飞箝之术来实施、实现。

关于"进退"，这一点一定要把握分寸。想走的时候自己心里清楚就行，不要当场做出很决绝的表现。要是碰到高手，就你那点三脚猫的掩饰功夫，对方一看你的鬼样子就知道你不想干了，在你没走之前就会偷偷干掉你或者找机会把你除掉。所以，想要遁退的时候要"好遁"（《易经·遁卦》第四爻"好遁，君子吉，小人否"），好来好去。大家都读兵法，用兵的时候就有较量，所以你心里一定要知道有没有碰到高手，自己的进退不能够让对方太清楚。尤其要退的时候，心里不想干了，但是你的态度要让对方摸不透。

（四）

古之善背向者，乃协四海，包诸侯，忤合之地而化转之，然后求合。故伊尹五就汤，五就桀，而不能有所明，然后合于汤。吕尚三就文王，三入殷，而不能有所明，然后合于文王。此知天命之箝，故归之不疑也。

"古之善背向者"，"背向"即忤合，要往哪儿去叫"向"，要离开哪里叫"背"，即古代善于运用忤合之术的人。"善背向"，这一点要处理好，"乃协四海，包诸侯"，可以协同天子统御天下，把诸侯充分掌握在自己手中。也就是说，掌握全世界都没有问题，不管诸侯之间是中立还是对立，都能掌握。

"忤合之地而化转之，然后求合"，当然，最后还是要找到一个中心，即可以辅佐的对象，而且是长期合作的对象。"忤合之地"，中间就要决定，不经历、不谈话、不考校，怎么知道最后选谁合适呢？"化转之"，要很圆融。其实，从《易经》的角度看，《忤合篇》整篇就是在踩老虎尾巴。伴君如伴虎，一路小心，到最后就很圆融，即履卦（䷉）上爻的"视履考祥，其旋元吉"，应对无碍。爻变就是兑卦（䷹），因为你太会说了，说得人家内心欢喜，欣然认可。一路走过来，遭遇那么多豺狼虎豹，履险如夷，"履而泰，然后安"，下面就开泰。与好多人合作过，没有一个是结怨的。能合则合，不能合，也不要踩到他的痛点，不要被他咬死，到最后周旋无碍。"忤合之地而化转之"，有人能合作，有人必须抛开，都能很圆融地处理。"然后以之求合"，然后找到真正的合作对象。

"故伊尹五就汤，五就桀，而不能有所明，然后合于汤"，"就"是投靠，"而"是"因为"。伊尹五次投奔汤，然后又五次离开汤投奔桀，因为心里明白在桀那边不能够发挥自己的聪明智慧，没有光明的前途，最后还是投奔了汤。要知道，汤和桀是势不两立的，但伊尹可以来来去去，进去了出来，出来还可以再进去，能出能入，而且人家不为难他。"合于汤"，是经过慎重考量的。他也不是没有给桀机会，至少和桀合作的可能并非完全没有。桀就让大才在眼皮底下溜过，汤则言听计从。

"吕尚三就文王，三入殷，而不能有所明，然后合于文王"，姜子牙三次投奔周文王，又三次离开投奔商纣王，因为在纣王那边完全不能够发挥自己的才能，和他完全没有默契，说不通也行不通，最后只好和文王合作。

"此知天命之箝"，天命出现了，哪一个朝代起来，哪一个组织起来，都是有天命的。正如《易经》所说的"自天佑之，吉无不利"，要看清楚大形势，天命属谁就是谁。所以，作为纵横家，要挑老板，一定要挑到天命所归之人，这就是"此知天命之箝"。"故归之不疑也"，想通了，就去投靠他，绝不犹豫。这里，用的还是那个"箝"字，允诺有时候要看情况，拒绝别人的方式有千种万种。我们不管做大事、做小事，还是找伴侣、谈恋爱，这样的经验一定有很多。尤其是女生，拒绝别人不能过于随便，不然很容易得罪别人。拒绝的本领其实有人天生就会，尤其是长得比较有姿色的，通常很懂得怎样拒绝人更好。她一定"飞箝"，绝对不会说你死皮赖脸，而是说你很优秀，说你这种人未来一定有很好的伴侣，但不是我，我们没有这个缘分。真是可惜啊！拒绝你，我心里也很难过。美女说这样的话，你还好意思再去追求她吗？这其实是忤，不是合，是为了防止你翻脸，"飞箝"就在这时候用，讲好听的。"飞箝"这种功夫，基本功一般人都会，但用到最高境界时，可以用来对付那些强大的国家、团体、企业或者是重要对象，而且用得出神入化。

非至圣达奥，不能御世；非劳心苦思，不能原事；不悉心见情，不能成名；材质不惠，不能用兵；忠实无真，不能知人。故忤合之道，己必自度材能知睿，量长短远近孰不如。乃可以进，乃可以退；乃可以纵，乃可以横。

"非至圣达奥"，"达奥"即达到最深奥的层次。没有像圣人一样通达高深的境界，是不能统御世界的。也就是说，功夫不够，千万不要丢丑，棋差一着，往往缚手缚脚。就像学《易经》，没有学到化境，没有练到人卦合一，就是再学二十年，人还是人，卦还是卦。

"非劳心苦思，不能原事"，"原"是动词，即追本溯源，原始要终。不是费尽心力苦苦思索，就没有追本溯源的能力。"能原事"，什么事情都能够探到根。所以，对于任何事情，要下"原"的功夫，一定要劳心苦思，不然就无法通透。

"不悉心见情，不能成名"，不悉心发现事情的真实情况，就不能成名。采之于心曰"悉"，要想成名，别人心里所想的就要完全了解，尤其在你布的局里面，相关的人物心里所想的，你要完全能够洞察。所有人的心，不管是"明夷之心""天地之心"，还是"有孚惠心"、算计人的心、损己利人的心等，都要了解。人的情就是从心里面流出来的，没有心就没有情，喜怒哀惧爱恶欲，一定要洞察。如果"悉心见情"

都办不到，不知道对方真正的意图，如对方为什么会生气，为什么突然讲出这么温暖的话来，这些都不了解，还谈什么成名呢？

"材质不惠，不能用兵"，所有的竞争都要看材质，即看看你是什么材料，看看你的根器如何。如果"材质不惠"，惠就是"慧"，你本身不是冰雪聪明，考虑事情不是特别周到、一点就透，不是那种材料，就"不能用兵"，如果你用兵会害死人。

"忠实无真，不能知人"，有些人忠厚老实，却无真知灼见。这说明，他们够笨，不可能有察人之明。《礼记·经解》说："温柔敦厚，诗教也……其为人也，温柔敦厚而不愚，则深于诗者也。"意即《诗经》教化人要温柔敦厚，但不可以使之愚昧。有些人是滥好人，对什么人都相信，没有防人之心，别人问一他答十。不愚昧，还能够无不利，很重要。如果没有对生命的真知灼见，看到人讲的话都相信，以为世界上都是好人，这就是善良的人常常会一辈子很不愉快的原因。有些人被人家卖掉，还在帮着数钞票。这样的人不够强悍，不够真，不了解人生的真实是什么。"忠实无真，不能知人"，完全没有体会人生的真实，这样做太危险了。人需要善良，可是必须要强悍，这样善良才有用，才能够遏恶扬善。忠实还要"真"，才能知人。知人太难了，《人物志》《冰鉴》《鬼谷子》都教你知人，可是，历史上在知人方面能够不犯错误的人几乎没有，多多少少都犯错。

按照老子的逻辑，一个人能够自知才能知人："知人者智，自知者明。"不自知的人就不能知人，自知的人就有创造的能力。道家修行很高的叫真人。

"故忤合之道，己必自度材能知睿，量长短远近孰不如"，所以，要运用忤合的原则，一定要忖度自己的材质、能力、智慧、睿智，衡量自己与对方的长处、短处，权衡优势和劣势，确定对方不如自己之后再实施。这就告诉我们，要自知，知道自己有多少分量，才能知人。如果修为不高，比你修为高的，你绝对看不懂，比你邪恶的，你也看不懂。最高的洞察的智慧即睿智，用佛教术语讲是般若智。你跟谁处得来或者跟谁要绝对保持距离，一定要有自知之明。跟人家一见面，就要明白自己什么地方超过人家，什么地方不如人家。什么事情是长，什么事情是短，什么事情是远，什么事情是近，都要了解。一切都了解了，就可以决定"乃可以进，乃可以退，乃可以纵，乃可以横"。做到了，就可进可退，纵横天下了。

关于这一篇，我感觉比较深奥的就是"忠实无真，不能知人"。我们不要误会"真"，真的人可能一天到晚讲假话，因为不能不讲假话。见人说人话，见鬼说鬼话，这才是一个真人。如果见到什么人都讲一样的话，恐怕是一个笨蛋，这人被人家卖了，也许还在懵懂中。

揣篇第七

扫一扫,
进入课程

《揣篇》和《摩篇》是相邻的两篇,"揣摩"二字都与手有关,它们有什么不同呢?"揣"是动作刚开始,先试探一下;"摩"是要开始下手,产生近距离接触。"摩"之后,就要提出方案,要权衡,这就是"权",即《权篇》;进而提出确定的一个方案——"谋"(《谋篇》);然后共同做一个决定——《决篇》。任何事情都是这样,由远而近,由表及里,再做决定。

(一)

古之善用天下者,必量天下之权,而揣诸侯之情。量权不审,不知强弱轻重之称;揣情不审,不知隐匿变化之动静。

"古之善用天下者,必量天下之权,而揣诸侯之情",古代善于操纵天下的人,必定先考量天下形势的变化,而且他到哪一个国家的时候,也先揣测那个国家的国情。

"量权不审",如果对天下势力和诸侯国综合国力不能详察,就"不知强弱轻重之称",不会知道各诸侯国国力谁强谁弱、地位谁轻谁重。

"揣情不审"，对领导人的心理揣测不准确。"不知隐匿变化之动静"，不知道很多的内情，对方内心隐秘的想法就无从得知。这些内情没人会主动告诉你，你一定要揣，要试探，才可了解民情、君心。这些内情隐匿的变化，决定对方的动静，所以要揣情、详审。

兵法家也好，纵横家也好，在战国时期，都是怀揣天下之志。对于大国、小国彼此结盟或者对抗的关系，当然要掂量，做到心中有数。这一点在哪一个时代都适用。尤其是我们现在所处的21世纪，全球化特征很明显。世界格局虽然有对抗、有争霸，但是各自的联系日趋紧密，谁想在这个格局中掌握话语权，就要凭综合国力来说话，包括经济、国防、科技、政治、外交、文化等实力。正因为各国联系紧密，新的世界大战很难发生，故外交成了最大的战场。外交斡旋，就要揣情审慎。对于各个国家，有些数据一定要掌握，心中永远都有一个大地图，评估不同阵营中的国力及结盟关系，这就叫"量天下之权"。"而揣诸侯之情"，天下列国，尤其是那些大国，组织了一些攻守同盟，要研究其实力到底如何，我们应怎么评估，如果发生冲突，彼此的胜负可能是怎样。战国时期，那些国君心里怎么想，不见得会告诉别人。作为策士，就要揣摩上意，不然怎么去说服人家，投其所好，帮他除去心腹大患呢？人一定是陷在种种情里头的，领导人也是一样，而且通常很难直接了解到，尤其是你还没有到他身边以前，怎么能够凭空想象呢？要了解他们内心中真正的想法和期盼，就要用揣的方法，不断地试探。

还有"量权不审"，权衡国力要非常审慎，不是所有公开的资料都可以相信。有的材料可能注水，或故意有所保留。我们考量一个企业的实力、一个国家的实力，要评估合理不合理，其结构对不对，有没有藏私，有没有假象，要像会计审账一样，量权而审。如果"量权不审"，就"不知强弱轻重之称"，对大国小国的势力对比，谁强谁弱，谁轻谁重，就失去了判断力，跟事实有距离。现在这个世界其实也没有那么复杂，做贼的通常一定喊抓贼。现在的世界可谓是恐怖平衡，大家都掌握了毁灭对方的武器，但是谁也不敢动。如果实力悬殊，就有爆发战争的可能。如果"揣情不审"，就不能抓住领导人心中真正的想法，"不知隐匿变化之动静"。领导人的想法一般都藏得很深。有的是故意藏起来的，并且经常变化。就是我们自己的思维在一天中都不知道要变多少次，起心动念，不时变化，一下这么想，一下那么想。想法生变，感情就变，对一件事情的态度可能就会发生变化。如果不讲出来，外人怎么看得出来呢？所以这种揣情的功夫必须非常细腻。

（二）

何谓量权？曰：度于大小，谋于众寡，称货财有无之数，料人民多少、饶乏、有余不足几何？辨地形之险易，孰利孰害？谋虑孰长孰短？揆君臣之亲疏，孰贤孰不肖？与宾客之智慧，孰少孰多？观天时之祸福，孰吉孰凶？诸侯之交，孰用孰不用？百姓之心，去就变化，孰安孰危？孰好孰憎？反侧孰辩？能知此者，是谓量权。

下面就"何谓量权"这段话展开。《揣篇》的中心内容有两项：一个是量权，一个是揣情。前者是针对团体，后者是针对团体中的最高领导人。这两个功夫都得下。

"度于大小，谋于众寡"，"大小"就是大国、小国或国强、国弱，"度于大小"就是要衡量一个国家的地域大小，这一点很容易掌握，基本上有数据可循。"众寡"就是人口数。现在有很多人口大国，不要太低估其实力。虽然人均产值或者各方面没有那么好，但是它有潜力，有着巨大的市场。可能一段时间内，这些人是作为廉价的劳工，但是他们会很快由生产者变成消费者。中国人口多，市场潜力可以说是全球最大的，十多亿的人口，就算只有一亿的精英，其消费能力和生产能力也令人咂舌。"众寡"既包括人口消费，也包括人口的生产力，这些情况一定要掌握。综合国力的强弱、人民的众寡，一个要度，一个要谋。

"称货财有无之数"，就是考量经济实力了，这个国家的资源分布、供需关系也得称量。"料人民多少、饶乏、有余不足几何"，怎么又涉及"人民多少"呢？这就和人均经济水平有关了。"饶乏"，富饶还是匮乏，像沿海比较富，内陆就比较穷，有的地方很富饶，有的地方很匮乏，都是不平均的。要考虑贫富悬殊与否，资源分配合理与否。不能只看总数，要看人均和地域，由此可知这个国家国内的矛盾和问题所在。"有余"，"不足"，有些产品有剩余，多的就出口，换取匮乏的产品。这些情况"几何"，统统都要有一笔账。

"辨地形之险易，孰利孰害"，然后看这个国家的幅员疆土，其地形险要与平易之处要辨别清楚。有的国家国土面积不小，但是崇山峻岭或者沙漠广布，导致地广人稀，没有多少地方是能用的。有的国家地势就很平旷，例如平原就好种地，人群也可以聚居。当然，"地形之险易"除了涉及经济生产、资源分配，还涉及军事。地形非常险的，可能易守难攻，如果是平原地带，军队很容易长驱直入。这种情况"孰利孰害"，要明辨。地险对发展生产和繁衍人口显然不是很有利，但防御敌人时是有效的屏障。平易地形，有利于发展生产和聚集人口，但想防御敌人的进攻却颇费精力。哪些是有利的因素，哪些是包袱，都要明辨。

"谋虑孰长孰短"，就是弄清这个国家有没有能人。这些谋士为国家打算，是有长久之计，还是明显地短视？有的人深谋远虑，考虑到了国家的长远规划，有的人目光如豆，只想到了眼前的利益。在整个纵横时代，谋长谋短，攸关国家存亡、强弱。所以，不管是国家战略布局，还是企业经营规划，要想谋得持续发展，就要有很长远的眼光。企业要培养核心竞争力，要观时代潮流，要长期投资，可能投资十年都无法回收成本，这就需要长远布局的谋虑。这一点对台湾地区企业来说，就很难做到。大概是因为岛内政局变幻，一切不确定的因素养成了企业主灵活、耍赖的习性，让他们做长久的规划特别难。可见，大环境不确定，人就不容易做长远的规划，所以计长还是计短，也跟环境因素有关。台湾地区企业这种灵活经营、缺乏长久规划的做法，后果慢慢就会显现。当然，企业不一定全是长期规划，有时短期、中期的规划也是必要的，只要不妨害长期的规划，是在大的发展趋势内，那也是无妨的。《易经》中的屯卦（䷂）说"利建侯，勿用，有攸往"，"利建侯"就是布局，"勿用"就是短期勿用，"有攸往"就是中长期有所往。如果一天到晚没有长期规划，连近处的事情都会出问题。

"揆君臣之亲疏，孰贤孰不肖"，"揆"即揣测，"君臣之亲疏"，指国君与臣子的关系亲疏。有些君臣好像距离很近，其实疏远得很；有的关系看起来好远，但国君很器重这个人。到底实情怎样，这就需要揣测，不能根据表面现象去判断。有的人貌合心不合；有的人同床异梦；有的人平常疏于联系，其实关系密切得很。是离心离德，还是二人同心？这些都需要揣测。"孰贤孰不肖"，臣子们谁贤谁不贤，也是需要考虑的问题。

"与宾客之知慧，孰少孰多"，"宾客"指幕僚，但古代讲的宾客，多半跟外交有关。外交，不能只在房间里头出谋划策，还要出去交际斡旋。这些人的智慧档次是不同的，但是他们的地位特别重要，临机应变的智慧是衡量一个外交使节的标准。作为外人，人家的机会不会轻易留给你，你只能在旁边看。面对这种情况，有的人智慧创意层出不穷，有的人搞两下子就油尽灯枯、什么办法也拿不出来了，这就是智慧的"孰少孰多"。

除了做到以上这些，还得看大环境。"观天时之祸福"，福无双至，祸不单行，天时有的时候是多灾多祸，有的时候很祥和。大环境很重要，它决定了一切。"孰吉孰凶？"有人在弥天大祸中受损比较少，他就容易吉，有的人损失大，结果就凶。这就需要观察天象时序的变化，何时给人带来福祉或祸患，何时行事为吉或为凶。

"诸侯之交，孰用孰不用"，诸侯之间的交往，哪些可以利用，哪些不可以利用。要注意的是，有些诸侯国表面上是盟邦，但有事时不一定用得上。作为盟邦，哪一些国家在急难的时候愿意真给你帮忙，哪一些却作壁上观或者切断关系，这些虚实要知道。就像美国和很多国家结盟，但需要美国出手的时候，它会装糊涂，不出手相助。可见，所谓的交往，有时只是虚张声势，不要奢望他们到时全部会来救你。患难见真情，有交情不一定有用。有时候，那些没交情的反而出来帮忙了。

"百姓之心"，即民意，很重要。"去就变化"，民心向背是随时变化的，如果民意很稳定，基本没有什么变化，国家就会很稳定。"孰安孰危"，这种民心的变化，什么样是安全的，什么样是危险的，要了解。"民惟邦本，本固邦宁"（《尚书》），一定是这样的。"孰好孰憎"，百姓讨厌什么、喜欢什么，也要清楚。老百姓特别爱谁，特别恨谁，即"民之所好，民之所恶"特别重要。百姓的想法不一定对，但是你一定要重视。主流民意喜欢，你就得喜欢，这才是民之父母，不要跟民意唱反调，要掌握主流。如果大家都讨厌贪污，那就要拼命抓贪污。

　　"反侧孰辨"是什么意思？有人认为"反侧"就是"反复"，反复推测；"孰辨"就是"孰便"，即哪一种方式是最好的、最便利的。这样的理解绝对错了。什么叫"反侧孰辨"？也就是对上面"量权"的每一个项目，彻底了解、分析完，看其中有没有什么不安的因素。不安的因素包括失意的政客、心怀不轨之人。这就是可能引发危机的因素，但还没有导致政变的发生。这些人在等机会。有时候可能是你身边最亲近的人，他心存异志，如果有外敌打入，他很可能会里应外合。这种潜伏的可怕势力、不同企图的人，暂时还没有发起行动，统统称作"反侧"，即在你身边的危险因素。你身边的人反意已决，但是他隐藏得很好，搞一些阴谋破坏，你也察觉不到，时机一到他就会造反。作为一个说客，评估一个团体之中哪些人有二心，就得下量权的功夫了。领导人如何，老百姓如何，邦交怎么样，大环境祸福吉凶如何，君臣之间的关系如何，外交人才的智慧如何，还有异议分子藏在哪里，他们之间勾结的情形如何，这些都要有一个评估。假如你要替这个团体卖力，老板授权之后，你就要锁定并消灭这些"反侧"，不要让他有机会出手。这就是"反侧孰辨"，要掌握内部的矛盾，把蠢蠢欲动的敌对势力扼杀于萌芽状态。

（三）

揣情者，必以其甚喜之时，往而极其欲也；其有欲也，不能隐其情。必以其甚惧之时，往而极其恶也；其有恶也，不能隐其情。情欲必出其变。感动而不知其变者，乃且错其人，勿与语，而更问其所亲，知其所安。夫情变于内者，形见于外，故常必以其见者而知其隐者，此所谓测深揣情。

揣情即测探对方内心隐秘的实情。"揣情者，必以其甚喜之时，往而极其欲也"，善于揣情的人，必定利用人情的喜怒哀乐，在这个领导人最高兴的时候去迎合他，并尽力满足对方的欲望。"其有欲也，不能隐其情"，人一旦有了欲望，内心的真情就很难隐藏。

"必以其甚惧之时，往而极其恶也"，一定要在对方最恐惧的时候去见他，最大限度地诱发其内心的恐惧憎恶。"其有恶也，不能隐其情"，对方一旦有厌恶、恐惧的表现，内心的真情也是很难隐藏的。这就告诉我们，要彻底抓住领导人情感的变化。如果一个人很冷静，喜怒不形于色，就很难斗，因为他的内心没有失去平衡。所以，要真正了解一个人，尤其是领导人心中真正的想法，一定要利用一些极端的状况，才能够看得出来。人在"甚喜、甚恶之时"，高兴过头或恐惧厌恶之极时，很难掩藏自己的情绪，他深藏在内心中的好恶，就会被人探知。人逢喜事精神爽，难免畅所欲言；一旦遇到讨厌的事，就会咬牙切齿。这些情况一旦被有心人掌握，就可以由此揣测到对方内心的真实想法。如何揣测？"极其欲也""极其恶也"，要变本加厉地增加强度。人非常高兴的时候，没有办法遏制情绪，言语上就不如平常谨慎，等到他心生警觉的时候，你已经了解一大部分了。这就叫得意忘形、乐极生悲。平常不敢随便讲的一些话，一高兴时就跑出来了，可以通过这些话掌握到重要信息。在人甚喜、甚恶之时，再推他一把，煽风点火，极其欲、恶，很多隐秘的东西就出来了。你一旦知道他心中真正想的是什么，那就投其所好。"其有欲也"，就没有办法隐藏内心中的情感。一个领导人的情感，如果被外界抓到了，那可就糟糕了。《易经》中的兑卦（☱）上爻"引兑"就是如此。一旦懂得"引"，只要他露一个毛线头，就可以把他的隐私拽出来。通常一个领导人会防范周严的，可是他碰到特别喜好、特别厌恶的事情，就很难掩饰，然后你给他扩大、渲染，就可以什么东西都揣测得清清楚楚了。可见，人在有欲的时候，欲令智昏，就不可能再隐藏自己的感情，所以，不但是领导人需要隐藏自己的感情，一般人也要如此。有的人特别害怕某事，色厉内荏，表面上还说不怕，其实他担心得不得了，他特别害怕、极度恐惧的时候，你就把恐惧再扩大，他就会马上缴械了。

"情欲必出其变"，一个人内心中真正的好恶，一定会在这种情感的极端变化之中显露出来。假如他保持冷静，喜怒不形于色，这个人就很难对付。但是，人不可能永远这样，总有一些事情会引起其情绪的变化。这时从旁冷静观察，就可能掌握真相。

对于一些特别难对付的，隐藏情欲特别到位的人，这一招不一定用得上，那就"感动而不知其变者，乃且错其人，勿与语，而更问其所亲，知其所安"。"感动"，有所感就会有所动，如果我们运用前面的极欢喜、极恐惧去触动他内心中的情，还是没有办法了解他内心真正的喜怒哀惧的变化，这个人就是特别有忍耐力，也可能他警觉到你在试探，能够咬牙克制住，脸上完全看不出任何东西。碰到这种高手，千万不要再用老招，得变了，暂时放弃，"乃且错其人"，"错"即"措"，放置一旁，"勿与语"，不要再跟他谈了。你想办法勾出对方的想法，用尽诸如捭阖、抵巇、飞箝、反复的手法，这个人还是难搞，好像一块铁板，没有感情，那么"错其人"，你暂时搁置，不要强攻，强攻可能达不到目的，更会引起他的警觉。不要再跟他说了，去问跟他关系很密切的人，从侧面去套出实情。那就是"而更问其所亲"，他总有很亲近的心腹、比较了解他的人，可以从他平常很亲近、很相信的人那里去了解真相。"知其所安"，他怎么会有这种"非人"的表现，就了解了。面对一个惩忿窒欲的高手，就得从他身边的人去了解他为什么会这样。

"夫情变于内者，形见于外"，正常情况下是这样，"诚于中，形于外"，内心情感发生变化，外面一定会表现出来。普通人一定是如此的，可是在极度斗争的职场、官场、商场、外交场合或者是战场，你就要想办法克制，正如俗话说"智者不怒"。《孙子兵法》说"主不可以怒而兴师，将不可以愠而致战"，也就是说，明君良将不可以因为心里不痛快就发动战争，所以得冷静。形一定不能见于外，见于外就被人家利用。"故常必以其见者而知其隐者"，因此常常可以从他表现出来的信息去探测他内心中真正的想法。藏得很深时，就测深一点儿。人一般是这样的，测试一下、试探一下，内情就跑出来，显现在外面。由外知其内，《人物志》《冰鉴》全部是这一套，只看冰山的一角，就把下面的全部都掌握了。《易经》说，观其所感、观其所恒、观其所聚，则天地万物之情可见矣。对于看不见的东西，我们要由看得见的那一部分去推测，"此所谓测深揣情"，这就是"测深揣情"。

（四）

故计国事者，则当审量权；说人主，则当审揣情。谋虑情欲，必出于此。乃可贵，乃可贱；乃可重，乃可轻；乃可利，乃可害；乃可成，乃可败：其数一也。故虽有先王之道，圣智之谋，非揣情，隐匿无可索之。此谋之大本也，而说之法也。

"故计国事者，则当审量权"，所以谋划国家大事的人，就要审慎运用权量之法，了解国家的综合国力水平。对于国家大事，量权之前一定要加上审的功夫，千万不要搞错，千万不要仓促下结论，要冷静，一审再审。

"说人主，则当审揣情"，游说国君，就要用揣情之法，探知对方心里真实的想法。"谋虑情欲，必出于此"，一切的谋略考虑、真情喜好，都出自这里。要搞清楚对方真正想什么，要揣度，谋虑和情欲都从这里来。你要是搞不清楚他真正喜欢什么，倾向于什么，那你的建议没有用。要投其所好，就得知道他心中真正想干的事，谋虑也出于此，情欲也出于此。

"乃可贵，乃可贱；乃可重，乃可轻；乃可利，乃可害；乃可成，乃可败"，一旦掌握了实情，我们就可以操纵他，量权精确，揣情也精确。可以让他贵，也可以让他贱；要他重就重，要他轻就轻；可以让他获利，也可以让他损失；可以让他成功，也可以让他失败。一切好像完全被你操纵于股掌之间。所以，一个人把自己的真情泄露了就这么可怕，完全受人家操纵。

"其数一也"，"一"特别重要。老子说"王侯得一以为天下贞"。道家从老子开始讲"得一"，要抓住要点，因为殊途同归，所以要掌握要害、关键。"天下之动，贞夫一"，以一就可以喻万，所以，完全掌握了对方的心理，就可以将其玩弄于股掌之间。

"故虽有先王之道，圣智之谋，非揣情，隐匿无可索之。此谋之大本也，而说之法也。"作为一个说客，作者告诉你，这是谋的大本，一定得会这一套功夫，这是游说的方法。"虽有先王之道"，虽然有先贤圣王的那些大道理、圣人智者的谋略，但是要是不下揣情的功夫，尤其是战国时代，不下鬼谷子这一套细微的功夫，那你就没有办法探知乱世之中人心的复杂。所以光是有"先王之道、圣智之谋"还不够，"非揣情"不可为之。要搞清楚对象，不能见到什么人都讲那一套，像孟子到处兜售仁义，遇到战国时代的梁惠王，第一面就谈不拢了。人家要富强，你跟他说仁义。梁惠王正在新败的时候，要雪耻复仇，结果孟子跟他讲仁义。梁惠王一见孟子就说："叟不远千里而来，亦将有以利吾国者乎？"这才是他想要的。有的人表面上假仁假义，心中想的还是富贵利达，你要是不把这个弄清楚，那就"无可索之"。先王之道再好也没用，人家根本就没有兴趣。商鞅见秦孝公也是如此，刚开始也讲先王之道、圣智之谋，秦孝公都快睡着了。商鞅后来又绕了几个弯，才把秦王真实的想法勾出来。《孙子兵法·始计篇》就说"索其情"，人家不会直接告诉你，要想办法把它引诱出来。"非揣情"，不下这个功夫，"隐匿无可索之"，统统都是不可能的。"此谋之大本，而说之法"，鬼谷子在那个时代很坚定地认为（事实上也是如此）：想要做事，要建构平台、运用资源，就得用这种手段。

（五）

常有事于人，人莫能先，先事而至，此最难为。故曰揣情最难守司。言必时有谋虑，故观蜎飞蠕动，无不有利害，可以生事美。生事者，几之势也。此揣情饰言成文章而后论之也。

"常有事于人"，心中有谋划，能揣情和量权，"人莫能先"，没有人能够与之抢得先机，他在大争之世永远跑在最前面，竞争中总能赢在起点、赢在中间、赢在终点，人家永远赶不上，望尘莫及。"人莫能先"，这就是竞争的本质。

"先事而至"，想做事情，还没做，就知道"履霜坚冰至"，懂得知机应变。能够预先知道，有先见之明，是因为早就下了功夫了。很多事情刚一发生就能看出其发展趋势，"此最难为"。断大事断得准，揣情揣得准，而且先一步出手，遥遥领先，是很不容易做到的。人们都想争到那个位置，结果很多人都落后了，他却能一骑绝尘。先知少，先行者也少。为什么有的人变成了领导者，别人追都追不上？就因为看得准、谋划深，"常有事于人"，找对了对象，不会"比之匪人"（《易经·比卦》）。大家都想做事，都想争先，可是有的人早就布局了，时机一到就下手。"此最难为"，这是一般人最难做到的，做不到就没有办法抢先。

"故曰揣情最难守司"，我们去了解那个关键的人内心中的情感，其情感还不是一直不变的，要时刻掌握他的情绪，才能与时偕行，所定的计谋都合乎时宜，合乎关键人物情感的变化。这种揣情术是最难做到的。每当对方一变化，你就能够掌握其为什么会变，并相应调整，随机应变，牢牢掌握其情绪的变化，这就叫"守司"。但是，即使做到了一定程度的掌控，你还要守密，不能让竞争者知道，要永远控制得当。做到这些真的很难。

"言必时其谋虑"，老板情绪、欲望的变化，会影响他的谋虑，你就要跟得上，要随时变化。跟着时走，才能做决策，这绝对是动态的。下面的话很多人看了都很受触动。鬼谷子运用自然法则，讲明不但人这么复杂的万物之灵起心动念难以明白，就连小虫子也是。"故观蜎飞蠕动，无不有利害，可以生事美"，"蜎"指蚊子的幼虫。这句话的意思是，看小虫子飞动或者蠕动，无不包含利害关系，由此可以悟出如何把事情做成功。这种小飞虫、小爬虫，都是机，都流露出想干什么，它们所有行动的主导就是生存的利害。孙子说，兵不能随便动，如果动，一定要合乎利才动。他怎么不说"合乎义"呢？因为利害原则在主导。小虫子每一个细微的动作都考虑到利害，人更是了。冷静观察小虫子爬飞的动作，都可以分析出利益法则。会操纵的人、会观察的人，任何一个小的信息都不放过，然后他就可以按照自己的目的进行最好的利用。像飞蛾扑火，飞蛾认为火对它有利，那你就要运用。有些人对名利有渴盼，你就可以操纵他。"可以生事美"，可以做成你想做的事情，而且做得很成功。

"生事者，几之势也"，做大事的人，要掌握时机的发展趋势。事情有了征兆，展开来就叫势，后面想要发展，就要运用势。"此揣情饰言成文章而后论之也"，这就要求我们在揣情中善于修饰言辞，然后再进行论说。话要讲得漂亮，足以打动人心，要让人忘劳忘死。有些话不能讲得太直接、太难听，要粉饰一下，要讲得像官样文章。如外交辞令就要饰言，要美化，还要有章法，有起承转合，讲得冠冕堂皇，然后大家再讨论讨论。这就叫揣情，知道是一回事，还要美化美化，"成文章而后论之"。言辞修饰是必要的，儒家讲"修辞立其诚"。在人间世，实际上很多在职场上流行的修辞根本没有"立其诚"，都是包装过度。

整个《揣篇》在讲什么呢？用《易经》来讲就是噬嗑（☲☳）卦，噬嗑卦下一卦就是贲卦（☲☶）的文饰。都是斗争，丛林法则，莫不有利害。纵横家去见那些国君，不也是互相利用吗？要建功立业，要富国强兵，这是一种交易，进行的就是噬嗑（斗争）。有噬嗑，一定要懂得贲（包装）。

摩篇第八

我们看《摩篇》。关于"摩"，陶弘景说："摩者，顺而抚之也。摩得其情，则顺而抚之以成其事。"它是《揣篇》的姊妹篇，人们一般以"揣摩"合称。《揣篇》提到揣情很重要，因为真正能够超脱情的人几乎没有，揣情，即探知人内心隐秘的实情。《揣篇》提到，想成功探知对方的真情，要在对方"甚喜"或"甚恶"的极端情况下测得。但是，在现实生活中，人的情绪或心理状况往往并不处在极端状态下，所以《摩篇》讲的就是在正常情况下，更细腻地探测人的内心状态。这是一种近距离接触，就像成语"耳鬓厮磨"所说的男女亲近程度一样。

（一）

摩者，揣之术也；内符者，揣之主也。用之有道，其道必隐。微摩之，以其所欲，测而探之，内符必应。其所应也，必有为之。故微而去之，是谓塞窌匿端，隐貌逃情，而人不知，故能成其事而无患。摩之在此，符应在彼，从而用之，事无不可。

"摩者，揣之术也"，摩也是揣术的一种。揣是大范围，摩是细功夫。

摩的时候，地方不要搞错，只有搔到了痒处，才可以摩。人内心中的感情，在外面会表现出相应的状态，即"内符也，揣之主也"，情感动于内，外面就有一些相符合的反应或表现。这就像把一根竹子砍成两半，最后可以契合一样，若合符节。除了大奸巨恶、特别冷静的人，一个人心中任何情感动荡，绝对影响到外在的表情。"内符"，就是要由外至内，通过摩的手段将人内心的隐情探测出来，这是揣的主要目的。

"用之有道，其道必隐"，要把摩的手段运用自如，在摩的时候，可以不让人家知道，因为你做得很隐蔽。不能让人家知道，我在说好听的，在你身上下功夫，对你有所求，让你愉快。高手就是这样，人家不知道他在用摩的手段，藏得很深，不易察觉。

"微摩之，以其所欲，测而探之，内符必应"，悄悄地运用摩的手法，满足对方的欲望，暗地里测探其真实情况，对方在欲望的驱使下内心一定有反应，并表现在外面。"其所应也，必有为之"，一旦有了反应，对方必定有所作为。也就是说，要了解对方内心中想要什么，就要投其所好，用他所想要的东西去摩，一步一步来，一定会有反应，会有你心目中想要的东西出来。既然内情在外面有一定的显现，他就会有所行动了。你讲一些言辞，或者实施一些试探手段，他有反应了，下面就要有所作为。《易经·系辞传》说："是以君子将有为也，将有行也，问焉而以言，其受命也如响。无有远近幽深，遂知来物。"意思是说，君子准备有所行动时，用言语去探问，他就会做出反应，并且像回音一样表现出来。无论是远的、近的、幽隐的、艰深的，未来的状况都可以让人得知。

可见，如果里外相应，你做的试探起作用了，对方必然有所行动，因为他已经被你牵引了。但是，这个时候你反而要撤，要留有自保的余地，"故微而去之"，说服对方去做一些事情，自己去推动。此时目的已经达到了，那你要开始收敛，不要涉入太深，要暗地里撤离现场。看来，这些纵横家，不管怎么游说君王，首先都要给自己留一条退路。如果煽风点火成功，国君按预定计划开始行动，那就要开始低调了。否则，别人都知道你在后面谋划，而有的领导人可能也不愿意让人知道有人在自己背后出谋划策，那些当朝的反对派更是不愿意你凭些许言辞就得高位，那样会损害他们的利益，他们就会联合起来对付你。还有，如果你倾囊相授，所有的锦囊妙计都提出来了，连下面的执行方案都有了，国君也会判断形势。就像勾践不会在复国未成时杀文种，但是吴国一灭，他就容不下文种了。在战国时代，策士们不一定要忠诚于哪一个国君，他们一定在恰到好处的时候给自己留一条去路，而且还是"微而去之"，不让人家感觉自己要引退，而是替自己做一个保护层，藏身幕后，像微风吹过一样，悄然置身事外。

　　"是谓塞窌匿端，隐貌逃情，而人不知，故能成其事而无患。""窌"是藏东西的地洞，就是地窖；"端"，即头绪。这就叫隐藏自己，堵住漏洞，就连一点头绪都要藏起来，隐蔽自己的外在表现和内心的真实想法，能够使别人都不知道，这样事情就办成功了，且不会带来后患。也就是说，你对危机都能防患于未然。人生的很多坎坷就是源于得意忘形，没有塞住漏洞，让人家一猜就中。所以，一旦功成，千万不要高调行事，要防的人太多，一是嫉妒的人，二是你进言的对象。对于这些情况，都要留一手，在必要的时候可以全身而退，正所谓"来无影，去无踪"。人要留退路，要低调，就是为了防止一切不可预测的祸患。人心微妙难知，知人知面不知心，一些雄才之主的起心动念，还有外人的嫉妒，不能不防。狡兔死，走狗烹，历来多有。"微而去之"，行藏自如，神不知鬼不觉，任何一点儿蛛丝马迹都不留，别人不知道你心里已经在为自己谋退路，这样就不会有祸患或后遗症存在，又能把事情做成。

"摩之在此，符应在彼"，这边用摩的术，那边完全如你的指引，出现相应的反应，清清楚楚。而你自己有什么想法，对方完全不知道，外人更不知道。"从而应之"，做一个最佳的回应，"事无不可"，什么事都能干成。《易经》对我们的启发也是如此，《易经》不是追求一时的吉凶成败，而是追求最终的"无咎"。"无咎者，善补过也"，人常常在下了好大的功夫之后得到成功，就失态了，不是恃宠而骄，就是妄自尊大，本来应该待在幕后的却跑到前台来，挡住了不少人的晋升之路。这不是在找死吗？凭空给自己树敌，变成众矢之的。其实在后面操纵，离斗争的漩涡更远，还可以从容地给自己留一条退路，千万不要帮他人做嫁衣裳，结果自己却死于非命。秦始皇见了韩非后，整个秦朝，甚至中国往后两千多年，搞政治的都用韩非的思想理论，但韩非并没有被秦始皇任用，而是被杀。

历史上成事的人不少，但成其事还没有后患的人，太少。有些人得了便宜卖乖，马上标榜"我是王者师、我是帝王师"，后患就来了。所以，功成身退是谋臣最好的选择，而且离开的动作不能太明显。像张良的借口是去修道；范蠡则去从商，和美女西施泛舟江湖。

（二）

古之善摩者，如操钩而临深渊，饵而投之，必得鱼焉。故曰：

主事日成，而人不知；主兵日胜，而人不畏也。圣人谋之于阴，故曰神；成之于阳，故曰明。所谓主事日成者，积德也，而民安之，不知其所以利；积善也，而民道之，不知其所以然；而天下比之神明也。主兵日胜者，常战于不争不费，而民不知所以服，不知所以畏，而天下比之神明。

"古之善摩者，如操钩而临深渊"，古代善于使用摩的手段的人，就好像拿着鱼竿在深渊旁钓鱼一样。"操钩"，有的版本写作"操钓"，不过都差不多，反正钓鱼得用钩。"临深渊"，这里不是单纯的靠近深渊，而是"如临深渊"，因为人心也是险于深渊。"饵而投之"，一定有一个钓饵，名、利、权、色皆是，把饵丢到深水里。"必得鱼焉"，鱼一定会吞饵，这样就会钓到鱼。善摩的人不急，对方刚开始没有反应，因为还没有碰到痒处，等到搔到痒处之后，对方就如痴如狂，吞下你丢下去的饵，上钩了。而钩后面的线，线上面的竿，牢牢掌握在你手上。

"主事日成，而人不知"，这种人辅佐国君、掌管政事，国家事业蒸蒸日上，而别人不知道是谁造成这样的成功局面。"主兵日胜"，指挥军事，每天都打胜仗；"而人不畏也"，别人看不懂其用兵之法，不知道害怕，但是结果是一场接一场的胜利。

"圣人谋之于阴，故曰神"，圣人的谋划在暗中，是阴谋，在看不见的地方，所以称作神。"成之于阳，故曰明"，可是他实际上的业绩，成事在明处，大家都看到了，所以说是明。也就是说，大家只看到结果，却不知道圣人是如何办到的。

"所谓主事日成者，积德也"，所谓的主持政事每天都能成功的人，是因为他们在积累德行。可见，这些纵横家的德不是一日之功，也是要日积月累而来的。"而民安之，不知其所以利"，妙在民众享受到了福利，却不知道是谁给了他们好处。这些老百姓得利了，还不知道到底是怎么回事。

"积善也，而民道之，不知其所以然"，积累了很多善行和教化之功，民众接受引导教化却不知道原因。"道"，即导。"导之"，民众就按照你设计的道路，不知不觉地照着走，但是不知道是怎么回事。这就是高手，一般人根本就看不出来。就算是有弥天大祸，他也能在不知不觉中化解掉，而民众完全不知道自己度过了一劫。做事完全没有痕迹，就没有办法追踪，没有办法追踪就没有办法对付你。"而天下比之神明也"，这样天下人就把他比作神。"阴阳不测之谓神"，《易经》从画卦开始就是要"通神明之德，类万物之情"，揣摩就是类情。

"主兵日胜者，常战于不争不费"，指挥打仗每天都能胜利的人，经常不用攻杀的手段，也不耗费人力、物力和财力，就赢得了战争。打胜仗不一定流血，高手就能如《孙子兵法》所云"不战而屈人之兵"。《谋攻篇》说："上兵伐谋，其次伐交，其次伐兵，其下攻城。攻城之法，为不得已。"意思是说，上乘的兵法是利用战略挫败敌人，其次则是通过外交，再次就是利用军事威慑，最下等的方法就是攻城略地。但是那种硬碰硬的攻占城池，牺牲惨重，不得已时才使用。"常战于不争不费"，没花钱，成本非常低，而事情解决了，这种思维就是全胜，不但保全了自己，还保全了敌人，不流血、不耗物力，纷争就解决了。如果战争耗费巨大的物资，折损不少兵力，其胜利只能称为惨胜，而且不能从根本上解决问题，常常留下不少后遗症。"战于不争不费"，可想而知有多难。"而民不知所以服，不知所以畏"，但是老百姓不知道是谁、怎样使敌人服气，也不知道是谁、怎样使敌人畏惧。也就是说，根本就不知道是谁干的，民众以为是因为运气：怎么这么好、这么顺呢？"而天下比之神明"，这样的人天下都把他比作神明。这种人做事可谓到了最高境界，真人不露相。可见，摩之术细致入微，想达成什么效果就可以达成什么效果，而且是在不知不觉中成就事功。

（三）

其摩者，有以平，有以正；有以喜，有以怒；有以名，有以行；有以廉，有以信；有以利，有以卑。平者，静也。正者，宜也。喜者，悦也。怒者，动也。名者，发也。行者，成也。廉者，洁也。信者，期也。利者，求也。卑者，谄也。故圣人所以独用者，众人皆有之；然无成功者，其用之非也。

"其摩者，有以平，有以正"，摩之术有多种：有的时候是很平和地跟人家谏言，不会激动得脸红脖子粗；有的时候则大义凛然，义正词严。这些方式都是不固定的，要看对象，看事情，决定怎么摩。"有以喜，有以怒"，有时趁对方最高兴的时候，有时则是在对方生气的时候再激怒对方，达到某种目的。"有以名，有以行"，有的是名义，有的是实际的行动。"有以廉"，有的时候要清廉，一介不取，不要粘锅。"有以信"，有时候就讲诚信。"有以利"，以利动人，这个永远有效。"有以卑"，有时放下身段，要低调。这个说服术，就像魔术中的工具箱，

各式各样都准备好，看实际情况再决定用哪一种方式。其实上面说的并不是全部，只是举例而已。

下面就具体解释了。"平者，静也"，平的方式就是让对方保持冷静处事。"正者，宜也"，正的方式就是让对方知道怎么做合适。先帮他分析，然后教他正确地应对。"喜者，悦也"，喜的方式就是让对方高兴。很多人喜欢曲意逢迎，说得人心里高兴。"怒者，动也"，故意采用激怒的方式，就是让对方失去平衡，在盛怒之下，就做出决定，这个决定正是我们所希望的结果。"名者，发也"，名的方式就是让对方的名声得到传播。"行者，成也"，行的方式就是帮对方把事情做成。"廉者，洁也"，廉的方式就是让对方能够做到廉洁自律。"信者，期也"，信的方式就是让对方期盼在未来什么时间点实现什么事情，即对未来有盼望，多讲几次之后，他就完全相信了。"利者，求也"，利的方式就是让对方觉得可以得到所求的东西。"卑者，谄也"，这个讲得好难听，很低调的谦卑的方式，竟然是谄媚。

"故圣人所以独用者，众人皆有之"，所以圣人看似用了独特的办法，用得非常成功，其实这些一般人也会用，就是用得不好，不看对象，不察言观色，不会像圣人一样灵活机变。圣人用的这些招数，众人都会用，只是用的时位不当。"然无成功者，其用之非也"，很少有人成功，就在于没有掌握好规律。有些人费尽心力，总是被人家赶出去，到头来还是没有办法达到自己的目的，更别说得到人家的信任了。其实，圣人所用的方法，不是什么奥秘，每个人都拥有，但是一般人不会因时因地制宜，不懂得灵活运用。圣人使用的都是很普通的东西，但是他善于组合运用，就能够开物成务。一般人用之不得当，连察言观色都不懂，结果天天得罪人。"众人皆有之，然无成功者"，为什么一般人都不能成功，只有圣人能成功呢？圣人用得太高明。一般人为什么失败呢？一般人不会用，往往弄巧成拙。

（四）

故谋莫难于周密，说莫难于悉听，事莫难于必成。此三者，唯圣人然后能任之。故谋必欲周密，必择其所与通者说也。故曰或结而无隙也。夫事成必合于数，故曰道数与时相偶者也。

"故谋莫难于周密"，这句话好懂，"周密"指滴水不漏，不密则如《易经·系辞传》中的"君不密则失臣，臣不密则失身，机事不密则害成"。谋划最难做到的是周详严密。有时候法不传六耳，只可以有两个人知道，但是为什么常常会泄露出来呢？主要在于自己守得不够紧。

"说莫难于悉听"，做说客，要说服人家，让他都听你的，也很难。刘备就没有完全听诸葛亮的，他的惨败就是因为在重要关头没有听诸葛亮的。"悉听"，即完全听，刘邦对张良的话大概如此，这样的上司对张良来说，真的是难得。也许他们真是特别有缘，能聚在一起共大事。"悉听"的原因是每一次建议都经过反复权衡，经得起考验。但是，有时谋臣对国君提十条建议，国君九条都听了，只有一条不听，而这一条建议最关键，那前面的努力全白费。

"事莫难于必成"，任何事情哪有百分之百的把握呢？真的很难讲，有时阴差阳错，有时事情受到干扰，中间会突生变化。你怎么能确定一定能成呢？谋事在人，成事在天，人千算万算，不如老天掐指一算。老天一算，前面的事情全部颠覆掉。所以成事特别难，败事特别容易。《易经》第三卦屯卦（䷂），说的就是事情的开始。第二爻告诉我们要"匪寇婚媾"，即广结善缘，不要随便树敌。树的敌人不管是大还是小，他要是想破坏你的事情，太容易了。你不让他入局，使得他没有办法成功，那么他也不会让你成功，搞破坏都很容易。"此三者，唯圣人然后能任之"，"谋周密""说悉听""事必成"，这三点只有圣人才能做到。

"故谋必欲周密，必择其所与通者说也"，所以计谋一定要做到周密不缺，必须选择能够与自己心意相通的人商量。也就是说，讲话要找到知音，才能有效地沟通。谋划想要周密，绝不外泄，一定要选择说的对象。有些人绝对不能跟他讲任何机密，要是把一个重大机密跟这种人说了，那你就不要想周密了。"故曰或结而无隙也"，你们之间的结盟关系，完全没有一点儿缝让人可钻。

"夫事成必合于数"，事情要成必合于数。数，变数、定数、河洛之数、大衍之数，都是有规矩的。"故曰道、数与时相偶者也"，"道、数、时"这三者要完全配合，事情才能成。要合乎"道"，失道凶也；要合乎数，数没到，时机不对，或者太多，或者太少，都不会成事，反而会败事。"与时相偶"，道、数要与时机相合，这三者要配合得恰到好处。

（五）

说者听，必合于情，故曰情合者听。故物归类，抱薪趋火，燥者先燃；平地注水，湿者先濡；此物类相应，于势譬犹是也。此言内符之应外摩也如是。故曰摩之以其类焉，有不相应者，乃摩之以其欲，焉有不听者？故曰独行之道。夫几者不晚，成而不拘，久而化成。

"说者听，必合于情"，为什么你游说人家时，人家会听你的呢？"合于情"也，你所讲的完全合于对方内心的真情。也就是说，你在说服人家之前，已经掌握了如何"合于情"，所以你一说，人家就听从。"故曰情合者听"，因为你和对方内情切合，情投意合，对方才会听取你所说的。

"故物归类"，人事物，都可以做一个巧妙的分类。"抱薪趋火，燥者先燃"，取柴投入火堆，干燥的柴火会先燃烧。"平地注水，湿者先濡"，往平地注入水，湿润的地面先积水。"此物类相应，于势譬犹是也"，这就是物以类聚，相互感应，趋势也差不多是这样。"抱薪趋火，燥者先燃；平地注水，湿者先濡"和《易经·乾卦·文言传》所说的"水流湿，火就燥；云从龙，风从虎，圣人作而万物睹"完全一样，而"物类相应"所揭示的方以类聚、物以群分，则和"本乎天者亲上，本乎地者亲下，则各从其类也"相似。我们抱着一堆干柴放入火中，一定是干燥的易烧；平地注水，先前湿的地方，水最容易流溢。所以，有时候见人就要说人话，见鬼就要说鬼话。见到鬼说人话，没有用；见到人说鬼话，他嫌你肮脏。"此言内符之应外摩也如是"，这里说的里面产生如你所预期的效果，完全符应外面摩的功夫，也是讲"物类相应"这个道理。摩是用口头言语或肢体语言感应，"外摩也如是"，一定要搞清楚他的状况。

"故曰摩之以其类焉"，所以说，运用摩的方式，就是用同类去感应，即物类相应。"有不相应者，乃摩之以其欲，焉有不听者"，如果没有预期的反应，就用满足对方所想的办法来诱使其上道，这样对方怎么会不听从呢？说到了人心中特别想要的东西，等于是搔到痒处，对方就只有被牵着鼻子走的份了。"故曰独行之道"，所以说，这种摩的方法技巧，是圣人独有的。"夫几者不晚"，见机而作，就不会错过时机。圣人知道要掌握机，随机应变，见机而作，当机立断，绝对不错失时机。"成而不拘"，这和老子所说的"功成而弗居"一样，要成功了，他却慢慢往后面退，不将功劳据为己有。如果你反其道，一定要居功，结果就会导致所有人对你都不满。所以，不要居功，进退要有节，不要被欲望束缚住。"久而化成"，长久下去，便能获得最后的成功。"久"就是恒久的概念，这是长期修炼的功夫，是一个纵横家内在的修为。没有那样的修为，面临千变万化、牛鬼蛇神，怎能找到引起共鸣的节拍，然后成事，成事之后自己还不遭殃呢？

从《易经》的角度来说，《摩篇》就是大壮卦（☳）的二爻、五爻。二、五相应，属阴阳相配。说客主要是在下卦，大壮卦有冲劲，但要"利贞"，固守就有利。第二爻爻辞称"贞吉"，固守就吉，不要妄动。而五爻"丧羊于易，无悔"，君位对全局的判断出现问题，故国君被二爻的摩之术打动，只好听从。但是君臣之间的相应结果不坏，二爻、五爻齐动是革卦（☲），改变五爻所处的不利局面。大壮卦整体来说，是不能轻举妄动的，所有的进都要预留退路，所以要君臣合力，才能稳住局面。

权篇第九

扫一扫，
进入课程

　　《权篇》跟《谋篇》都比较长。权是权衡，对纵横家来讲，特别重要，一定要抓住平衡，还要掌握游说的对象。这个国家的资源，国君内心的实情，以及邦国之间的纷争、合作，这里面的平衡关系，必须要掌握得非常精确。而且，权是很难的，因为它不是固定的，是随时变化的，要经常称量，绝对不能离谱，所以要把平衡点找出来，然后灵活权变，契合形势。这就需要非常敏锐的感觉，才能随时掌握瞬间的动态变化。

（一）

　　说者，说之也；说之者，资之也。饰言者，假之也；假之者，益损也。应对者，利辞也；利辞者，轻论也。成义者，明之也；明之者，符验也。难言者，却论也；却论者，钓几也。

　　"说者，说之也；说之者，资之也"，这就是鬼谷子的行文，飘忽不定，要耐心琢磨。"说者，说之也"，动人心弦的说话技巧、话术，可以说得人家很高兴，让他忘劳忘死，这就完全掌握了对方的"情"。所以，要说服，就要用言词打动对方的内心，说到其心坎上，让他觉

得很舒服。"说之者，资之也"，"资之"，"资"就是获取的意思，先掌握他的资料，由他的资料入手做文章。你说话的素材，取之于对方的特点。想说服的对象不同，说法一定不同，因为他们的情不同，想要的也不一样，当然就不能千篇一律，就得针对不同对象采取不同的说法。换句话说，你要了解对方的人性、人情特点，然后变成你说服他的素材。每个人都不一样，同样一件事情，针对不同的人得有不同的说法。跟外国人没有办法讲中国话，你要讲他能够懂的语言。"资"很重要，我们说话是为了说服人，要说服人，就要把对方种种必要的资料拿来组合，作为说服他的依据。所以，说服不同的人，不能盲目，也不能千篇一律，要看对象来决定，根据对象的特点来决定如何说服。

"饰言者"，要打动人通常都要有精心的包装，即华丽的言辞，说得很漂亮、很动人，说的话要修饰。为什么要修饰呢？"假之也"，就是要有所假借，假借很漂亮的言辞、很动人的辞令，进行游说的工作。虽然有时候不尽真实，或者有夸张，但是能勾起人家配合的欲望。"假之者，益损也"，要借助动人的言辞，就要对言辞加以增减的修饰功夫，即斟酌损益。这个得精打细算，而且损益是随时变化的，"损益盈虚，与时偕行"（《易经·损卦》），全看对方的反应，察言观色。这一套说法对方没反应，没兴趣，那就要马上换，不必要的言辞去掉，重要的赶快讲出来。人有时候说太多废话，达不到效果；有时候说得太简短，也没有办法动人。想要解决问题，做出决策，或者促使对方做出决策，经常得微调，假借文辞来说服对方，能够达到效果。中间必须不断地修正，随时调整，让你的讲话永远能够动人，吸引对方的注意力，激发他的共鸣，达到你的目的。

"应对者，利辞也"，这是纵横家的本事，牙尖嘴利，说话锋芒毕露，很有力道。这就是人际的应对，有些人应对就很笨拙，刚毅木讷，不能在言词上占上风。"利辞者，轻论也"，轻是什么意思呢？轻松自在。一个人有利辞的本领，就容易主导整个说话的过程，这对他来讲很轻松，好像很容易；而一些口拙的人，或者是过分老实的人，讲一点点小谎话都脸红气粗，一旦面临质疑，则期期艾艾，当然无法达到目的了。

"成义者，明之也"，说话要想自圆其说，讲出一套道理来，就要说清楚、讲明白，不严重违反逻辑。"明之者"，能够让人明白；"符验也"，取得说服效果，说的话很快可以得到验证。也就是说，你所说的不是空言，而且在落实的时候，讲的跟做的真的是一回事。"符验"，才有说服力，这是最起码的功夫。

"难言者"，碰到困难了，好像对方不那么容易信服。"却论也"，那就要采取适度的退却，不要一直往前冲。往前冲对方不接受，一定是产生某些问题了。没有关系，马上采取战术上暂时性的撤退，不要急着达到目的，退下来想一想，修正言辞，再去说服。适度的退却是因为目前不能推进，就要梳理一下到底是怎么回事。此时，千万不要盲目地往前冲，急着摊牌不会有好结果的。就像《易经》中专以话术著称的兑卦（☱）第三爻"来兑凶"，就是急着想摊牌，失去了耐心，让人家看破内情，不敢轻易答应和你签约。所以，不能一直往前进，有时候发现不顺，遇到困难了，或者招致对方的质疑、问难，这时要低调，采取往后退的方式，退一步或者慢一点儿也没有关系，搞清楚再出发。退却就表明现在不是逼着人家做出最后决定的时候，这时就给你一个冷静观察以便修正的机会。退有什么好处呢？谈判、游说的空间拉宽了，大家又有了斡旋的余地。"却论者，钓几也"，就像一个老渔翁一样，要钓出那个"几（机）"。换句话说，原先对对方的一些判断存在问题，还有一些藏得很深的"机"，诸如隐伏的危机、转机。知机应变有问题，以致判断错误，那就要退一步，想办法把"机"引诱出来。借着适度的退却，让"机"在进退有序之中转化，你原来还不知道的"机"就可以显现出来。所以，不要老往前冲，像大壮卦（䷡）一样往前冲绝对是死路一条。大壮卦的另外一面就是遁（䷠），即懂得适度的退却。要圆满达到目的，就不能急，急躁会引起人家警觉。纵横家的本领就如巽卦（䷸），在深入低调中，能够做到见风转舵，而且低调、无形、快速。兵法强调，胜败是兵家常事，打败了要稳住阵脚，要适度地退却。言辞的战场也是一样，有时需要退却，一退天地宽，事情会产生一些变化，气场立变。

（二）

佞言者，谄而干忠。谀言者，博而干智。平言者，决而干勇。戚言者，权而干信。静言者，反而干胜。先意承欲者，谄也。繁称文辞者，博也。纵舍不疑者，决也。策选进谋者，权也。先分不足以窒非者，反也。

"佞言者，谄而干忠"，"佞言者"是说口才特别好，能说会道的人。"佞言者"不是拍马屁、逢迎，讲人家爱听的话，就是进谗言，中伤他不喜欢的人。在《论语》中对"佞"是批判的，《公冶长篇》中载：或曰：

"雍也仁而不佞。"子曰："焉用佞？御人以口给，屡憎于人。不知其仁，焉用佞？"有人说孔子的学生冉雍很有爱心，但是口才不好。孔子回答说：何必要能言善辩呢？靠伶牙俐齿和人辩论，常常招致别人的讨厌。孔子认为用能说会道对付别人，有时会言过其实，使人反感，即使口服，也会心不服。还有，仁者不要特意去追求"佞"。"佞言者，谄而干忠"，"干"是"求"的意思，"干忠"就是求得一个忠的美名，给对方一个很忠的印象。这种能说会道的人，所说的话并不是发自内心。其目的是投人所好，谄媚于人，希望达到某种目的：想要拍马屁的对象觉得自己忠心耿耿，一切为他设想。这种人谄媚迎合，揣摩上意，往往能够隐藏自己的真实意图而博得忠诚的名声。这样的人当然是有问题的，只是其说话漂亮，遮盖了本来面目。

"谀言者，博而干智"，"谀"就是阿谀，喜欢在对方面前说奉承话的人，就是想让人家觉得自己很聪明，求得智慧的名声。在这里，"干"还是求的意思，"干"的字形像一块盾牌，人在社会上与别人打交道，先要打造一块盾牌保护自己，如果捞过界就是《说文解字》所说的"干，犯也"。也就是说，不能总是待在一个地方，要越界，越界就是有所求。原来没有的，现在想要求到，这就叫"干"。

"平言者，决而干勇"，讲话很平实的人，他是想用一种决断的方式表现一种气魄，要求得勇者的名声。这种人讲话直截了当，不添油加醋，总是要有一些勇气的。对于一般人来说，敢对所有人都讲真话，那需要很大的勇气。"平言者"，敢平实地说话，就是为求得一个"勇"的印象。

"戚言者，权而干信"，"戚言者"，显出一副忧伤的样子，说出悲戚的话。其实这种情况下的进言，是经过权衡的，也是一种权变的方式，脸上表现得很肃穆、很忧愁，陈述他的一些看法，让人觉得他很值得信赖。至少，对方会觉得他会关心别人的一些伤痛，或者有忧国忧民的情怀。这样一来，求得人家的信任就不在话下了。

"静言者，反而干胜"，"反"就是反身修德，好像这个人有反省的习惯。通常能静下心的人，比较能够反省、调整自己，很平静地讲话。采取这么一个态度，其实他的目的还是借着静言达到目的，即挫败敌人，取得说服的效果。所以，游说要取胜，不见得要唾沫横飞，或者添油加醋。有时候大家都拼命抢着讲话的时候，他显得特别冷静，讲的东西也让人家觉得很可靠，反而能获得胜利。

由上可知，对一个成熟的说客来讲，上面的五种说话技巧要集于一身。针对不同的对象，采用不同的谈话技巧，配合脸上的表情、肢体语言，来达到你的目的。可以说，这种游说的过程千变万化，在你的说服"工具箱"里不只要有一把锤子，还要有很多的钩子、绳子等。目的都是有所求，都是要"干"。对象不同，场合不同，时机也不同，要能够随机应变，采用一种说法，来达到目的——求胜、求智、求忠、求勇、求信。

"先意承欲者，谄也"，这是解释"佞言者，谄而干忠"。懂得揣摩别人的意思，别人还没有讲出来时，他就了解对方的心意、欲望，先讲出来，这叫掌握先机，会迎合。所以，评估你会不会谄，要先看你能不能"先意承欲"，而且这个"谄"要恰到好处，讲出的东西能够满足对方的意愿。这种"谄"的功夫说起来容易，做起来却不易，需要训练。人家起心动念，当事人都还没有完全清楚，作为说客的你却第一时间清楚了。古代宫廷里特别会伺候人的宫女、太监，皇帝、妃子还没想好的事，他们就已经做好了。要端汤，还是要脱鞋，或者是要招妃子来，太监们早就准备好了。这种诌的功夫，能够"先意承欲"，好像有测心术，特别懂得解读对方的起心动念。不需要他说，一个眼神，一个肢体动作，或者咳嗽一声，就晓得该怎么做。

"繁称文辞者，博也"，这是解释"谀言者，博而干智"。说话无所不通，旁征博引，见多识广，这种人很有智慧，其特点就是"博"。当然，这需要超强的记忆力和领悟力，在不同的场合，能够随时引经据典。可见，"繁称文辞"才有压倒一切的气势，在任何场合都游刃有余。不管是摆龙门阵的场合，还是正式说服的场合，以至文人雅聚，"繁称文辞"都不同。要在千万人之中"繁称文辞"，确实需要博。

"纵舍不疑者，决也"，人的决断很干脆，很明快，什么东西要放下、要舍掉，绝不犹豫，取舍之间非常果断，这就显现出一种决的气魄。男子汉大丈夫，一言而决，不扯东扯西。放掉就放掉，不放掉就不放掉，绝不怀疑，也不恋栈。这就是"平言者，决而干勇"。这都是功夫。

"策选进谋者，权也"，这是解释"戚言者，权而干信"。要为人家策划，贡献你的谋略、策略，根据形势变化选择策略，这就叫权。"戚言者"就是根据形势权且装出一副哀戚的、同情的样子。"策选进谋"，通常解决问题的方案、策略，不只是一种，要选最适合的贡献出来，这就如电光石火一样，马上就要决策，能够快速、灵活地讲出来，让你的策谋赢得人家的青睐。这种"权"的功夫不一般，而且有时脸色要非常认真，让人觉得这个提出策略的人完全是站在他的立场设想的。

"先分不足以窒非者，反也"，为什么要反省呢？因为有时候会踢到铁板，没有办法说服对方，这时应该想到可能自己有问题了，原先判断失误，所以就要"反复其道"，马上调整说法，因为这一套不管用，"先分不足"。自己原先的揣测，理由不够充分，或者判断失误，没有想到位，没有真正地用心，就没有办法达到目的。"以窒非者"，"窒非"，人不可能不犯错误，一旦犯错，心中马上警醒，把错的一端压下去，马上自我反省，赶快调整。也就是说，既然犯错了，就要弥补漏洞，错误绝不能再犯。为避免临场犯错，平时就要从善如流，察言观色，进行自我反省，经常检验自己的言辞有没有错。如果不能说服对方，或者对方态度勉强，马上就得调整，加点料。这种快速的反省，就叫"反也"。此所谓"静言者，反而干胜"，最后还是要求胜。一次不行，调整，下一次就要胜利，中间要快速反省。在谈判场合，有时几分钟之内要较量、转换多少次，很多时候，关键时刻失言，就会导致无法谈下去，收不到预期的效果，谈判就会破裂。所以，反应、反省真的要快，人要够机敏。

这就是鬼谷子，要说服什么样的对象，用什么样的言谈技巧，他的工具箱里应有尽有。

（三）

故口者，机关也，所以开闭情意也；耳目者，心之佐助也，所以窥瞯奸邪。故曰参调而应，利道而动。故繁言而不乱、翱翔而不迷、变易而不危者，睹要得理。故无目者不可示以五色，无耳者不可告以五音。故不可以往者，无所开之也；不可以来者，无所受之也。物有不通者，圣人故不事也。古人有言曰："口可以食，不可以言。"言者，有讳忌也。"众口烁金"，言有曲故也。

"故口者，机关也，所以开闭情意也"，所以说，人的口是机关，是用来控制实情和心意的。口为什么是机关呢？因为病从口入，祸从口出。口是一个机关，该开的时候就要开，该关的时候就要关。就像《易经》中的节卦（☵）所说的"不出户庭，无咎"，即不随便出入，才可保无咎。嘴巴要保守秘密，因为"机事不密则害成"，做事不守秘密就会妨害到事情的成功。"口者，机关也"，看似平实，但不知道有多少英雄豪杰就在这里犯错，自以为聪明，口出狂言，结果导致失败。所以，该说的时候要说，不该说的时候绝对不能说，就像《易经·系辞传》所说的"君子之道……或默或语"。开口的时候，情意要适度表现出来；闭的时候，人家则完全看不出来你的情意为何。

　　"耳目者，心之佐助也，所以窥瞷奸邪"，耳目是心的辅助，可以用来窥探奸邪。别人讲的话我们要听，别人行动时或者说话的表情，我们要用眼睛去看。在我们用心听、用心看的时候，耳目可以帮忙我们的心去了解对方到底在讲什么。耳目全程配合，需要全神贯注，这样才能抓住在言论场合中稍纵即逝的、重要无比的信息。可能是一个眼神，可能是一个词语，不注意的话很快就会被掩饰掉，这些话语和表情可以表现出对方突然的慌张或者内心的窃喜等。《易经》中的鼎卦（☲）象征政权，要坐得稳，就要"巽而耳目聪明"，要聚精会神，不能心有旁骛，这样的话才能"窥瞷奸邪"，找对方讲错的话，找对方的弱点，总有奸邪之处可以找出来。

　　"故曰参调而应，利道而动"，"参"就是"三"，代表耳、目、口这三者。这三者要调和一致。耳朵听的，眼睛看的，嘴巴里讲的，要协调一致，不能矛盾。用这三个指标来参考判断，可以选择有利的途径，然后行动。我们讲道理，要说服人，就要有利于弘扬真理，然后才能采取行动。动口，瞪大眼睛看，竖起耳朵听，目的都是为了有利于行动。这三者都得凝神操作，互相呼应。

这样便能做到："故繁言而不乱、翱翔而不迷、变易而不危者，睹要得理。""繁言而不乱"，这是基本功，眼睛、耳朵、口配合、协调一致，不管是长篇大论，还是复杂的事情，谈起来都是有头有绪，不会混淆。"翱翔而不迷"，自由展翅飞翔，绝不迷失方向。因为自己很清楚说话的主轴是什么，目的是什么，而人家听你这样讲，也会觉得很清楚。"变易而不危者"，在言辞锋芒毕露的场合中，局势是千变万化的，面对这种局势变化始终安如泰山，立于不败之地，丝毫不会觉得有危险。有时候一个人说错一句话，别人就会抓住话柄反驳质问，这就是说话欠考量，言词当中有毛病，让自己陷于尴尬境地，甚至是危险境地。只有面对变化站得很稳，始终不怕，才能见招接招。做到了以上三者，就是"睹要得理"，因为看准了对方的要点而进行应对。

"故无目者不可示以五色，无耳者不可告以五音"，没有视力的人不能展现各种颜色给他看，没有听力的人不能弹奏各种声音给他听。老子说"五色令人目盲，五音令人耳聋"，《金刚经》也说"若以色见我，以音声求我，是人行邪道，不能见如来"，但是人在社交场合就是靠色、靠音声来互动，一个人没有眼睛，你给他看五色，不是开玩笑吗？而有些人是色盲，对于变化的五色无法辨别。没有听力的人，你弹奏再好的音乐也没用。所以，我们要搞清楚对象，在什么场合讲什么样的话，时然后言，不可以说的就别说了。

"故不可以往者，无所开之也"，这个人是不可救药、不堪承教的，没有办法开示，说半天等于白说，因为他没有办法承受。还有"不可以来者"，有时候又不能来这边对某些人讲，因为他的根器不对，听不进你的话，"无所受之也"，这样做完全是浪费时间。有一些人就是听不进别人的话，"故不可以往者，无所开之也"，那你何必浪费心力呢？"物有不通者"，人、事、物，不要认为一定是可以沟通的，有很多是说不通的；"圣人故不事也"，圣人就不会浪费时间去做这些事。人生有限，讲话也耗气力，讲了半天，对他来讲完全没有意义，纯粹是浪费时间，还不如节省这个工夫。

经过几次试探之后就知道不必浪费时间，这个判断是很重要的。有的人格局小，没有办法去承担大的事情，即"无所受之也"。有一些人智慧未开，"无所开之也"，那就不必多说了。《易经》中的颐卦（䷚）就告诉我们要"慎言语，节饮食"，这里也讲："古人有言曰：'口可以食，不可以言。'言者，有讳忌也。'众口烁金'，言有曲故也。"古人有一句话：嘴巴是用来吃东西的，最好不要讲话。我要是不教书，这一辈子讲的话都可以算得出来，绝对可以留到下一辈子乃至下下辈子再用。有的人每天嘴巴就没停过。上帝给你生一张嘴巴，主要用来吃饭的，少讲话，因为"言者，有讳忌也"。有人生经验的都知道，讲话太可怕了，有时候言者无心，听者有意，一句玩笑话可以创造终生的仇人，因为你讲的话触到人家的忌讳，导致人家恨你一辈子。避讳的东西要注意，就像"矬子面前别说短话"一样。在面对一堆女生的时候，你千万不能只赞美其中一个女生，否则你会为自己树下不少"敌人"。忌讳，有的是政治的，有的是家庭的，为了不得罪人，那就尽量少讲话，才会少犯错。人言可畏，人喜欢飞短流长，也不见得有证据，像我们现在的媒体完全没有规范，捕风捉影，就把一件子虚乌有的事情描绘得有声有色。人嘴两张皮，怎么说都好，你就是坚如金刚，都会被融掉，这就叫"众口烁金"。"言有曲故也"，很多人扭曲事实的真相，是出于私心，不在乎栽赃冤枉别人。他心中到底存着怎样一个想法呢？不可测，你绕半天也找不出真正的原因，因为人家有时候也不需要原因，他就是不爽，所以要歪曲事实。所以，为了避免这种情况，最好少讲话，不要变成"众口铄金"的目标。本来超有口才的纵横家们，此刻快速转变，转入低调，不该说的时候永远保持沉默。毓老师（爱新觉罗·毓鋆）讲中国人自保处世的智慧时说，人不可能不跟别人社交沟通，故要说玄，勿说闲。少讲闲话，闲话传久了会传成什么根本就不知道。所以，不要说闲话，见面就说玄奇的事，玄之又玄，反正没有证据。不要谈实际的东西，容易生出是非。你说人闲话，人家不会说你闲话吗？"曲故"两个字，包含了人生可怕的经验，你永远没有办法知道是怎么回事，就扛了半辈子的黑锅，因为众口铄金。可见，一定要注意忌讳。这不是真金不怕火炼，而是众口铄金，你解释得过来吗？

（四）

人之情，出言则欲听，举事则欲成。是故，智者不用其所短，而用愚人之所长；不用其所拙，而用愚人之所工：故不困也。言其有利者，从其所长也；言其有害者，避其所短也。故介虫之捍也，必以坚厚；螫虫之动也，必以毒螫。故禽兽知用其长，而谈者知其用也。

"人之情，出言则欲听。"人之常情是，话讲出来，希望人家能产生共鸣，能够附和。"举事则欲成"，做事情就希望能够成功。绝没有人会说，希望自己做事情失败。有些事情虽然不容易成功，但是人总是想成功。出言、举事，欲听、欲成，这就是人情，任何人都不能避免。但是，尺有所短，寸有所长，一个人不是全才，要了解自己的弱点，要有自知之明。有时候你看不起的人，他某方面就比你好，那么你就要欣赏他的长处，运用他的长处，避开用自己最拙劣的地方，那么，你做什么事情都能兜得转。在某些方面功力有限，就不要献丑，要懂得藏拙，不然你出言不专精，马上就会遭遇挫折。对所做的事情不是特别在行，就会失败。

"是故，智者不用其所短"，因此，聪明的人不用自己的短处，"而用愚人之所长"，而是善用笨人的长处。社会上的人形形色色，再笨的人也有长处，这个方面说不定正是你的短处。"智者千虑，必有一失；愚者千虑，必有一得"，还有"三个臭皮匠，赛过诸葛亮"，说的就是这个道理。没有人是全能的，所以避开自己之所短，用愚人之所长，这样就没有不可以用的人。"不用其所拙"，不用自己笨的地方，"而用愚人之所工"，你不会做的，可能你看不起的人做得特别好，那就要他做。"故不困也"，这样一来你就比较受欢迎。不要一天到晚暴露自己的短处，碰到短处就让贤，请别人代劳。这就是"智者不用其所短，而用愚人之所长；不用其所拙，而用愚人之所工：故不困也"。

"言其有利者，从其所长也"，看到有利的，我们就要尽量发挥其所长去追逐利益。"言其有害者，避其所短也"，用其短处不能保护利益的，我们就要想办法避免。趋吉避凶，这是最起码的要求。"故介虫之捍也，必以坚厚"，那些长硬壳的虫子捍卫自己，一定用坚固厚实的甲壳。像乌龟，打不过敌人就缩到龟壳里头。"螫虫之动也，必以毒螫"，带毒刺的虫子在攻击的时候，必定用它的毒刺。"故禽兽知用其长，而谈者知其用也"，因此，禽兽都懂得使用其长处，作为一个说客，应该知道尽量发挥自己的长处，避开短处，靠自己的长处来争取生存的利益。

（五）

故曰辞言有五：曰病，曰恐，曰忧，曰怒，曰喜。病者，感衰气而不神也；恐者，肠绝而无主也；忧者，闭塞而不泄也；怒者，妄动而不治也；喜者，宣散而无要也。此五者，精则用之，利则行之。故与智者言，依于博；与博者言，依于辩；与辩者言，依于要。与贵者言，依于势；与富者言，依于高；与贫者言，依于利；与贱者言，依于谦；与勇者言，依于敢；与愚者言，依于锐：此其术也，而人常反之。

"故曰辞言有五"，一般人在言谈中，有五种常犯的毛病。"曰病"，病恹恹的，没精神，底气不足。底气很重要，修为、文化底蕴，那是根基，是装不来的，需要经过长期蕴养，厚积薄发。病歪歪的没有精神，底气不足，能说服谁？"曰恐"，害怕。在我们这个时代，什么地方是安全的，什么地方埋伏着杀机，有时真的不可测。人害怕的时候，从他的言谈中就听得出来，怎么装也不行。这样说出来的言辞就没有力道，更不要说用道理说服别人。"曰忧"，人忧愁、忧虑的时候，也会影响言辞的说服力。"曰怒"，生气的时候，口不择言，会讲很多你都不知道怎么会讲出来的话，纯粹就是发泄愤怒，常常伤人伤己，造成很多遗憾。"曰喜"，太高兴也不行，得意忘形，讲话就散漫。以上五种毛病，其实都是身心处在很不平衡的状态下发言，其说服力都会严重打折。

下面就进一步分析这五种毛病的成因。"病者，感衰气而不神也"，病者，是底气不足，即气衰。没有病的时候，声如洪钟，讲话是震动人心的。可是在病的时候，就失去了平常那种神采，感动人的力量荡然无存，因为感染到衰气了。不是在一种很强的气势下，要少说话，"感衰气而不神"，讲话也没有效果。

"恐者，肠绝而无主也"，中心无主，害怕，好像肝肠寸断一样，不知道怎么办，无所措其手足。大家看你中心无主，害怕得要命，这种情况下，讲出来的话肯定没有什么效果。所以，反过来说，在变生不测的时候，才更显出一个人的修为。

"忧者，闭塞而不泄也"，忧郁的人长期闭塞而缺乏发泄的管道。这样好危险，好可怕，时间久了肯定出问题。要是哪一天失控了，他觉得人生实在是很没意思，又没有办法排遣忧郁，就天天晚上玩"杀人游戏"，那多可怕！不是只有狂躁的人才会攻击，忧郁的人憋久了，要是没有宣泄的管道，也不知道什么时候会出事。

"怒者，妄动而不治也"，人在生气的时候，轻举妄动，控制不住自己。愤怒之言会有种种的毛病，那时讲话是不能算数的，但是很伤人。"妄动而不治"，就像《易经》中的大壮卦（䷡）第三爻或者第六爻，第三爻"小人用壮，君子用罔，贞厉。羝羊触藩，羸其角"，第六

爻 "羝羊触藩，不能退，不能遂，无攸利"。大壮卦血气方刚，一旦发怒，就像发情的公羊触藩，最后没有办法解开僵局。在不适合愤怒的场合，发怒了，结果羊角被卡住。第三爻爻变就是归妹卦（䷵），控制不了自己的怒气，结果没有办法善后。如果再严重一点，就是大壮第六爻造成的僵局，整个卡住，很难解套。这就是典型的"妄动而不治"。

"喜者，宣散而无要也"，一高兴了，笑逐颜开，注意力就不集中，讲话也没重点。狂喜也不是一个好的状态，这种情况下最好不要说话。可见，病也好，喜也好，怒也好，忧也好，恐也好，都会带来负面的能量。

"此五者，精则用之，利则行之"，人常常犯言谈上的这五种毛病，对受专业训练的纵横家来讲，他精于言谈，懂得避免这五种不适合讲话的状况，即"精则用之"。一般人碰到这五种情绪波荡的时候，讲话一定有问题。当然，人一天中总是有一些情绪，就算是很会讲话的人，也会面临这种情绪波动，只是他不受这些情绪干扰，他明白自己有恐、有喜、有怒、有忧、有病，但是他可以克服。在这五种状况下，一般人不适合讲话，怎么讲话都是扣分的，纵横家在这种情况下，还能够讲话，并且产生效果，这是训练出来的。作为一个职业说客，他会隐藏自己的情绪，随时都可以发挥他的辩才而无碍。"利则行之"，人说话也好，做什么也好，都是要追求利益的。只要是追求利益的时候，虽然情绪中有些波荡，但还是可以驾驭，进而追求到他要的利益，这样的人就是超越常人的人。常人很难做到这些，一定会受到情绪起伏的影响，只有专家才会"精则用之，利则行之"，不受情绪的干扰，若无其事。他承受打击或者承受压力的能力远远超过一般人。这就是化腐朽为神奇，在常人办不到的地方，靠训练做到了。

针对不同的游说对象，应采取什么样的策略？

"故与智者言，依于博；与博者言，依于辩；与辩者言，依于要"。"与智者言"，对手是很有智慧的，要怎么跟他讲话呢？"依于博"，这时就要旁征博引，随时都可以把典故信手拈来，一讲就是一大套，一下阐述这个，一下引用那个。对手很有智慧，你就要具备这样的本事，才能够压住这个智者，不会让他看轻。"与博者言"，有一些人是见闻非常广博的，这时候你要"依于辩"，抓住一些要点，深入分析讨论。因为这些人知道很多东西，但并不代表他了解深透。也就是说，对方见闻广博，要是你能够谈得非常深透，还是可以取得主导权。这时要说服他，就要善于分析、辨析事理。

"与辩者言"，对方也是能说会道的，很会分析事理，就要"依于要"，要抓要点。有一些人看起来很会分析，但是不会抓住事情的要点，而你就要善于抓住要点。

碰到一些有权有势的人物，即"与贵者言"，虽然对方地位很高，但你不要被他的气势压倒，你要"依于势"。地位高的人通常都有势，你的势不如人，就一定要找到平衡点。他有势，我就顺着他的势，也展现这样的气势，输人不输阵。孟子说"说大人，则藐之"，先藐视他，不要被他吓倒。很多人去见达官贵人，一开始心里就害怕，话也讲不出来了，完全被那个官威给逼住了。所以，纵横家们要训练在权贵面前侃侃而谈，好像无视其威权和势力。

"与富者言，依于高"，与有钱人说话，不要比谁有钱，要比就比学问，你谈吐高雅，讲的东西他听不懂，他就觉得你的学问刚好是他欠缺的。"与贫者言，依于利"，和贫困的人说话，就要立足于利益。与贫者言，就不能"依于高"，也不能"依于势"，要"依于利"，利益当前，眼睛就亮了。"与贱者言，依于谦"，不要看不起身份低贱的人，不管他是谁，即使社会地位不高，在社会底层，你都要低调，千万不要仗势欺人，或者言词间不自觉地露出让人家受不了的样子。一个人谦和的话，天地人鬼神都不会找你麻烦。长期被人踩在脚底下，始终没有办法改善，社会地位低的人心绪基本上不大平衡，你对他谦虚，他会心存感激。"与勇者言，依于敢"，有些人好勇斗狠，你要是"依于敢"，他就觉得找到同道了。"与愚者言，依于锐"，与那种智慧比较低的人说话，要从细微处着眼。"此其术也，而人常反之"，上述这些就是游说的原则，但是一般人常常违反这些原则。换句话说，这种术是要专修的，有些人是天生的，有些人就要靠后天的训练，少犯错，不要犯口过。人常常容易犯口过，所以要"慎言语，节饮食"(《易经·颐卦》)，身、口、意不是都会犯错吗？《易经》有很多卦爻辞强调千万要慎言。

（六）

> 是故，与智者言，将此以明之；与不智者言，将此以教之；而甚难为也。故言多类，事多变。故终日言不失其类，故此不乱；终日不变，而不失其主。故智贵不妄、听贵聪、智贵明、辞贵奇。

前面讲了一些分类，对象不同，依据就不同，掌握的要点就不同。因此，"与智者言"，跟聪明人讲话，"将此以明之"，就根据前面的经验说清楚、讲明白。"与不智者言",跟那些程度比较低的人说话,"将此以教之",就要训练他。"而甚难为也",但是说起来容易,做到难。

"故言多类",我们的言谈有很多种类型。"事多变",人事之所以难搞,就是因为多变。有时在一个场合中,就要经过好几次变化。"故终日言不失其类,故此不乱",一个经过训练的人,即使是整天讲话,还是井井有条,有伦有序,完全依循了规矩,有过错也会自然地修正过来。"终日不变,而不失其主",要主动控制整个谈话,不能偏离,中间稍微有一点偏,就把它拽回来,不要错开,这叫"不失其主"。碰到任何一种情境,都要"不失其主"。你想说的,想达到的目的,如果中间受到干扰,就再调整,不要偏离主线。"故智贵不妄",所以,智慧的可贵在于能够按照游说的原则去办理事情而不妄动。

"听贵聪、智贵明、辞贵奇",听贵在听得清楚明白,智慧贵在明辨事理,言辞贵在出奇制胜。兵法讲究用奇,纵横术中也要用奇,情况变化多端,不怕,还有匪夷所思的招式。纵横家可以整天说话,也不会累,而且面临各种变化的情境,或者是换了一批人,他仍可以不失其主,一直不会偏离自己讲话的主旨,控制得非常好。

谋篇第十

　　谋士要进言，要出谋划策，第一步就要搞清楚对象，了解对方，而且要了解真实情况。这就是前面的篇章所讲的度材、量能、揣情，不同的对象又分成智、仁、勇、愚、不孝、贪六种，然后采取不同的计谋，运用的时候一定要守秘、出奇，让对方在不知不觉中就上了套。这些前提工作很重要，为了说服对象，铺垫的工作必须做到位，而且是法不传六耳，绝对不可以在公众场合讲出来。这就叫谋，典型的阴谋，要了解你的对象，而且保密是重要无比的。

（一）

　　凡谋有道，必得其所因，以求其情；审得其情，乃立三仪。三仪者：曰上，曰中，曰下。参以立焉，以生奇；奇不知其所雍，始于古之所从。故郑人之取玉也，载司南之车，为其不惑也。夫度材、量能、揣情者，亦事之司南也。

　　"凡谋有道，必得其所因，以求其情"，出谋划策也是有道理、有规律的，一定要追寻对方面临的问题产生的原因，找到对方当前处境的实情。你要说服的对象，遇到什么问题，为什么要这样做，一定有他的原因。"得其所因"，然后从这件事去探求他的情，诸如喜、怒、哀、惧、爱、恶、欲等。人，不可能不受情的影响，人的情就是决定其做一件事情的理由。像有人做出一些惨绝人寰的事情，有时候理由很简单，就因为他觉得活得不快乐，自杀没有勇气，那就杀人。所以，人的行为特别难测，要解决这些问题，最后还是要落实在人情中。

"审得其情"，知道这些情之后，"乃立三仪"，那就确立三个标准。"三仪者：曰上，曰中，曰下"，所谓的三仪，就是上智、中才、下愚。最上等的人通常很聪明，脑筋不坏，很有智慧，这种人一般是极少数。大部分人是中才，即中等资质。另外一种就是很笨的人了，这种人也不多。《论语》中孔子就说："唯上智与下愚不移。"天生就有大智慧的人，永远不会被世俗所改变；而愚人自己不愿改变，别人更难以改变他。要看对方属于哪一类人，再决定怎么讲。

"参以立焉，以生奇"，"参"即"三"，将这三种标准互相参考、比较，目的就是要出奇谋，通过游说达到目的。一旦你定了计，制定了针对他的奇策，游说就完全没有障碍了。"奇不知其所雍"，"雍"即"壅"，壅塞。奇策一旦用了没有行不通的，很顺畅，可以无往而不胜。根据精准的定调，看对方是上智、是中材还是下愚，参考之后就立谋，出奇招，出奇辞，一用就很顺畅。"始于古之所从"，奇策的方法不是鬼谷子这个时代才发明的，在鬼谷子之前，已经在古人的实践中产生了。也就是说，作者认为自己不是创造发明者，只是整理古人的经验之谈。

分清楚对象的程度，搞清楚他心中想什么，然后设定奇谋，一旦施奇谋不会行不通，而这些说法也没有什么了不起，都是过去很多能干的高手留下来的经验，这就是我们做事情的标准和方向，就像指南车一样。"故郑人之取玉也，载司南之车，为其不惑也"，以前郑国人去找玉，一定驾上指南车，目的就是为了不迷路。找玉一定要有方向，这个方向不能搞错，如果自己不能够定方向，就要找工具帮你定方向，才可以取到宝玉。当然，鬼谷子这样讲，也向我们提供了研究中国古代科技史的材料。我们设谋要像司南之车，方向不能错。我们做事情也有一个指南车："夫度材、量能、揣情者，亦事之司南也"。度才、量能、揣情，看看对方的才，看看对方的能力，最重要的就是要揣情，了解事情的内情。有很多事情不是表面上看到的那样，表面那些情况可能只是借口、托词或者烟幕弹，根本不可能以此真正解决问题。人常常都会掩饰，要充分了解你的对手，大方向绝对不能错，也就是说我们处理任何事情都要有"指南车"。

（二）

故同情而相亲者，其俱成者也；同欲而相疏者，其偏成者也；同恶而相亲者，其俱害者也；同恶而相疏者，其偏害者也。故相益则亲，相损则疏，其数行也，此所以察异同之分也。故墙坏于其隙，木毁于其节，斯盖其分也。故变生事，事生谋，谋生计，计生议，议生说，说生进，进生退，退生制；因以制于事，故百事一道，而百度一数也。

"故同情而相亲者"，情相同，彼此又亲近，"其俱成者也"。为什么他们会这么亲密？因为他们两个能够在一起合作，目标相同。两个人这么亲近，想要的东西也一样，不会互相嫉害，也不会产生竞争，通过共同努力，当然可以达成他们的目标。也就是说，感情不生变，想要的东西一样，不构成利益的抵触，没有必要冲突，这样的合作才能成功。

"同欲而相疏者，其偏成者也"，都想要同样的东西，感情会疏离，是因为"偏成者也"，只允许一个人得到，另外一个人就得不到。前面的可以双赢，这里只有独赢。谁选上主席了，另外一个就得落选。有时候革命感情都会翻脸，就因为他们处于绝对的利益冲突。"同欲"，都想当皇帝，都想追同一个女人，感情就疏远了，这是"偏成"，不是"俱成"，只有一个能够成功，这一偏，就是势不两立，有你无我，所以他们的关系不可能好。

"同恶而相亲者，其俱害者也"，欲是你想要的，恶则是你特别讨厌的东西。共同讨厌一些东西，结果他们关系好得很，是因为共同讨厌、共同害怕的东西让他们风雨同舟、共同抵御，所以他们关系特别密切。这就是《易经》中的蹇卦（䷦）原理之运用——"蹇之时用大矣哉"。《孙子兵法·九地篇》说："夫吴人与越人相恶也，当其同舟而济而遇风，其相救也如左右手。"吴人与越人是世仇，但是他们一旦同舟遇风，相救起来就如左右手一样。因为他们有共同的敌人、共同的祸患，所以他们会暂时团结起来，互相救助。

"同恶而相疏者，其偏害者也"，共同讨厌一个对象，结果情感还疏远了，为什么呢？因为"偏害者也"。前面说环境逼着他们要合作，而关系很亲近，这里为什么相疏远呢？因为他们都害怕的东西，只会害到其中一个人，甲受害，乙就不受害，甲跟乙就好不了，日渐疏远。

正因为不想风雨同舟，而是要竞争，以免被他们共同讨厌的东西祸害到。既然其中有一个会为他们共同担心的事情所害，他们之间的感情大概都会疏远。所以，说白了，人情亲近还是疏远，就是利害关系，没有别的。人就是趋吉避凶，有你想要的，有你讨厌的、害怕的，不管是朋友还是家人，一旦面临抉择、进退，有竞争和利益冲突关系，不是你就是他，这种关系就叫偏。

"故相益则亲，相损则疏，其数行也"，双方关系那么好是因为相得益彰，互相有利，而互相损害的关系就变疏远，这是必然的规律。我们不要唱高调，环境决定可以亲近，还是疏远。像"同恶而相亲者，其俱害者也"，国际关系不也是这样吗？美国跟越南，美国跟日本，他们同时对付中国，所以他们相亲。虽然过去美国跟越南、日本有过战争，不知道互相杀多少人，可是环境不一样了，他们都要对付中国。中国一强大，日本、美国、越南就觉得对他们构成了威胁，所以他们对于过去的仇恨就放下了，互相示好结盟。换句话说，所谓的国际外交、人际关系，都是此一时彼一时，不同的时代有不同的讨厌对象和共同的利益，就会造成不同的亲疏远近。所以，没有永远的朋友，没有永远的敌人，只有永远的利益。偏害、俱害、俱成、偏成，决定关系的亲疏。"此所以察异同之分也"，要看到万事万物的异同的关键点，就像寻找瑕疵的细微处或结构的脆弱点。

"故墙坏于其隙"，一堵墙有缝隙了，这一结构的脆弱点到一定时间就可能崩掉整面墙。"木毁于其节"，树木都有节，像竹子一样，要砍树的时候，节常常就是一个分段点。我们人体的关节，常常容易藏污纳垢，导致运转不灵。木要毁就毁在那个节的地方，树木一般从有节的地方折断。所以，我们对于结构的缝隙、空隙处要不时修补，防止其未来崩坏。木头的节是接缝的地方，如果朽掉了，将来有可能整个断掉。人事也是一样，不是一体成型的，很多人的合作关系为什么禁受不起挑拨离间呢？因为他们不是一体，他们那种联盟的关系是有节的，就像火车，如果把连接车厢的钩子松脱，它们就会脱离。"斯盖其分也"，墙的缝隙和树木的节疤就是它们崩坏的分界处。在分节点的地方，最容易把它们分开。任何事物节节相连，就有可能让它再一分为二。这就告诉我们要懂得掌握人、事、物所有的关系，从其亲疏远近的关系中寻找进行挑拨离间、分化的节点和缝隙。

"故变生事，事生谋，谋生计，计生议，议生说，说生进，进生退，退生制，因以制于事"，"变生事"，人事充满了种种变化，人生的很多事端就是从这种变故里面出来的，感情变了，亲疏变了，交情变了，就生出了事。像《易经》的蛊卦（☲）既是变，也是事，代表一个新鲜的状态开始慢慢长虫。"事生谋"，一旦产生了事变，就要想办法去解决。"谋生计"，要谋划得很周到，就算产生了计策。某之言叫谋，十之言叫计，计比谋更高明、周全。"计生议"，一旦完整的方案定出来了，就得拉到台面上让大家讨论。"议生说"，大家一起来讨论，开始铺陈、交流，各陈利弊，各陈己见。"说生进"，论说到最后，利弊都分析完，就集思广益，决定采取什么行动。"进生退"，在利弊分析中，任何事情都要有一个考量，有时候议决付诸行动，勇往直前去做，发现不如预期，踢到铁板了，那就得退回修正。"退生制"，任何事情一定要有一个机制来管理，因为进退、成败不是百分之百。《摩篇》就说过"事莫难于必成"，人都想把事情做成，可是一定能成功吗？谁都没有百分之百的胜算，万一进展不利，要怎么善后？有没有安排退路？不能完全没有制，进场有机制，退场也要有机制。纵横家的策略，就如《易经》中的巽卦，巽为进退，进，还是退，要看风向。巽卦一定要看准风向才决定进或者暂时不进，所以巽卦的第一爻就讲进退，在入口的地方，考虑进退，这样就"利武人之贞"。《易经·说卦传》说巽有进退的象，"为不果"，没有办法很确定、很果断，因为他在评估、揣摩。"因以制于事"，一旦我们确立了这么一个机制，由其决定是进是退，就可以制定针对事情的整个方案了。换句话说，任何的制不能失控，是进，是退，是入，是出，一定要进行巽卦那么深入的调查研究，正确掌握情况了再决定。如果在巽卦第三爻"频巽吝"的时候，发现没希望了，就想撤了，但是坚持下去的第四爻就"田获三品"，收获颇丰。

"故百事一道，而百度一数也"，古人大量的生活经验，讲起来都是这个道理。所以，从"变生事，事生谋，谋生计……退生制"一路走来，就像打仗一样，不能够冲了，只能败退，但是要稳住阵脚，要败而不溃，都是要靠制。没有人会认为，败就一定要败到底。少输就是赢，要少输就要有一个制的权衡。

（三）

夫仁人轻货，不可诱以利，可使出费；勇士轻难，不可惧以患，可使据危；智者达于数、明于理，不可欺以不诚，可示以道理，可使立功，是三才也。故愚者易蔽也，不肖者易惧也，贪者易诱也，是因事而裁之。故为强者，积于弱也；为直者，积于曲也；有余者，积于不足也：此其道术行也。

这一段提到了儒家所说的智、仁、勇三达德，不过鬼谷子的说法和儒家的说法有区别。"夫仁人轻货，不可诱以利，可使出费"，仁人君子把钱财看得很轻，这样的人不能用利来引诱，但是可以使他献出财物。仁人不要拿钱去引诱他，因为他清高，所以可以反过来让他掏腰包赞助。让他出钱，就要打动他的仁心，让他觉得自己在做好事。

"勇士轻难，不可惧以患"，勇敢的人敢冒险犯难，就不能拿祸难让他害怕。"可使据危"，这种人就要用他的长处，让他到那种特别危险的地方去解除祸患。"智者达于数、明于理"，有智慧的人通达理气象数，明白道理。"不可欺以不诚，可示以道理，可使立功"，千万不要对极度聪明的人进行算计，或用欺诈的手段来蒙骗他。欺骗和糊弄，在智者面前行不通，这时就要跟他讲道理，让他以智慧立功。

"是三才也"，"三才"就是智、仁、勇，这三种人才要各尽其用。仁者不要给他钱，还要让他自己掏腰包；勇士就把他放在最危险的地方防守；智慧的人让其以智慧谋划立功。这就是充分发挥三才的长处，毕竟每个人都希望可以在适合的地方发挥自己的长处。

这是智、仁、勇。下面三个就不行了："故愚者易蔽也，不肖者易惧也，贪者易诱也，是因事而裁之。""愚者易蔽"，愚者和智者相对，愚笨的人容易被蒙蔽。愚者往往搞不清楚事情的真相，不知道什么是好，什么是坏，什么是佛，什么是魔，很容易受欺骗。"不肖者易惧"，不肖者和勇者相对。不肖的人胆太小，很容易害怕，故很容易就可以把他吓住。"贪者易诱也"，贪者和仁者相对，仁者爱人，贪者爱己。人的贪欲一起，贪名、贪利、贪色，容易妄想，这样的人就很容易受到引诱，给他点甜头，就可以让他上钩。"是因事而裁之"，这就是根据不同的事情、对象，来决定应该怎么做。对仁、勇、智的人，可以让其发挥最大的功效；而愚者、不肖者、贪者不自知，让他们做事特别难，可以先利诱，必要的时候可以切割。这就有点像佛教讲的六道轮回，一个是三善道，一个是三恶道，不同的对象，针对他的弱点，做建设性的事情。智、仁、勇之人也有弱点，就是想表现其智、仁、勇，那就运用其智、仁、勇，其实还是利用他的弱点。每个人都有罩门，不可能没有瑕疵，只是有时候罩门在哪里，别人不知道而已。

"故为强者，积于弱也；为直者，积于曲也；有余者，积于不足也：此其道术行也。"这完全是对老子的智慧的发挥，从"老"到"鬼"，真可算得上是"老鬼学"。"故为强者，积于弱也"，之所以能那么强大，乃积弱为强。弱，也是暂时的示弱。一示弱，就不会成为被打压的目标，此时就可以借机喘息。勾践也是"为强者，积于弱也"。积弱，能忍让就忍让，到最后变成强了。如果在任何情况下，都要争强斗胜，那么很快就会阵亡。"为强者，积于弱也"，这也是太极图以阴制阳的原理。

"为直者，积于曲也"，老子说"曲则全"，"大曲若直"，最后还是直。中间懂得迂回的，能受委屈，到最后成了，就不用再忍让了。

"有余者，积于不足也"，也是一样的道理，之所以资源那么多，就是从不足积累起来的。

有余、为直、为强，是最后成功、强盛的结果，中间的过程是不断的积累。既然是弱、是曲、是不足，就不能硬碰硬，而是要保留实力，慢慢积累，到最后一战功成。这就是老子所云"夫唯不争，故天下莫能与之争"。羽翼未丰时，逞血气之勇，那将是狂风暴雨无终日。"此其道术行也"，道是基本的原理，术是从基本原理发展出来的种种方法。懂得这些道理，道术就可以实行了。在传统的中国社会里面，即便是不读《鬼谷子》的人都明白一句俗话："留得青山在，不怕没柴烧"。必要的时候就要忍，含章括囊，最后出杀招就必胜。

<h1 style="text-align:center">（四）</h1>

　　故外亲而内疏者，说内；内亲而外疏者，说外。故因其疑以变之，因其见以然之，因其说以要之，因其势以成之，因其恶以权之，因其患以斥之；摩而恐之，高而动之，微而证之，符而应之，拥而塞之，乱而惑之，是谓计谋。

　　这一段历来有分歧，鬼谷子是针对哪一方讲的，不是那么明确。即使我们仔细地推断，有一些地方还是语焉不详。这就是《鬼谷子》难读的地方，我们现在读的《鬼谷子》的版本，从陶弘景注之后，已经经过细密的考证了，但是有一些东西搞清楚了，有一些东西仍然不是很清楚。所以《鬼谷子》就不像《孙子兵法》那样流畅。

　　"故外亲而内疏者，说内"，所以对外表亲切而内心疏远的人，要从内部下手。"外亲"可能是因为某些理由经常接触，其实是貌合神离、同床异梦，内心是很少接触的。既然要说服对方，靠外表的亲密是没有办法打入核心的。核心人员在交头接耳时，一看见你就会回避话题、转移话锋。假如你想打入核心发挥作用，一定要针对你锁定的对象，想办法打动他的心，就像《内捷篇》中说的一样把他卡住，而且交往还不能有任何缝隙，让他人挑拨离间。

　　"内亲而外疏者，说外"，里面关系近得很，但是外面关系很疏远，那就要从外表着手去游说，让他表现出来。不然他外表装着不理你，你很多事情就不方便处理。

可见，假使对方在外表上跟我们很亲近，但是内心疏远我们，没把我们当自己人，我们就必须由对方的内心着手去做说服的工作，让他真正地亲近我们，做到内亲外也亲。假使对方内心亲近我们，外表上与我们故意疏远，不知道是为了什么，可能是有他的考量，那我们必须由对方的外表着手，让他内外都跟我们亲近。这个说法是不是鬼谷子原来的意思？另外还有一个意思，即我们处理人际关系的时候，人之间到底是亲还是疏，是真的还是假的？外表呈现的都是假象，有的人要装成神仙眷侣，要装成哥们儿，事实上是怎样，大概只有天知道。有时候表面上好像很疏远，其实是一家人，就是要引诱人家上当。

下面更复杂了："故因其疑以变之，因其见以然之，因其说以要之，因其势以成之，因其恶以权之，因其患以斥之；摩而恐之，高而动之，微而证之，符而应之，拥而塞之，乱而惑之，是谓计谋。"

"因其疑以变之"，靠着你的说服，把对方对你的疑虑和不放心改变过来。对方之所以对你不放心，一个是还在观察、考证你，一个是旁边有一些人进谗言、说坏话，让他心中动疑，以至于有一些事情他不敢完全对你说出来。所以你要根据大概了解的对方对人、对事、对你种种的疑，想办法变一变。要知道，疑是很要命的，一定要及时处理。一旦发现对方对你生疑，那就针对对方的疑虑，进行正面解释或者迂回解释，让对方通过你的某些话、某些表现把疑虑不着痕迹地化解掉。

"因其见以然之"，对方一定在言行上有一些表现或者他对某些事情有一些看法，你就附和他，说他讲得很对。既然他对你提的很多东西有怀疑，他对自己的看法恐怕充满自信，那你就附和一下，拍拍马屁，迎合一下也无妨。这样就比较容易把关系拉得更近一点。不管你对他的说法、表现是不是真的满意，都没关系，只要能够扭转你受怀疑的不利形势和情境就好。

"因其说以要之"，除了对对方的说法表示附和之外，还要掌握要点。这是为了争回计谋的主控权。抓到要点，才可以化被动为主动，消解他对你的疑虑。附和他脑筋中的一些观念，然后他就会说得更多、表现得也更多，等到你了解更多之后，就要懂得抓回主控权。一个游说者通常是无权无势的，他去游说一个有权有势的人，是要借力使力。既然是更了解他了，把距离拉得更近了，获得了他的信任，慢慢知道他的底线是什么了，就可以利用他来成就功业。这就是"因其势以成之"，顺着那个势把事情做成。

"因其恶以权之"，任何人都有憎恶的对象，人的厌恶是非常有力量的，仇恨、愤怒、成见，都是可以利用的。感情用事，一己之恶，是任何人都不能避免的，那就好好权衡利用。

"因其患以斥之"，对方担心什么东西，你可以让他不担心，他马上就觉得非你不可。

"因其疑、因其见、因其说、因其势、因其恶、因其患"，都在"因"，都是对方本来就有的。但是你经过试探后，发现他还没有完全跟你交心，经过"变之、然之、要之、成之、权之、斥之"的处理，就可以了解对方真正的意图。有什么风险，有什么疑虑，你都可以帮他摆平，好像完全站在他的立场，设身处地去解决他的忧虑、担心、害怕、厌恶，继而就能掌握主控权，对方所有可以调度的资源都归你分配。

"摩而恐之"，通过摩的手法使他感到害怕。可以恐吓他，如果不这样的话，可能就如何如何。前面是采取和对方相同的立场，待到了解他的内情后，自己的态度就越来越强了。原来是"因其见以然之"等，现在是"摩而恐之"，不是只有"揣"，还有近距离的"摩"，等于是完全了解对方了，便可以恐吓他。这就很强势了，自己明明是做客的，到最后完全了解他的心，征服他的情之后，硬的、软的手段都可以来。该硬的时候就硬，该软的时候就软，该包蒙就包蒙，该击蒙就击蒙。

我们读鬼谷子的书，是为了了解他的思想和教育方法。但是我们可不希望交这样的朋友，因为他有那么多可怕的招式。如果娶这样的太太，不是被吓死，就是被整死。"摩而恐之"，跟对方讲强硬的话，利用他的恐惧。恐惧也是一种很强烈的能量，正能量、负能量都可以发挥作用，就看你会不会用。

"高而动之"，要打动他的时候，就要激励他，讲一些高远的愿景、目标。诸如名垂青史、千秋大业、创纪录、史无前例，只要能打动对方，高帽子多点无妨。别管这些目标做不做得到，先激励他。

"微而证之"，"证"字，有的版本写成"正"。这里把"高而动之"跟"微而证之"相对来说，一个是净讲高远的理想，讲得对方热血沸腾，可是落实的时候，还是要微，要落在一般人没注意到的地方。如果有不切实际的问题，还需要校正。换句话说，在群众面前慷慨激昂，愿景让人充满憧憬，但是要落实操作的时候，还是要调整，要注重务实的地方。我们讲一些高远的理想的时候，常常用喊的，把很多事情讲得让人热血沸腾。实际操作时，可能在很多地方隐微不显，不伤到面子。不需要喊口号，不需要激励的时候，我们还是要做一些推敲、验证。可是，"微"就不让那么多人知道了。人嘴两张皮，对大庭广众说的，跟贴心的幕僚私底下推敲的，一定会有差距。既要务实，又要激励大家奋斗的热情、追求高远目标的热情，所有的心理攻势都要用。做事业跟在学校讲学不一样，要有最后的表现，是不是跟预期的一样，这就看你的眼光准确不准确。我们不要求百分之百的精确，但是太离谱也是不行的。因为"符而应之"，最后还得经过这一关。事功的东西，不管前面花多少工夫，立多少目标，经过多少次调整，最后还是要确认结果的，一切以结果论。结果糟的话，不管你中间如何辩解，输了就是输了，结果就是不如预期。结果好，一美遮百丑，中间推理的过程即使很可笑，也都无所谓。"符而应之"很重要，我们看很多政治观察、经济预测，这几十年世界变化很大，几乎大部分的专家都预测错了。

"拥而塞之"，"拥"即壅，利用他的瑕疵堵塞住，使他处于混乱迷惑中，"乱而惑之"，正好他中心无主，最后就取而代之。"是谓计谋"，以上这些都是计谋。你看，纵横家永远留了最后一手。可见，在说服过程中，可能会踢到铁板，可能会遭遇疏远，对方对你有很多保留，那你马上就得调整，调整之后还是要掌握到对方深藏的情绪、心意，化被动为主动。下了这么多功夫，如果还不能够达到目的，那么对方就是扶不起的阿斗。扶不起就另外找老板来接，再不然就自己取而代之。如此说来，这个谋永远是使自己立于不败之地，可进可退。这个鬼谷子真的是阴险啊！

<h1 style="text-align:center">（五）</h1>

计谋之用，公不如私，私不如结；结比而无隙者也。正不如奇，奇流而不止者也。故说人主者，必与之言奇；说人臣者，必

与之言私。其身内，其言外者，疏；其身外，其言深者，危。无以人之所不欲而强之于人，无以人之所不知而教之于人。人之有好也，学而顺之；人之有恶也，避而讳之：故阴道而阳取之也。

下面则是非常重要的提醒。"计谋之用，公不如私，私不如结"，用计谋的时候，公开计谋不如少数人计谋，私下少数人计谋不如当事双方结盟同心而谋。既然计谋包含很多阴谋诡计，当然绝不可能在公开的场合讲出来，有一些人可能是来卧底的，所以用计谋的时候，尽量在比较安全的私密领域，不能动不动就"事无不可对人言"。那种机要会议，三五人的会议，讨论的都不是能在大庭广众下讨论的内容。所以，要选场合，像《易经》中的睽卦（☲）第二爻"遇主于巷，无咎"，都要在小巷子中见面。找一个合适的地方，三五个阴谋家就可以谋划，不能上电台，不能上网络，不能上电视。在公开的时候一定有很多忌讳，很多东西不能讲，私底下可以讲的东西就很多了。很多事情在公开的集思广益的会议上，未必能讲，而在不期而遇的私底下的场合，甚至在洗手间，有一些事情可以说出真正的想法。这就是私密领域相对于公开场合的好处，不必讲那么多冠冕堂皇的场面话，直接切入要害，甚至涉及彼此关心的利益。在公开场合讲的，还要包装，要讲得大公无私，私下的场合才可能谈一点私人真正关心的事。但是，"私不如结"，私底下的隐秘关系，还要交情深厚、非常贴心，就像结一样，别人根本没有办法破坏。

"结比而无隙者也"，鬼谷子真是把所有的坏道道儿都想到了。既然"公不如私"，私又不如结，但有些结难免有些松动，还要"结比而无隙者也"，结盟的关系可以做到没有任何缝隙。也就是说，共事的伙伴百分之百地契合，不让人家有任何挑拨离间的空间，亲比而无隙，连一点缝都没有。关系经营之深，永远不会被人家破坏。但是，我相信，这种结除了利用人情，还跟利益有莫大的关系，一旦东窗事发，其实那个结还是没有用的，有些人马上就要做污点证人。这是利益之交。人世间的友谊，或者是共事的同志，道义之交到底有多少呢？尤其在战国时代，完全是利益挂帅。孔子说："见利思义，见危授命，久要不忘平生之言。"（《论语·宪问》）信得过的朋友，几十年没见面了，还是相信你，人家如何说你的坏话，他都不会受影响。而对于利益之交的人来说，要破坏起来就太容易了，所以这样的交谊是有问题的。从《易经》比卦中我们看到，利益相合者因为有共同的敌人而亲近，基本上还是要算计，还是不可靠。一旦害人可以利己的时候，很多人都会做。可见，鬼谷子不是在跟你讲仁义道德。在战国时代，现实如此，只要计谋能应用于实际，就可以用。

"正不如奇，奇流而不止者也"，遵循常道不如使用奇计，要用匪夷所思的办法、出人意料的怪招，连环不断、千变万化，这样就很难对付。《孙子兵法·势篇》说："善出奇者，无穷如天地，不竭如江海。"有创意的人，计谋层出不穷，永远有后招。还有，懂得出奇制胜的人，没有道德陈规的包袱，出奇才可以源源不断、没有瑕疵。出奇制胜的高手，就像一个圆环，"无穷如天地，不竭如江海"。这就是"奇流而不止者也"，用在打仗或者外交谈判上都一样。老子说"以正治国"，治国得玩正经的；"以奇用兵"，兵者，诡道也，需要出奇制胜。

"故说人主者，必与之言奇"，战国时候要游说国君，不要老讲那些正经的。商鞅在跟秦孝公讲"正"的时候，秦孝公为了礼貌，坚持听着，还是差一点睡着了；后来讲"奇"了，连吃饭都忘了，可以谈三天三夜。"说人臣者，必与之言私"，鬼谷子不跟我们讲假话。跟国君讲，因为整个国家是他的，要言奇，要动人主视听；游说重臣，要谈跟他私人利益有关的。不然，他怎么会在意呢？有些大臣表面上是吾皇万岁，内心却在想，哎呀，这件事情对我有什么好处，是会升官，还是会发财？作为人臣，每个人都有自己的利益所在，你一定要了解重要的大臣，甚至要通过大臣去影响国君。一定要讲到他最在意的东西，不要老是跟他说要忠于团体，要谋整体福利。这都不解渴，要说他最关心的私人利益，这样他才有兴趣听，你们才可以往下谈。如此一来，他才可能在国君面前帮你敲敲边鼓，或者推动一些事情的实施。韩非子看很多事情不也是这样吗？他说父子之间，要以计算之心相对待。这个话说得是有一点过火了，但是，人性就是这样。很多人的第一个想法就是这对我有什么好处，我为什么要尽力。可见，一个说客，要成事真的很难，他要面对的是众生，如学者、官吏、企业家。我曾经说过汉朝凿壁引光的匡衡，他从小就偷光，到后来做官的时候就贪财。他偷习惯了，即使做了大官，想的还是私人利益。所以，游说人臣者，一定要以私人利益作为你说服的重点。

"其身内，其言外者，疏"，你们关系近，就如同是一家人，很多的秘密可以分享。可是你讲话还见外，明明是同志，或者是同利、同益之人，你讲的却好像不是同志之间应该讲的话，那么你的同志或者听的人，对你可能就有保留了，不再与你肝胆相照，你就会因为失去信任而被疏远。因为你讲的话不符合同志的身份，甚至帮外人讲话。

"其身外，其言深者，危"，不管你的角色是什么，你是核心外的人，可以参与机密的等级是不高的，但是你谈的是内部的人才可以知道的事情，而且谈得那么深入，那么你就危险了。因为你知道太多的内情，危及内部安全。这个分寸好难，有时这个谋划中你可能是核心，多说无妨，而另外的事情是不要你参与的，你针对这件事讲得很深入，就危险了。所谓的交浅不能言深，交深也不适合言浅，就是如此。交情深的时候，不必讲话，一个眼神，一个动作，大家就有默契。正如庄子讲的相视而笑，莫逆于心。所以分寸拿捏要很准。但是，如何确定在什么事情上是内、什么事情上是外呢？讲了半天，还是四个字——人生难搞。你的身是内、是外，一定要搞清楚，一家人就讲一家人话；不是一家人就谈玄，别说闲。

"无以人之所不欲而强之于人"，别人不喜欢受的，不爱听的，不要强加给他。注意"无"字，"无"是零容忍，不是"勿"，"勿"还没有那么严重，只是叫你不要。"无"是降低到零，千万不要把别人不喜欢的强加给人家。别人不接受，不需要什么理由，你就算认为对他好，也不行，一定要顺势、顺情，不可强加。

"无以人之所不知而教之于人"，不要好为人师，不要认为一个指导者要高高在上，对方极有可能不接受。一般人总是到处去点化人，要教人这个、教人那个，还要强加一些自以为是的东西让人家接受。

"人之有好也，学而顺之；人之有恶也，避而讳之"，人都有好恶，一个人特别喜欢一些东西，或者他有优点，我们就顺着他喜欢的东西，可能那也是他的弱点，但我们不要把他喜欢的东西说得一文不值。他有优点我们一定学习，也顺着他来。还有，他特别讨厌什么，在他面前要尽量避而不谈。就像我们学《春秋》，要"为尊者讳，为亲者讳，为贤者讳"，要避讳，就算是骂人、批判人，也要绕弯，不能直接骂人，让对方下不了台。这里的"人之有好"或者"恶"，可以以"好恶"论，也可以以"好坏"论。以好恶来讲，人的好恶是很难改的，人跟人也是有生克、有缘分的。他不喜欢一个人，不管你怎么讲，他也很难改。他喜欢一个人，不管你怎么讲，他都不会改变他的意向。以好坏来讲，假定我要说服的对象有很多的优点，我就学；如果他有很多坏的地方，我就不谈。从纵横家的角度来讲，他就是要达到目的，就是要利用人情中必有的好恶，"学而顺之"，"避而讳之"。对方喜欢什么、讨厌什么，就顺着或者避开。矬子面前别说"短话"，和尚面前别骂"贼秃"。

"故阴道而阳取之"，"道"即导，揣摩是看不见的，就像走一条看不见的路，经过那个过程，实际上要得到的东西都得到了。完全讨到对方的欢心，也不会碰他的心病。所以，人家就看到你升官发财，想要的东西都拿到了，可是人家不知道你是怎么拿到的。这就是"阴导而阳取之"，人家只看到你胜利成功的结果。这么难缠的老板，你居然把他摆弄得服服帖帖，别人却不知道你是怎么做到的。

（六）

故去之者纵之，纵之者乘之。貌者不美又不恶，故至情托焉。可知者，可用也；不可知者，谋者所不用也。故曰：事贵制人，而不贵见制于人。制人者，握权也；见制于人者，制命也。故圣人之道阴，愚人之道阳；智者事易，而不智者事难。以此观之，亡不可以为存，而危不可以为安；然而无为而贵智矣。

"故去之者纵之"，要想把这个人除掉，须先放纵他。诸葛亮对孟获七擒七纵，就是为了收服他。"去之者"，有些人是不能合作的，甚至对你有危险。不管是老板，还是他身边的人，想把这个人除去，不要直接动手，可以采取欲擒故纵的手段：让他先得意一段时间，正如老子所说的"将欲弱之，必故强之"，先放纵他的恶，让他的恶最后变成众矢之的，别人就帮你把他除掉了，就如《孟子·梁惠王》所说的"国人皆曰可杀，而后杀之"。《春秋》中有名的"郑伯克段于鄢"，郑庄公与胞弟共叔段争夺君位，郑庄公设计故意纵容共叔段与其母武姜，结果共叔段骄纵日久，起兵造反，庄公便以此讨伐之。这就叫"去之者，纵之"，想除掉什么人，除掉什么障碍，先放纵、放任他。

"纵之者乘之"，待对方放纵到一定阶段之后，你就有机会或者借口除掉他。这种对付人的方法很厉害，属于反其道而行之，让对方变成所有人讨厌的对象，你就占据道德、舆论的高地，可以堂而皇之地讨伐对方。另外，你给对方那么多东西和空间，任其放纵，他就没有办法控制自己，结果也一定失败。"郑伯克段于鄢"中，哥哥这样对付弟弟，"克"就表明政治不讲亲情，中国历代的王朝政治都没有办法超脱这一点，唐太宗、朱元璋、赵光义、雍正都一样。在历史上，女人要很有智慧、很冷静不容易，基本上都是感情用事。在郑庄公与弟弟的争夺中，武姜疼爱小儿子，讨厌大儿子，结果大儿子就收拾小儿子。"去之者纵之，纵之者乘之"，鬼谷子好阴险，要的都给你，你能得到吗？最后还是我的。

下面讲的是另外一件事情："貌者不美又不恶，故至情托焉。"要谋大事，如传衣钵等重要的事情，一定要找对人。找错人，结果糟糕不说，还丢脸，对不起祖师，也对不起团体。所以，一定要严格考核。

"貌者不美又不恶"，在外表上，能做到喜怒不形于色，不美又不恶，这样的人才可以参与机要、托付大事。也就是说，可以以机密相托的人不可以有明显的情绪表现，尤其不能多嘴，能够"含章括囊"，他喜欢什么、讨厌什么，别人一点都看不出来。这样的话，极机密的事情，才可以交给他。一些人情绪不易控制，口无遮拦，那么他参与的机密事情，还没开始做就先被讲出来了。甚至他没有参与，还捕风捉影，对外散布谣言。这种人绝对不可以交付重任。可见，"至情"最重要，要冷静沉着、谨言慎行，不管面临什么局面，都镇定自若，不会惊慌失措，不会口无遮拦。《易经·系辞传》说"君不密则失臣，臣不密则失身，机事不密则害成"，这是绝对的真理。托付大事，就要挑这种不美不恶有分寸的人。他们的长相没有什么特殊，走在街上没有任何地方引人注意，所有的行事低调到别人根本就不会注意到。这才是真正谋大事的人。在一个充满敌意的错综复杂的环境中，要找合作者，就要找这种至情之人。就像禅宗五祖，经营了大半辈子的道场，最后才来了一个土里土气的"貌者不美又不恶"的慧能和尚。

鬼谷子的计谋之用谈了好多，再下面就是对付人了："可知者，可用也；不可知者，谋者所不用也。"对人的使用上，如果能彻底了解对方，才能任用他；如果不够了解对方，在谋划时不要使用他。想用一个人，到底对他了解多少呢？你知道他的长处，知道他的弱点吗？真正知道，才可以用，用他的长处做事。至于他的不可知的一面，就别用，也不要瞎猜，要是用错了，那可就惨了。谋者一定是根据充分了解的东西去运用，如果不是真知道，千万不要妄用。一定要把风险控制在安全范围内，超过风险预估，绝对不用。可见，知人善任特别难，因为人会掩饰自己。假定要用这个人，一定要百分之百知道，了解透彻，才能用。如果没有把握那就别用，宁愿不用，也不能犯错，犯错的代价太高。这样的话，局面才能永远在你控制的范围内，主导权在你手中，就不会受制于人。

"故曰：事贵制人，而不贵见制于人。制人者，握权也；见制于人者，制命也。"所以说，做任何事情贵在掌握主动，制约别人，而不是受制于人。控制别人的，就可以掌握主动权；受制于人的，命运就控制在别人之手。也就是说，要最大限度地掌握主动权，就算是刚开始被动，最后也要掌握实际的主动权，做任何事情，一定要占上风，才能够在关键的地方有控制力。如果是帮别人打工，完全受制于人，什么事情都被人家卡死，那有什么好玩的呢？"制人者"就掌握大权，想怎么干就可以按照你的想法去干，"见制于人"，就被人家卡住要害，命悬人手，不能按照自己所想的去展开。故《易经·系辞传》提到忧患意识时，就提到巽卦是"德之制也、称而隐、以行权"，重点在制人而不受制于人。

"故圣人之道阴，愚人之道阳；智者事易，而不智者事难。以此观之，亡不可以为存，而危不可以为安"，最后下结论："然而无为而贵智矣。"愚人之道是阳，圣人之道是阴。你现在应该知道了，阴导而阳取，想达到什么目的，私底下做了很多的布局，城府很深。圣人是在阴的时候下功夫，韬光养晦，暗中布局。笨蛋才会把所有做的事情都暴露在阳光下。每个人都看得到他今天做什么，明天做什么，跟所有人都推心置腹，那不是找死吗？"智者事易"，智慧的人做事情容易，因为在容易解决的征兆阶段，就像坤卦初爻"履霜，坚冰至"，在有霜的时候就下手了，别人还不知道。"不智者事难"，愚笨的人做事困难。因为愚笨的人在事情变得不可收拾的时候才发现，他没有先见之明，到坚冰的时候无计可施、焦头烂额。所以，预防胜于治疗，这也是《易经》和《老子》的基本思想。

"以此观之，亡不可以为存，危不可以为安；然而无为而贵智矣"，由此看来，虽然消失的东西不能再出现，已有的危险不能化为安全，但是人做事情，一定不要有为，要无为，智慧很重要。可见，成事太难，一定要无为，要贵智，不然没有办法救亡图存、转危为安。

（七）

智用于众人之所不能知，而能用于众人之所不能见。既用，见可否，择事而为之，所以自为也。见不可，择事而为之，所以为人也。故先王之道阴。言有之曰："天地之化，在高与深；圣人制道，在隐与匿。"非独忠信仁义也，中正而已矣。道理达于此之义，则可与语。由能得此，则可以縠远近之诱。

"智用于众人之所不能知，而能用于众人之所不能见"，这两句话和兵法相通。这种做事情的高手，他的智慧到了一般人完全不能够了解的境界。一般人根本就没有看到他做，他却化解了一个大的灾祸，拯救了全世界，别人还不知道他出手。众人还没感觉的时候，他已经在用智慧了。他的能力也是用在"众人之所不能见"，别人都看不到。《孙子兵法·形篇》称："见胜不过众人之所知，非善之善者也；战胜而天下曰善，非善之善者也……故善战者之胜也，无智名，无勇功，故其战胜不忒。""无智名，无勇功"，就是无形无象，一般人觉察不到。

"既用，见可否，择事而为之，所以自为也。""既用"，现在要用了，智跟能都要用，"见可否"，还要看这件事情到底能不能成。成事太难，很多人不能成事，但是他要搞破坏，让你不能成事。成事不足、败事有余者大有人在。要评估事情到底能不能成，"择事而为之"，选择有成算的、可以成功的。假定太难，变数太多，竞争者太多，嫉妒、破坏者太多，不一定要选择做。为什么？"所以自为也"，因为要替自己打算，何必选那个最难的呢？那样做会制造一堆敌人，变成众矢之的。跟人家结一辈子的仇，事情还不能成，何必呢？所以做任何事不要只有单一目标，必要的时候要留备选项。尤其我们谈判时，你要是只有一个目标可谈，还非要把它做成不可，那你绝对陷入被动，因为你太想达到目的，人家就可以利用你这个心态予取予求。假如你还有备案，另有选项，这个做成也可以、不成也可以，别人就没法来操纵你了。所以，只有一个谈判对象，就很危险。像青年学子谈恋爱不也是一样吗？要是非卿不娶，非君不嫁，这就陷入被动了。当然这是理论，如果谈恋爱时脚踏两只船，那还是不可取的。一厢情愿没有用，挫折永远是多过如意算盘，一定要有一些备胎，要有退路。择事要选比较容易成功的、风险比较低的，不一定要求必胜，至少要求不败。

"见不可，择事而为之，所以为人也"，如果发现事情恐怕不容易成，很容易遭受破坏或者胎死腹中，还可以选那种风险小的事情，风险小，而且不容易被破坏，替自己留一条生路，这是替别人做事时的私下考虑。在评估的时候，事情明明不成了，可是人家一定要做，那就选一个风险小的给人家做，万一失败了，也不关我事。可见，纵横家没有那么大的爱心，他一定给自己留后路：选一个风险小的。别人要做，别人要找死，"你要干就干吧"。他给自己留的一定是评估过的风险，做好了最坏的打算，所以能进能退、能出能入。在那个时代，机会那么多，老板那么多，不是非这个不可。有时就要做最坏的打算，做最好的准备，至于"为人"就不必考虑那么多了。

利益必然伴随风险，一定要想到最坏的可能性是怎样的。不要先想成功，要预想失败的可能，如果失败还是有路，那就可以试，一定是利害两边看。"故先王之道阴"，所以先王处世的法则讲究"阴"，大部分都是在台面下做的。

"言有之曰：'天地之化，在高与深；圣人制道，在隐与匿。'""言有之曰"，俗话说，或者古语云。"天地之化，在高与深"，天地的造化太高深。"圣人制道，在隐与匿"，圣人治事的法则在于深藏不露。懂得藏，要藏锋、要韬光养晦，这样圣人才能够占据道的制高点。圣人之制道，至少要防人、要自保。

下面所讲的很有意思。"非独忠信仁义也，中正而已矣"，并非单靠忠信仁义，而是以中正处世罢了。忠信仁义是美德，但中正并不等于忠信仁义。一些书呆子满口仁义道德，要爱天下人，希望帮助天下人，在乱世一定是满头包。我们内心中正，有爱心，希望帮助别人，可是我们必须要有应世的智慧，不要死守忠信仁义，否则人家会利用你的忠信仁义、利用你的慈悲、利用你的善良。我们可以不那么利用别人，但是我们有真正为大众服务的心，这就是"中正"。如此看来，中正就等于仁义忠信吗？当然不是。同人卦（☰）的"九五"称"大师克相遇"，但是"以中直也"，它就是中正。所以，我们一直强调人要真诚、善良，但是你还必须强悍，要懂得降魔。

"道理达于此之义，则可与语"，了解道理达到这一点了，这样的人你才可以跟他讲计谋。"由能得此，则可以縠远近之诱"，能够懂得这些道理的，就能由近及远，影响到很远。"縠"即俸禄，做动词就是养，养贤也。很多东西是要养的，不会你想要马上就能有的，要培养人才，就要提供俸禄之类。人要有修为，就要修养。要养贤，要养生，要养心。"远近"，茫茫人海中总是有人跟你关系比较近或比较远，有没有办法发挥影响力，由近及远，使近悦远来？那个发挥影响力的过程，需要靠想法、理念影响人。引导人为善，提供一些诱因、激励、愿景，这都是"诱"的智慧。不能讲了半天，纯说教，或者说禁欲苦行，人家没兴趣，那你就只能单打独斗到底了，何谈发挥实质影响力呢？"诱"就得让人忘劳忘死，激发起人们参与行动的热情、信仰的热忱。"诱"也要会说，会表演，不但诱近，还能诱远。这都是靠"一个"养的功夫发展成由近及远的种种长远的关系。能够实践这个道理的，就可以化育、影响远近的人，使他们都归向于义。也就是说，让大家进入一个合理的规范，要归于"义"，有时候要"诱"，才能由近及远发展起来。你看有多难，有时你会碰到形形色色的人，会遭遇很多不顺利；有时千算万算不敌老天一算，一个大形势的变动，就全部归零。

决篇第十一

扫一扫，
进入课程

前面的揣、摩、权、谋，一件事情能下的功夫，能考虑的要点都齐备后，下面就要做决断了。做决断即《决篇》。"决"，要拍板定案。重大决议往往需要集思广益的过程，就像《易经》的夬卦（䷪）所讲的"扬于王庭"。前面的《谋篇第十》谈得比较多，整篇的主旨就是我们解决问题的解卦（䷧）初爻"无咎"，即谋划时不能慌乱，远近亲疏的关系以及对手是谁，都要搞清楚。解卦之后，经过损（䷨）、益（䷩）二卦的精算，就是夬卦。解卦是解，夬卦是决，解决问题之间就是"损益盈虚，与时偕行"的精打细算，是非常冷静的分析。《决篇》就是怎么做决策，决策之后的《符言篇》，谈到了领导人作为决策人必须要有的修为。

（一）

凡决物，必托于疑者。善其用福，恶其有患。善至于诱也，终无惑偏。有利焉，去其利，则不受也；奇之所托。若有利于善者，隐托于恶，则不受矣，致疏远。故其有使失利者，有使离害者，此事之失。

"凡决物，必托于疑者。善其用福，恶其有患"，所有的决策就是因为有疑问，才要寻求最好的解答。我们要决策，一定是要针对一些疑难杂症——从特别困难、特别不好解决的问题下手，才能够激发我们去找到恰当的答案，这就是"必托于疑者"。如果没有疑，哪里来的决呢？决，就是决疑，解决问题。"善"，至古及今，善于做决策的，精于做决策的；"其用福"，他发挥了作用，大家都承受福报。没有人不喜欢受福的，福也是很实惠的，不是虚的。人生面临大大小小的决策，从个人到组织，必须要善于决策。如果决策善了，就使很多人得福。"恶"，如果决策很烂，决策者自以为是、刚愎自用，"其有患"，祸患马上就来了，大家都倒霉。"善其用福，恶其有患"，所以决策很重要，谁都不喜欢患，谁都喜欢福。决策要正确，就一定要搞清楚状况。有一些状况还不清楚，要想办法引蛇出洞，把它诱出来。诱出事情的真相，探知每一个人心中的利害想法。懂得诱的技巧，可以循循善诱。诱不是坏事，"包蒙"就懂得循循善诱。"善，至于诱也"，要是没有办法掌握真实的信息，怎么能够做出正确的决策？所以，一定要想办法，旁敲侧击也好、引蛇出洞也好、循循善诱也好，都要设一个钓饵把人家真正的想法钓出来。善于决策的人，不会根据错误的、表面的情报信息做决断。"终无惑偏"，如果能够诱出事情的真相，就不会迷惑了，决策就不会走偏。这些话是基本常识，不难懂。

"善至于诱也，终无惑偏"，不会有迷惑，不会有偏颇，不会偏离正道。"诱"字在《鬼谷子》里面常用。在《易经》中，专门讲说话技术的兑卦（☱）是最有吸引力、最不着痕迹的，能让大家忘劳忘死地追随他，没有办法不接受他的观点。上爻"引兑"，能够影响第五爻的领导人，使其死心塌地地相信，具有致命的吸引力。诱，没有一点儿魅力怎么诱呢？中孚卦（䷼）第二爻其实也就是在引、在诱，"鸣鹤在阴"，不在乎你在阴在阳，只看你说什么。"其子和之，我有好爵，吾与尔靡之"，分享是很舒服的事情，利益众生。还有豫卦（䷏），让大家群情激奋。萃卦（䷬），精英分子不需要花什么成本，能吸引很多人追随，萃卦的第二爻"引吉"，能够"引"了就吉。

"有利焉，去其利，则不受也"，"利"，《孙子兵法》说"兵以诈立，以利动，以分合为变"，任何事情都是以利动的。"有利焉"，那些参与决策的人发现对自己有利，他会欢迎并投入。"去其利，则不受也"，如果认定对自己根本没有利，他从中得不到任何的好处，他就不接受。这就是人性。"去其利"，显然没有任何对他有利的东西。还是"有利焉"好啊，大家都觉得得到利益了，才可以维持群体的和谐。所以《易经·乾卦·文言》说"利者，义之和也"。如果没有利，他为什么要参与？他怎么会和平共处？"去其利，则不受也"，没有利，绝不接受，抗拒到底。"奇之所托"，如果面临一些失去利益的人的反弹，这个时候你要怎么处理呢？强势镇压，要求人家接受？还是说服他，让他牺牲？不可能。这时候就要出奇制胜，要用奇招。《孙子兵法》云："善出奇者，无穷如天地，不绝如江河"，头脑灵活的人，能够把不利的说成利，使不愿意接受的都接受，那就得有非常的做法。打动人心，常规的方法不行，这时就用得上出奇的智慧。

"若有利于善者，隐托于恶，则不受矣，致疏远"，人际关系由本来走得近，到最后"窝里反"，一辈子都不往来了。为什么会造成这种疏远的关系呢？因为不能够接受坏事情。"恶"，隐含了未来的善，"有利于善者"，但是"隐托于恶"，表面上看到的都是一些恶，是对对方不利的因素，其实对他可能是好的，社会也显得更公平、更和谐。但是中间有一段时间看着是恶，对他来讲是坏事情、是不好的决策，伤害到眼前的利益，这就叫"祸兮福所倚，恶兮善所倚"。事实上是有利于善的，但是因为它隐托于暂时的恶中，"则不受矣"。人情自然如此，有的人不愿意想那么多，或者不管你怎么说明暂时的牺牲能够促成长期的再发展，他还是不愿意接受。因为表面的恶是现实的，大家都能够看到。虽然长期看来恶会往善转化，但是那得等到什么时候？像《庄子·齐物论》中曾经说过一个寓言："狙公赋芋，曰：'朝三而暮四。'众狙皆怒。曰：'然则朝四而暮三。'众狙皆悦。"你看，连猴子都知道朝三暮四，何况人呢？这个养猴的老头，每天早上给猴子吃三升栗子，晚上给猴子吃四升，猴子就不高兴了；改为早上吃四升，晚上吃三升，猴子就高兴了。殊不知，总量依然是七升。人这么聪明的动物，有时也和动物一样。因为眼前的利益受损，就不乐意接受，没有想到长期会受益，故关系就日渐疏远。

从经济形势来讲，有些行业短期内确实吃亏，没有办法与其他行业竞争，但是长期来说，整个社会的经济一旦形成良性循环，原先吃亏的行业会慢慢好转，甚至好过其他行业。有些人就认为，眼前吃亏对他不好，他希望马上获利。你要跟他讲"福兮，祸所倚"，更是"不受矣"。有些人眼里，失去就是失去，失恋就是失恋，失业就是失业，失婚就是失婚……所以"致疏远"，你要是坚持这样做，你们的关系就越来越远，因为他想要的东西没有了，曾经给的收回去了。面对这种状况，要想说服，就得出奇。

"故其有使失利者，有使离害者，此事之失"，"离害"，不是离开祸害，而是与祸相连。《易经》中的离卦（☲）之离就有网罟之象，人在网中，出不来，正好掉到祸害里头。这句话的意思就是，一个决断下来，有的人失去利益、吃亏了，有的人更倒霉，以致罹祸罹灾，倾家荡产，他们当然不高兴。如果是这样的话，这就说明当初的决策考虑未周，出现失误，让很多人倒霉，蒙受祸害。"失利"，甚至"离害"，说明决策有问题，没有出奇制胜，没有考虑到很多人的利益。做出这样一个失误的决策，如果你连一个补偿的想法都没有，只要求大家忍，那会很麻烦的。失利离害，没有人愿意，你说这是眼前的困难，实质上是获利的，没人会相信，现代人更没有那个耐心。

由上可知，鬼谷子讲的是实情，福兮祸之所倚，祸兮福之所伏。表面上看起来是有利的，其实可能隐含着不利；表面上看着是祸，其实搞不好隐藏着福报。福祸会相互转化，可是人看不了那么远，要求一般人都去接受，确实难。从老子、鬼谷子、韩非这一路下来，包括孙武，他们也是嘴上挂着"道"，讲自然规律，讲人性，但是人事可怕，人心复杂，利害的因素太难看清。如果面对现实，要去度这种痛苦，就要去了解这里面的污秽，不然你根本束手无策。不是靠念咒就可以解决问题的。那些宗教的领袖，绝对没有我们想象的那么简单，像禅宗五祖弘忍就有宰相般的智慧，他能够憋到最后一刻挑选传人，而且还能够想法子保护他十几年，内心明明很欣赏慧能，但表面上绝不激发其同侪的嫉妒。若以为"事无不可对人言"，六祖早就死于暗杀了，弘忍多么了解世故人情！这也是《谋篇》里面的关键点：不要老是满口忠信仁义，那一点用都没有，但是你的行为和智慧以及思维要中正。中正并非仅仅是仁义道德，而是智慧，就是修为恰到好处，做出恰当的安排，才会有长远的结果。弘忍保住了慧能这个法脉，禅宗到慧能的时候大放异彩。所以，为了将来的大放异彩，就要内心中正，不要一天到晚满口仁义道德、阿弥陀佛，要以结果论，从长远来看事情。

可见，世间的智慧跟出世的智慧并不是不相通的，出世的和尚、道士一样通人情世故，有老辣的智慧。

（二）

圣人所以能成其事者有五：有以阳德之者，有以阴贼之者，有以信诚之者，有以蔽匿之者，有以平素之者。阳励于一言，阴励于二言，平素、枢机以用；四者微而施之。于是度之往事，验之来事，参之平素，可则决之。王公大人之事也，危而美名者，可则决之；不用费力而易成者，可则决之；用力犯勤苦，然而不得已而得之者，可则决之；去患者，可则决之；从福者，可则决之。

"圣人所以能成其事者有五"，杰出的人能够成大事，主要是因为有五种不同的方法。哪五种呢？

"有以阳德之者"，从正面下手，用德行感化人、帮助人、造就人、照顾人等。这是大家都能看到的方法：去照顾人，帮他解决问题，对他有莫大的恩典。有用阳的，就有用阴的："有以阴贼之者。"有的则是暗中下手，破坏他的阴谋。"贼"是害，但这里不是指要暗中伤害、戕害某人，而是要消除人心中的恶念、阴谋。表面上不揭穿他，但是私底下就让他的恶念、阴谋整个瓦解，让其没有办法得逞。这属于遏恶扬善，一般人从外表看不出来，而那个想要搞鬼的人，发现自己的恶被抑制住了。"有以阴贼之者"，这需要些功夫，既要顾全对方的面子，还得让对方不敢轻举妄动。"有以阳德之者，有以阴贼之者"，都能成事，因为我们做一件事情，有时候正面的人群策群力把它完成，也有一些反面的人嫉妒，自己不能成，他怕你成，就用尽心思破坏，但是我们让他没有办法破坏，就得以阴对阴，这也能成事。成事不足、败事有余的人到处都是，我们不得不"以阴贼之"。

"有以信诚之者"，这个好懂，有的就是用诚信办好事情。真诚跟善良还是非常重要的，那是人的本质，不过前提是你必须强悍，必须足智多谋。

"有以蔽匿之者"，有的是偷偷进行一些事情，绝不说出来，也不让不需要知道的人知道。换句话说，这种台面上的、冠冕堂皇的，一般人都看得到，但是台面下的动作，诸如间谍网，斗智斗法，是台面上不一定看得到的，照样斗得很激烈，即使看不见硝烟，还是在进行战争。枪杆子里出政权，有时是阳面的军事斗争，有时是暗中的间谍之战，都很激烈。"有以蔽匿之者"，在历史中，有时真相永远不会被揭开，有些秘密被带到了坟墓里。所以说，不是所有的事情都在台面上，台面下交织的斗争同样复杂、激烈。

"有以平素之者"，有的事情是用比较正常、平常的办法就可以解决的，不需要用非常的方法。

以上五种方法，属于阴的大概有两种，一种是"阴贼之者"，一种是"蔽匿之者"。其他三种都可以说是阳面的，一般人看得到的。圣人针对芸芸众生各式各样的对象，用的其实还是阴、阳。其决策就像《易经》的夬卦（䷪），夬卦大部分是在台面上，姤卦（䷫）则大部分在台面下。但是夬中有姤、姤中有夬，夬卦的第三爻就是台面下的互动："君子夬夬独行，遇雨若濡，有愠无咎。"夬卦的第三爻，就是第五爻不方便出面的时候派第三爻这个密使用民间的身份，去跟上爻谈，互相试探底线，看可不可以寻求解决之道。这样的谈判当然是行踪隐秘的。而姤卦中也有那种台面上的决定性的一刹那，就是姤卦的第五爻："以杞包瓜，含章，有陨自天。"前面不知道做了多么细密、多么长久的布局，但是"有陨自天"（陨石从天而降）的时候，就一下子确定了。很多事情都是这样，没有事先铺垫的阴，哪有后面的阳？如果纯阳无阴，很多事情就不可能搞定；如果纯阴无阳，那么事情就没完没了。假定是用简单的方法就可以解决的，就不要用非常办法，为什么要复杂化呢？所谓的奇招，是正招没有用的时候，没有办法简单解决的就得用奇，用很多韬略阴谋。

"阳励于一言，阴励于二言，平素、枢机以用；四者微而施之。""一"不是数量词，而是整体不可分割的意思，即专注。"阳励于一言"，我们想用明的方式来施恩、照顾人，赢取人家的支持，那就要专诚、专注，即真诚地激励对方达到效果。"阴励于二言"，在阴的情况下，以隐暗的方式驱使对方，这就要"二言"。"二言"就让人无所适从，使对方迷惑。这是因为发现对方不是一个好家伙，就要让他搞不清楚真正的状况，你不能跟他开诚布公，而是要故布疑阵、虚虚实实。这属于斗智，而非欺骗。对方不是好人，而是一个破坏分子，那就不用客气，让他无所适从，搞不清楚到底是怎么回事，他还不好问你。用"二言"来达到目的，就不要"一致"跟"致一"了。对好人简单，是什么就是什么，说一不二；对坏人则虚虚实实。"平素、枢机以用"，"平素"，就是用平常的、正常的方法就可以解决。"枢机"，事物的关键、关窍。这就是说，事情并不奇特，总是有一些常规，但你还是要掌握关键之处来加以运用。"四者微而施之"，阳、阴、平素、枢机，这四者综合使用，在隐微不显的情况下来实施。

"于是度之往事，验之来事，参之平素，可则决之"，"度"，忖度、推理；"验"，验证。能做到上述的要求，用过去的事做参考，以未来的事做验证，再参照平常发生的事，就可以决断了。过去发生过什么事情，我们一定要了解，未来可能有什么事情应验，当下是什么样的形势，都要客观地计算、参考，然后做出正确的决断。决策就是这样。

"王公大人之事也"，给王公大人做事。鬼谷子所说的都是给王公大人们处理事务，像张仪、苏秦就是。这又有几种情况。

第一种是"危而美名者，可则决之"，"危"不是危险，是高的意思。假定王公大人要做决策了，他没有办法决定，我们要帮他分析并做出决策，做了这个决策，他会得到很多的美名，这是好事，可以直接做出决定。得到高的地位，崇高的美名，这当然好。第二种"不用费力而易成者，可则决之"，用力少而成功多的事情，何乐而不为呢？成本低，收益高，很容易成，没有什么太大的难处和太大的风险，而且不需要花太大的力气，那当然好了，可以直接决定去做。第三种是"用力犯勤苦，然而不得已而得之者，可则决之"，还有一些事情也值得去做，不过做起来很辛苦、风险也高，但是非做不可，就要冒风险、分析利弊、控制风险，一定要做成。这跟前面"不用费力而易成者"是截然不同的。总有一些事情是容易办的，有一些事情是不容易办的，但是"不得已而为之"，不做不行，做了可能不赚钱或者赔钱，但是你非做不可。第四种是"去患者，可则决之"，做这件事情可以去掉一些祸患，当然要做。第五种"从福者，可则决之"，可以给我们带来好处、带来福报的事情，当然要做。

（三）

故夫决情定疑，万事之基。以正治乱，决成败，难为者。故先王乃用蓍龟者，以自决也。

"故夫决情定疑，万事之基"，决策就是因为人情太难、人心太诡诈，所以善于决情定疑，是处理一切事情的基础。做事情就是这样，一个决策接着一个决策，累积出来整体的效果。"以正治乱"，拿正去治乱；"决成败"，决定人生的成败；"难为者"，下决断是很难的事情。决策很难，因为很难真正做得圆融、圆满，失败却很容易。像鬼谷子这样的顶尖高手，他也说"难为者"，决策确实不容易。无论人生成功多少次，有时一次失败就把前面所有的成就给毁了，要做到圆善有终，多难！

通常这种智慧裁断达到一定的高度时，人们都会有这种慨叹。像《论语》中孔子讲历史的时候，就说"才难"，人才特别难得。夏、商、周三代，人才就几个，都能数得出来的，有的还牺牲了。所以我们不要觉得成事很容易，觉得天底下都是人才，没有的事。

"故先王乃用蓍龟者"，有时候人算不如天算，最后还是没有办法，只好谋于卜筮，用龟壳和蓍草占卜，帮助自己做出决定。但最后还是得自决，根据你的经验、智慧、修为来做出最后的决断。

（四）

《决篇》用《易经》来归纳总结，其宗旨就是蛊卦（䷑）四爻齐变，变为豫卦（䷏）。未来就是豫卦，"验之来事"，预示、预测未来。蛊卦就是事情难办，很难突破体制上的很多麻烦事，所以要"干蛊"，蛊就是过去的事情。蛊卦通过二、三、四、上爻的努力，达到了一个豫卦的前景。这就是《决篇》，所有的决策是立基于准确的预测上，决策之后，才能激发大家的热情和斗志，使其参与行动，那就是豫卦。但是，做出决策是不容易的。蛊卦，代表过去积累的弊端，体制上很难突破，贪腐、特权都是阻碍。第二爻"干母之蛊，不可贞"，动都不能动，在短期内根本不能突破，因为领导人有问题。第二爻爻变就是艮卦（䷳），时止则止，时行则行，不见得永远不能动，只是眼下阻力太大，不能动。第三爻"干父之蛊，小有悔，无大咎"，还要维持改革的大方向，要突破。有时候人碰到"干蛊"困难的时候会中途败退，第三爻告诉我们，要挺到最后，即使"小有悔"，未来也"无大咎"，因为大方向是正确的。蛊卦的第三爻要突破的是什么呢？就是特难突破的第四爻："裕父之蛊，往见吝。"最后还是突破了，坚持到最后的第六爻称"不事王侯，高尚其事"。盖子揭开了，第六爻爻变，变成升卦（䷭）了，由"据乱世"变成"升平世"。组织的品质往上提升了一大步。四爻齐变是豫，未来看好。

说得很容易，突破好难，我们要有那个耐心才行。人们通常在"干母之蛊，不可贞"的时候，充满了挫折感，没有耐心去周旋，常常就想放弃。

符言第十二

扫一扫，
进入课程

（一）

安徐正静，其被节无不肉。善与而不静，虚心平意，以待倾损。右主位。

"安徐正静"，指国君或者领导人必须保持安稳、冷静。"其被节无不肉"原为"其被节先肉"，但是后者意思是先吃肉，这当然是不可能的，绝对是有问题的。陶弘景注解这一句说："被，及也；肉，肥也，谓饶裕也。言人若居位能安徐正静，则所及之节度无不饶裕也。""被"，就是及，即教化可以泽被天下。"肉"就是费，代表富饶、充裕。"节"，指任何事情不要过或不及，要恰到好处地把事情处理好，既漂亮，又有规范，时间、行动的节奏恰到好处。"其被节先肉"，他所能够达到的节度先肉，这就有点讲不通了。故陶说《道藏》本有错字，应为"其被节无不肉"。意思就是影响力达于节度，事情处理得恰到好处，而且很宽裕、从容。像《易经》中的益卦（䷩）讲"长裕而不设"，在乱世中，"长裕而不设"的忧患意识是非常重要的，其前面一定要损，一定要"惩忿窒欲"。人的欲望、情绪没有得到有效的控管，就会出事。不经过损，损之又损，就不可能获益；没有无为，就不可能无不为，这些都涉及修为。领导人的修为，能够做到从容、宽裕的节度，因为"安徐正静"。"徐"，慢慢来，急躁没有用；"正"，不能走偏路，正路有时候不会那么快达到，好事多磨。"静"，安静，要"致虚极，守静笃"。一个领导人居于君位，不管碰到什么困难，依然很镇定，做事情就不会失节，而是恰到好处，影响力所及都合乎节度，结果没有不圆满的。损卦（䷨）是"德之修也"，才会有益卦的"德之裕"，而且还不是偶然得到，是"长裕而不设"，怎么做都对。

　　"善与而不静，虚心平意，以待倾损"，我们先看后两句的意思，即自己则平心静气，坐观其变，等待对方倾覆、损毁。人的起心动念要虚、要平，耐心等待对方的倾损，这就说明在任何状况下，都要镇定、虚心、平易，等待我们讨厌的对方灭亡。因为对方可能很毛躁、很霸道、很离谱，既然不是"安徐正静"，处事一定不圆融，迟早会出事。我们不要着急，不要和他争，就等着看他灭亡。造成对方倾覆的结果，其实就是因为"善与而不静"，对方的领导人虽然很霸道、嚣张，但是没有沉静的功夫，而又出手大方。"善与"，给这个人好处，结交那个关系，但是做不到真正的静。而"虚心平意"的领导人，他"安徐正静"，那么他做事绝对合乎规范，处理得很圆融。有些人看着很大方，给这个、给那个，到处都是朋友，其实是组成了一串粽子，形成了共犯结构。但是修为不够，做不到真正的沉静，常常希望用最简单的方法去把问题给解决，这就难免夜路走多了，常常会碰到鬼。所以，我们看到这种"善与而不静"的领导人，即使他在成功的巅峰，我们也不必急。也有的版本把"静"当成"争"，变成了一个优点，善于布施，不跟人家争。这样的话，"虚心平意，以待倾损"，就得换一个说法了。我们且不管，还是照前面的讲。"安徐正静，其被节无不肉。善与而不静，虚心平意，以待倾损"，这两句话就是一个对照，一种是一个领导人"安徐正静"，没有什么事情会让他气急败坏、大难临头似的，什么事情他都能处理得很好，"其被节无不肉"。另外一种人属于枭雄型，"善与而不静"，他就是做不到真正的静，故我们暂时"虚心平意，以待倾损"，等到他势盛的时节过去，就会出事，造成他最后的灭亡。

我们中国人都有这种等待的功夫，不要求在每一次较量的时候都获胜，甚至我们常常忍辱包羞，常常受挫折，没有关系，留得青山在，就等着对方败亡的那天，我们依然可以赢得最后的胜利。可见，人生中与人争讼、斗争，总是难以避免，能够大获全胜的是少数。前面即使遭受很多挫折，只要"虚心平意，以待倾损"，对方因为"善与而不静"，总会出事的。不然就没有天道了。事所必至，有时候也不一定要我们出手，他自己造孽多了，自取灭亡。这种自取灭亡，在《黄帝阴符经》中也是明明白白写着的。

人做事情就是要没有算胜心，要算败：自己在最糟糕的状况中能否挺住，最后可不可以扳回来？如果要反败为胜，有一个先决条件，就是一定要活得很长，而且要很健康。如果惨败之后，一下子想不开了，就自我了断了，或者得了癌症，心里忧郁，就等不到胜利的那一天。所以，活得长比什么都重要，不光活得长，还要身心健康，即"虚心平意"。

"右主位"，"右"，古代的文字是按从右到左的顺序书写，故称"右"，用现在的话来说，就是"以上"。意思就是，以上是说主位的人应该如何去做。

（二）

目贵明，耳贵聪，心贵智。以天下之目视者，则无不见；以天下之耳听者，则无不闻；以天下之心思虑者，则无不知；辐辏并进，则明不可塞。右主明。

"目贵明，耳贵聪，心贵智"，眼睛贵在清晰明亮，耳朵贵在灵敏机警，内心贵在充满智慧。《人物志》说"聪明平淡，总达众材"，耳目聪明看问题够深入，富有智慧的心灵对问题能够正确判断。

"以天下之目视者，则无不见"，发动组织的力量到处布局，让天下那么多眼睛帮你看，没有什么看不见的。"以天下之耳听者，则无不闻"，如果用天下人的耳朵来倾听，那么没有什么听不到的。"以天下之心思虑者，则无不知"，用天下人的智慧来思考、谋划，没有什么不能知道的。这句话告诉我们不要刚愎自用，要运用很多有智慧的智囊团，帮你去谋划思考。群策群力的好处，就是不会有认知的盲点。"辐辏并进，则明不可塞"，做到了上面的"无不见、无不闻、无不知"，即遍察、广闻、全谋，就像马车车轮的辐集中于车轴一样，你的明就不会被蒙蔽。"右主明"，以上就是讲领导人如何做到明。即一个领导人绝对要明智，看事情要看得透。这里告诉我们，不要迷信一个人的眼睛、一个人的耳朵、一个人的心，一个人哪里可以遍知天下事呢？必须用众，才能做好领导。

德之术曰：勿坚而拒之，许之则防守，拒之则闭塞。高山仰
之可极，深渊度之可测，神明之德术正静，其莫之极。右主德。

"德之术"，修德要讲方法。"勿坚而拒之"，不要这样：人家跟你
进言，还没听，就拒人于千里之外。也就是说，人家诚意来投效，不
要轻易拒绝。如果你关上这扇门，就做了一个很不好的示范，那么你
只能跟自己熟悉的那些人混日子。所以不要"坚而拒之"，可以先试试
看，不合适还可以辞退。"许之则防守"，如果接受他，允许他加入，
就多一些人帮忙抵御外敌。对于来的人，除了必要的考察外，要接受
他，给他一个机会，允许他进来，他就帮你防守你的江山。因为人进
入一个组织之中，就算是间谍，他表面上还是要表现出帮你防御外敌
的。"拒之则闭塞"，如果什么都不考虑，就是不允许别人进门，那么
你的组织不可能成长。没有新鲜的活水注入，必定会成为死水一潭。
有的老板完全听不进别人的见解，什么忠言都没有办法听进去，慢慢
下去就成了孤家寡人。

"高山仰之可极"，人家愿意仰望，还是可以看到高山的顶端。"深
渊度之可测"，渊深似海，如果说下定决心要去探测，还是可以测的。
"神明之德术正静"，像神明一样的德，要求平正、平静。"其莫之极"，
这种风范无边无际。这就是说，一个领导人的神明之德几乎探不到边，

就如"阴阳不测之谓神",有无边无尽的智慧。领导人的"德",比高山、大海还要不可测。高山、大海是有形的,人的智慧是无量无边的。所以,颜回追随孔子几十年,最后喟然叹曰:"仰之弥高,钻之弥坚;瞻之在前,忽焉在后"(《论语·子罕》),还是望尘莫及。"右主德",以上就是推崇德行的方法。

（四）

用赏贵信,用刑贵正。赏赐贵信,必验耳目之所闻见,其所不闻见者,莫不暗化矣。诚畅于天下神明,而况奸者干君。右主赏。

下面就是"主赏",领导人除了惩罚办事不力的下属外,平时还要赏赐下属,一定要明正赏罚。

"用赏贵信",该赏的一定要赏,不能吝赏,说了要赏就得赏,不要失信于下属。"用刑贵正",要处罚一个人,不能乱来,不能公报私仇,刑罚要公正,不能硬整得人家受冤。

"赏赐贵信,必验耳目之所闻见",为什么会赏赐部下呢?因为你的耳目发现他确实有善行,确实有功劳,经过确认、验核有功绩,所以就赏赐,这样大家才心服。

"其所不闻见者,莫不暗化矣",人家真有善行,绝对不会漏掉,绝对给他一个荣赏。别人一看你是真正"赏赐贵信",他就会觉得应该努力，他的努力总有一天会被肯定。如果赏罚公正，其他一些在暗中做坏事的可能就会收敛，因为怕被抓到，人的恶行、恶念就自然而然地自动调整，做好事的就得到激励。管理一定是这样，赏罚公正才能让员工有成就感和认同感。

"诚畅于天下神明，而况奸者干君"，至诚如神，立信是非常重要的，能畅通于天下神明。任何组织中都有奸恶之人，动小心思，搞小动作。"干"就是"求"，他跟你套关系，其实在搞破坏，只要你的赏罚都是正确的，那就不足为惧了。刚才就讲了，"其所不闻见者，莫不暗化"，这是明察、赏罚、诚信的作用。

"右主赏"，以上说的是如何行赏罚。

领导人，有的风格很深沉，但是很正派；有的人是深沉，但是邪僻；也有人正派，但是太露于外表，好对付得很。正派而深沉就难测了。"诚畅于天下神明"，《易经·系辞传》就经常讲"神明"，"神"是讲自然的造化，"明"是讲人的智慧达到的境界。领导统御，只要抓几个指标效应，其他人就统统不敢乱动，不敢为非，拼命行善。"奸者干君"，他离你很近，关系不正，必有所图，那就让他坐冷板凳。"亲贤臣，远小人"，这是正理，但历史上很多人事还是倒过来，历史的剧本就一而再、再而三地演下去。

（五）

一曰天之，二曰地之，三曰人之。四方上下，左右前后，

荧惑之处安在。右主问。

这一则"主问",一个领导人不可能什么都知道,所以要咨询,通过咨询了解关键信息,还要知道潜在的问题。不问怎么知道呢?看报表不一定正确,说不定账目是虚的。

"一曰天之,二曰地之,三曰人之",天、地、人三才都来了。知天、知地、知人,要掌握大环境所有的信息。天地之间的变化,还有人的变化(人情、人心、人事的变化),都要掌握。

"四方上下,左右前后",全方位都要掌握,一个领导人要掌握的就是全方位的关键信息。而这些信息有时候是靠问的,不能光看报告、看表面。然后还要知道有没有一些潜伏的危机、祸患在暗中出现。了解这些要凭借观星象,即观察"荧惑之处安在"。"荧惑"就是火星。了解火星的位置在哪里,代指获悉在暗中出现的重大祸患。

> 由于火星呈红色,荧荧像火,亮度常变,而且其运动轨迹,时西向东,时东向西,令人迷惑,故古代人称火星为"荧惑",取"荧荧火光,离离乱惑"之意。
> 星象家认为,荧惑代表行为失礼,它出现,就预示有战争或灾难,它隐没,祸患会停止。故他们以荧惑所在的分野预测一国的吉凶。荧惑星预示着内乱、疾病、死丧、饥饿、战争等灾难。

荧惑有战争、臣弑其君等象,在这里就是一个比喻,是说表面上看不出问题，但其实隐含着重大的问题，是绝症、隐忧。所以领导人要居安思危，要查问，要防范，调查致命的弱点在何处。阳历三月（阴历二月），属于《易经》中的大壮卦（䷡）月，诸事不吉，而西方的三月英文为 March，源自古罗马的战神玛尔斯，还有拉丁文的火星也源自玛尔斯。可见，三月代表刀兵之灾，阴历二月称大壮月，都是有来源的。大壮卦如一头发情的公羊，血气方刚，容易与人冲突。大壮容易造成破坏性的群众运动，暴动特别多。故孔子说"君子有三畏：畏天命，畏大人，畏圣人之言"，要有所敬畏。如果什么都不怕，那就糟了。

"右主问"，以上就是君主针对隐伏的问题所采取的措施：要找出来，早一点儿解决掉。

（六）

心为九窍之治，君为五官之长。为善者，君与之赏；为非者，君与之罚。君因其政之所以求，因与之，则不劳。圣人用之，故能赏之。因之循理，故能久长。右主因。

下面叫"主因"，道家、法家等术家特别重视运用一些既有的东西，即"因"，顺势利用，借力使力，才可成事。

"心为九窍之治"，人有九窍，脸上的七窍，加上前阴、后阴。"窍"是对外开口的，也是一切祸患的根源，在《易经》中就是兑卦，所以老子说要"塞其兑，闭其门，挫其锐，解其纷，和其光，同其尘"，所有的窍都是由心管制。"君为五官之长"，君是五官的首长。君王对他组织中的那些出入口有统领权。

"为善者，君与之赏；为非者，君与之罚"，做好事的人，君主会给他们赏赐，做坏事的人，君主会给他们惩罚。语意清楚，无须多解释。

"君因其政之所以求，因与之，则不劳"，君主根据臣民的政绩来任用，斟酌实际情况给予赏赐，这样就不会劳民伤财。有人认为"求"是来，中间没有"政"字，即"因其之所以来"，他来求见，心中必有所求，就要了解他求什么，搞清楚他的来意，再给他，要名的给名，要利的给利。但是相对来讲，想要的人，就要表现好，君主不必帮他去想。

"圣人用之，故能赏之"，圣人用人，白的能用，黑的也能用，黑白两道都能用。每个人都有长处、短处，圣人都能用，故能很好地掌控他们。"因之循理"，按照自然的道理，按照人情、人性之理，去借力使力，"故能久长"，这样就能天长地久。因的人就没有什么主观的偏见，就是尊重客观形势，懂得运用，还懂得扩大运用。所以，为君者一定要懂得用，用的东西还是现存的东西，并没有加上什么自己的主观想法，循着自然的道理，国祚就能久长。

"右主因"，以上就是讲领导人善于运用形势，如人与人之间的矛盾等，达成其政治目的。

（七）

人主不可不周。人主不周，则群臣生乱，寂乎其无常也，内外不通，安知所开？开闭不善，不见原也。右主周。

"主周"，即遍通事理。

"人主不可不周"，作为君主，需要全方位审时度势，用人也是如此，一定是三百六十度广泛了解外界状况。

"人主不周，则群臣生乱"，如果君主在某些方面完全无知，或者不懂得驾驭，不懂得用人，下面的大臣就乱了。组织是全面的，人的身体也是全面的，就像"心为九窍之治"，所有器官归它管。群臣一旦生乱，"寂乎其无常也"，世间突然无声是不正常的。"内外不通，安知所开"，一个组织的毛病在于领导统御出现不周的状况，所以内外会不通，大家有意见也不提出来，开会都保持沉默。要怎么打开这个沉闷的局面呢？貌合心不合，同床异梦，难也。"关闭不善，不见原也"，有些东西要开，有些东西要关，也处理不当，看不到事情的源头。可见，"人主不周"，没有做到周密，没有全方位照顾到组织，就会滋生很多问题，如群臣生乱。这个组织一天到晚都是在一个无常的状态下，就糟糕了，没有定规。就像消防队，一天到晚，这边有火，那边有火，忙于救火。一个长久的、正常的体制完全乱了。

"右主周"，以上就是讲"主周"，要周全地掌握整体情况。

（八）

一曰长目，二曰飞耳，三曰树明。明知千里之外，隐微之中，

是谓洞天下奸，莫不暗变。右主参。

"主参"，就是多方面参考，不能靠单一渠道的认知，就认为一定是这样。那样容易被蒙蔽。

多听一点儿意见，所有的情报信息要核实，参考几方面的信息，能够互相印证，大概就可以形成正确的意见。如果彼此抵触，可能就有问题了。不"参"的话，就不知道。"参"也是平视的意思，即重视每一个情报来源，然后整体思考，看它本身有没有矛盾。

"一曰长目"，领导人有长目，像千里眼。"二曰飞耳"，领导人有飞耳，如顺风耳，因为有人帮他看，帮他听。"三曰树明"，他到处去树立一些打探机构，帮助他提升判断的智慧、看得清楚。

"明知千里之外"，他在决策总部，即使在深宫大内，对天下事依然清清楚楚、了如指掌。"隐微之中"，有很多在暗中进行的，他也知道，每一个地方都有探子。你看，鬼谷子就是巽卦（☴）那种智慧的发挥，深入、低调、无形无象，这种智慧其实也是人类经验的总集。为了生存、斗争、扩大发展组织，一定是这样。卧底、间谍，这是很古老的智慧，不教都会。出事了，才派情报员进去，那太晚了。有的人生下来，就卧底，最后还变成那个地方的掌门人。"长目""飞耳""树明""明知千里之外，隐微之中""是谓洞天下奸，莫不暗变"，这就叫作洞察天下奸邪，很多人还不知道，问题就已经解决了。在对方还没有发动的时候，领导人就有动作了，对方的人不敢动，连卧底都不敢动。这样，就可以让对方知难而退。

"右主参"，以上就是说君主应该有全方位的情报来源，作为国是的参考。

（九）

循名而督实，按实而定名。名实相生，反相为情，故曰：名当则生于实，实生于理，理生于名实之德，德生于和，和生于当。右主名。

最后谈"主名"，名实要相符，有些人爱吹牛，名头搞得好大，结果是虎头蛇尾，甚至根本不能成。好大言，少成事，名实不相符，对那种很夸张的名就不要有太高的预期，要考核后才能确认。

"循名而督实"，依照名分去考察实际。如果书面的方案写得那么美轮美奂，就要看最后到底做成什么了，要核实，要督促，要督责。"按实而定名"，根据实际来确定名分。一定要经过校核，名实要相符。

"名实相生"，名要合乎实，实要合乎名，名实相符，这是互相。"反相为情"，如果名脱离了实，实脱离了名，就要整顿了，不能成立的事情，会误导人。

"故曰：名当则生于实"，名恰当、正当了，是因为实际就是这样。"实生于理"，按照道理就应该是这样。"理生于名实之德，德生于和，和生于当"，道理产生于名实相符之德，德产生于和，和则产生于适当。不当则乱，名生于实，实生于德，一个实干的人，他具备有德的修为，不是胡扯的。

"右主名"，以上就是讲名实相符。

（十）

　　好，《符言第十二》讲完了。这一篇主要是讲领导人要有怎样的修为，如何领导统御，提升感召力。很多事不必亲力亲为，要构造情报网，广开信息渠道，作为有效管理的参考。这一篇的主旨，用《易经》来说就是家人卦（☲）的初爻、五爻、上爻。先说君位第五爻。要当掌门人，领导一群人，当然要有一套。第五爻称"王假有家，勿恤，吉"，"假"说明要有强大的执行力，又要有感染的理念，因为王的对象是家族团体，相亲相爱，又很有组织效率。所以《符言篇》要求领导人做到家人卦第五爻，做到了，就不用担心了，从理念到执行都很完美。还有《小象传》所说的"交相爱"，也不可或缺。家人卦第五爻单爻变就是贲卦（☲），家族团体在这样的家长的领导下，有文化，有教养。要知道"家和万事兴"绝对不容易做到。齐家才可以治国，家人卦上下对调就是鼎卦（☲），鼎就是治国。家人卦是齐家，鼎卦是治国，齐家治国，由内而外，由下而上，内外、上下颠倒就是家国一体。当然，最重要的是领导人得有一套。还要把关，即对初爻的广大基层，把关要严，要严格征选——"闲有家，悔亡"，于是就少了很多麻烦。"闲"才能够"有家"，"王假"才能"有家"，基层"闲"（把关）才能"有家"，都是维持这个团体不可或缺的。还有就是上爻"有孚威如，终吉"，《小象传》说"反身之谓也"，说明领导人以身作则、反身修德是非常重要的，而且还要恩威并济。自己做到了威，才有办法要求别人。家人卦的上爻我们知道，有可能从家人发展到睽，亲近的关系可能会变成闹意见、闹分裂，只有按照家人卦的上爻爻辞那样做，才可免于睽。家人卦初爻是把前门关好，上爻则是把后门也关好，这样就成为一个"家人，内也"的自足、相亲相爱、具有竞争力又很有文化教养的团体。

《符言篇》的主旨就应在家人卦初爻、五爻、上爻，重点在五爻。如果三爻齐变，那就是最好的卦——谦卦（䷎），团体的发展就可能"谦亨，君子有终"，资源的分配很合理，对外的处事也没有问题，不会惹麻烦。

转丸第十三、胠乱第十四（缺）

扫一扫，
进入课程

　　《转丸》《胠乱》两篇已亡佚。刘勰《文心雕龙》称："《转丸》骋其巧辞。"可见，那时《转丸》篇尚未失传。而《胠乱》篇则鲜见记录。这两篇亡佚时间已久，故本书不讲。

本经阴符七术

扫一扫，
进入课程

中国学问讲究实修，光会背诵没有用，没有那样的内力和修为，这些招式到你手上一眼就被人家看破。《本经阴符七术》和《黄帝阴符经》都有"阴符"二字。"阴符"，暗中符合，这种斗争的智慧，都经过检验。这一篇论述人如何修炼内在精神，以修炼内在精神为本。

"七术"，首先是"盛神法五龙"，这是第一功。神要有气势，要很有精神，始终是在很壮盛的状态。神怎么能达到盛呢？这就要练，"法五龙"，有点儿像《易经》乾卦所讲的"时乘六龙以御天"，"六龙"就是一切。"五龙"，龙是古代想象中的神灵，具有超人能力，这里的五龙代指宇宙万物的变化。在天地之间，有不停循环流转的金、木、水、火、土这五种元素。"法五龙"，修炼到最后即"土者通达之，神盛乃能养志"。

下面就是"养志法灵龟"。可见"本经阴符七术"是循序渐进的，修完第一层功夫"盛神"，再修第二层"养志"。志是要养的。我们的志，有时是少年时立的志，可不可以一直坚持到老呢？很多人遇到挫折之后，志就没了。《礼记》中讲一个人的志要经过考验，要养，遭遇不断的挫折，其志还是不改，就像《易经》困卦（☲）所说的"致命遂志"，百折不挠，这才是真的志。志是要养的，养的时候就法灵龟。灵龟在《易经》哪一卦出现？颐卦（☲），"舍尔灵龟，观我朵颐"。养志，就是不能舍掉灵龟。一个人的志跟天命需要不断地对话和较量，他的修为就如《礼记·乐记》所说："情深而文明，气盛而化神。和顺积中而英华发外。"情感深厚就会文采鲜明，气度宏大就会变化神奇，和顺的情感聚积在心中，就会有美好的神采呈现在外表。其志就如《礼记·孔子闲居》称："清明在躬，志气如神。"一个人坚定、从容，给人的感觉就不一样，其气度和意志有如神明。人一辈子在不同的时空情况下，始终有那个感觉，很不容易。好，这是养志。

第三个就是"实意法腾蛇"。"意"是虚的，永远没有办法落实，"实意"就是要把意落实，指哪打哪，百发百中。"法腾蛇"，"腾蛇"在前面的《反应篇第二》中有"符应不失，如腾蛇之所指"，"腾蛇之所指"，绝对正确。"实意法腾蛇"，我们的意能不能落实，要很实际，不能发狂言。

前面三个是讲自己的内修——"盛神、养志、实意"，人的意最容易虚，故要实，意念才可以发挥无比的能量。这三个是属于自省，如同"内练一口气"，后面的就是"外练筋骨皮"，要与人对阵，跟人竞争较量。敌人可能很强，你要懂得分他的威。

第四个是"分威法伏熊"。一头大熊站起来，威风八面，但是可以分它的威，让它不那么强大。这就是面对强敌之术。经过前面的"盛神、养志、实意"，自己内心强大了，即使面对的敌人强大，我也能分他的威。像美国很强，如何让美国的威"分"，有威还用不上？那就让他备多力分，既要掌控欧洲，又要掌控亚洲，结果力量就不行了。美国总统一天到晚出国，经常对人讲"美国绝不、绝不、绝不"，明明力有未逮，还在说谎话。可见，"分威法伏熊"是指面对的敌人很强大，但可以分他的威，让他的力量打个八折。

第五个是"散势法鸷鸟"。对方有很强大的力量，可以让他"散势"，让其根本就打不到我，这就要学鸷鸟。关于"鸷鸟"，《太公六韬》称：

"鸷鸟将击，卑飞敛翼；猛兽将搏，弭耳俯伏；圣人将动，必有愚色。"这有点儿像五禽戏，跟熊学，跟凶猛的鸟学，跟龙学，跟蛇学，还要跟灵龟学。敌人来了，我们能够分威散势，就像金庸小说《天龙八部》中的星宿老怪使用化功大法，敌人虽然强大，但能把他的力量化掉，再不然，就转成己用。

第六个是"转圆法猛兽"，这是向猛兽，如狮子、老虎学转圆之法。做事情不能学方的有棱有角，要像圆那样，转圆"无竭如江河"。

第七招"损兑法灵蓍"，"兑"代表情欲，开窍的地方，"损"则要惩忿窒欲，不然会出大岔子。面对事情，不能生气，要有智慧，要冷静，即"损兑"，把欲望损掉，故我们要谨言慎行，节制自己的种种情欲，要跟"灵蓍"学习。"灵蓍"，即占卜用的蓍草，占事百发百中。"损兑法灵蓍"最后称："善损兑者，譬若决水于千仞之堤，转圆石于万仞之溪。而能行此者，形势不得不然也。"这两句好像是从《孙子兵法》中抄来的：《形篇》中有"若决积水于千仞之溪者，形也。"《势篇》说："如转圆石于千仞之山，势也。""损兑法灵蓍"与前面六个术法动物不同，是法植物。

盛神法五龙

盛神中有五气，神为之长，心为之舍，德为之大，养神之所归诸道。道者，天地之始，一其纪也。物之所造，天之所生，包宏无形，化气先天地而成，莫见其形，莫知其名，谓之神灵。

故道者，神明之源，一其化端，是以德养五气，心能得一，乃有其术。术者，心气之道所由舍者，神乃为之使。九窍十二舍者，气之门户，心之总摄也。

"盛神法五龙"，精神要壮盛，才能折服人。要是一副很好欺负的样子，不管是跟人家打，还是跟人家谈，先就输了三分气势。精、气、神，人之三宝。神要养得很盛，则欲望一定要有所节制，绝对不能纵欲。《鬼谷子》是在《道藏》的系统中，提倡的是无为而治。在儒家来说，孟子也说"养心莫善于寡欲"。这些绝对是经验之谈。正如庄子所云，嗜欲越深，天机越浅，嗜欲越浅，天机越深。《易经》中的损卦（䷨）主"惩忿窒欲"，损欲就能"盛神"，精神特别饱满。既然不会乱消耗，人就会变得无私。无私是所有智慧的老祖宗，一切智慧从无私来。儒、释、道都是如此，没有哪一个大师鼓励纵欲，纵欲一定是死无葬身之地。"盛神"是内在的能量足够，外面那些烦琐的形式不再重要，在清心寡欲的时候，整个心态是平衡的。

"盛神中有五气，神为之长，心为之舍，德为之大，养神之所归诸道。""五气"，说法不一，有人说是指心、肝、脾、肺、肾等五类之气，认为气是万物生成的根源，形成风雨、寒暑、阴阳等，在人体中表现为生命力、意志、感情。总的说来不外乎精气神，练精化气，练气化神，练神还虚。壮盛的精神中有五种气，气势不凡。这五气中，"神为之长"，五气中负责统摄的是神。"心为之舍"，心像旅馆一样，可以让气暂时休息。气毕竟要有一个地方待着，不能一天到晚乱窜，动的时候动，安养的时候要安养，一定要有一个舍，像住旅馆一样，住几个晚上，可以得到充分的休息。心里面藏了这些气，"气"就在心中休息。休息是为了走更长远的路。为什么工作的人，一个星期要放两天假呢？就是要休息好，准备下一个星期的工作。《易经》中渐卦（䷴）的雁行团队，那么让人赞赏，是成功的团队典范，其原因就在于循序渐进。每一个阶段都有"舍"的地方，如"鸿渐于干""鸿渐于磐""鸿渐于陆""鸿渐于木""鸿渐于陵"，又回头"鸿渐于陆"。每个地方都有基地，都有舍。我们的心就是精神、气势的"舍"，安养的所在，休息一下，先前消耗的气马上得到了补充，第二天精神更旺。

"神为之长，心为之舍"，这是讲心神。下面就讲道德。"德为之大"，修德太重要了，有的版本写成"德为之人"，应该还是"大"比较顺。进德修业很重要，儒家所说的三不朽，"太上有立德，其次有立功，其次有立言"，立言是最低的，说容易，做太难，建功都比修德容易。德的影响是超越时空的，功的影响可能就是一时的成败，所以，德是值得追求的。"德为之大"，能不能够有德，能不能够有修为，能不能够有善行，能不能够对社会人事有贡献，跟"盛神"、心气的调养有关。谈到了德，就得往上去探求到道："养神之所归诸道。"所有这些养神之所，最后还要回到自然的法则，即自然之道。人能够修炼心神，该止就止，该动就动，然后练德，练德之后要复归，要合于自然之道这一根本法则。

"道者，天地之始，一其纪也"，道是什么？为什么那么重要？因为道是"天地之始"，是生天、生地、生人的，"一其纪也"，整个宇宙天地，有一个东西在维系，井井有条，纵横交织，是有组织来维系的。这就是"纪"。《老子》云："能知古始，是谓道纪。"正如《孙子兵法》讲到情报网的建立，说最高领导人布置情报网，发展各式各样的间谍，中间没有横的联系，有时要把所有的间谍动员起来，花招百出，迷惑住敌人。这就是"五间俱起"，五种间谍都发动。"莫知其道"，面对错综复杂的变化，敌人晕了。"是谓神纪"，这是顶尖高手打情报战，最高的一种手段，称为"神纪"。纪很重要，家人卦（䷤）初爻不准别人随便进门，是有纪律。如果没有纪律，整个管理无效，组织就没有办法延续。帝王创业之后，希望有一些东西能够延续。司马迁的《史记》有"本纪"，这个延续是有法则的。人事有法则，自然也有法则。"天地之始，一其纪也"，自然法则维系的东西是"一"，是整体不可分割的。道的纪，就显现在"一"上。很多人搞不清楚老子的话，看到"道生一，一生二，二生三，三生万物"，就说"一"就是道，这不是荒唐吗？"一"，并非本身就是道，"一"就是道的整体性，不可分割。"一"，再分阴分阳，一阴一阳之谓道，一就生二。道太重要了，没有东西能够违反自然之道，人也得遵循。《易经》把六十四卦、三百八十四爻、四千零九十六种变化，统统演给我们看，它的演是根据什么推的？就是根据这个"纪"——天则。

"物之所造，天之所生，包宏无形，化气先天地而成，莫见其形，莫知其名，谓之神灵。""物之所造，天之所生"，意思简单明了。万事万物是怎么出现的？天生的，诞生孕育于自然之中。"包宏无形"，很多东西是没有形的，看不见的东西太多了。最高的形是无形，无形就不可能泄密。《孙子兵法·虚实篇》称"无形，则深间不能窥，智者不能谋"，卧底再深的间谍也没有办法知道真相，敌对阵营再聪明的脑袋，也没有办法谋算我们。因为我们无形无象、无懈可击。

"包宏无形"，包罗万象，无形无象。"化气先天地而成"，造化之气先天地而成。"莫见其形"，没有人看到。"莫知其名"，没有办法给它一个名称。这种东西要怎么称呼呢？勉强吧，"谓之神灵"。"盛神"也不是迷信，它本来就在所有东西诞生之前就出现了。

"故道者，神明之源，一其化端，是以德养五气，心能得一，乃有其术。"道又是神明之源，神明有它的源头，源头就是道。"一其化端"，"一"是动词，统一的意思，一是道变化的开端。能够统合阴阳两面的就是道，就像太极图的整体是道，再分阴阳面，分阴分阳。

"是以德养五气"，因此要用德来养五气。孟子就"善养吾浩然之气"。"心能得一"，这是老子的观念，"天得一，地得一，王侯得一"，心要得一，要专注，不要老是三心二意，不要动不动就粗心大意。不专注，就不能得其浑全之意，"憧憧往来"的心就没得一，所以咸卦（䷞）第四爻就要你正心诚意、贞吉悔亡，因为"憧憧往来，朋从尔思"，胡思乱想，就没有好结果。

"是以德养五气，心能得一"，所以，以德来养五气，心就能够透过德养得一。"乃有其术"，我们讲《本经阴符七术》，要练基本功，要调养心神平衡，才会拥有这些术。光有术，如果没有道，也会出纰漏。等到修到道了，术自然就有了，就像神通一样。神通不是追求的目标，而是按照大道去修，修到一段时间，神通自然就有了。追求神通，卖弄神通，福报就离你很远了。

"术者，心气之道所由舍者，神乃为之使"，什么叫术呢？很多人希望修到某种术，根本还是要心能得一，要养五气。这是大法，没有捷径、没有侥幸，急功近利也不行。"心气之道所由舍者"，就在总结前面讲的"心为之舍，神为之长"。"神乃为之使"，《易经·系辞传》说"阴阳不测之谓神"，神的运用，神妙不测，好像天使一样，可以传达这样的信息，可以显示那样的妙用。大本大源的道要修，修到那个道，自然就会有术。有了这个术，就懂得驾驭心气的出入。

"九窍十二舍者，气之门户，心之总摄也"，"九窍十二舍"，是"气之门户，心之总摄也"。"九窍"没有问题，"十二舍"是什么呢？讲"心为之舍"，像旅馆一样，有些东西要暂时窝一窝，那就叫"舍"。"舍"有十二个所在，是什么我也不知道。说是"气之门户，心之总摄"，应该是跟中医有关。全身不是练气吗？气血不是要周流吗？气有一个舍，舍的好处就是安养，养足了好干事，将来再动时，力量就很盛。

生受于天，谓之真人；真人者，与天为一。内修练而知之，谓之圣人；圣人者，以类知之。故人与生出于化物。知类在窍，有所疑惑，通于心术，心无其术，必有不通。其通也，五气得养，务在舍神，此谓之化。化有五气者，志也、思也、神也、德也；神其一长也。静和者，养气。气得其和，四者不衰。四边威势无不为，存而舍之，是谓神化。归于身，谓之真人。真人者，同天而合道，执一而养产万类，怀天心，施德养，无为以包志、虑、思、意而行威势者也。士者通达之，神盛乃能养志。

第二段有两个名词：一个是道家的庄子特别提出来的"真人"，真人是道家修炼的极致；另一个是儒家提出的"圣人"。真人与圣人显然不是同一境界。《鬼谷子》属于《道藏》的系统，真人比圣人要高级：真人归真返璞，达到了天人合一的境界，属于自然而然、从容自如的境界；圣人则有很多方面可能还要咬牙切齿地修炼，靠着很多人为的方法惩忿窒欲，还没有达到与大道合一的自然而然的境界。

"生受于天，谓之真人"，天生天受，称作真人。如此看来，人要是不修炼，刚生出来时也是真人，因为没有什么欲望，没有什么私心，也没有什么坏习气，但满月后就嗜欲渐深，不是真人，也会骗人了。道家的修行可以说就是归真返璞——"损之又损，以至于无为"，"生受于天，谓之真人"。我们本来都是很真的，就像佛教所说的众生本来是佛，只是因后天的习性沾染，以致越来越像魔。学佛就是把原本就有的佛性再开发出来，要征服内心的魔，再回到佛的境界去。回头是岸，修成真人也是回头找根源。《易经》中的复卦（☲☲），几乎就是儒、释、道三教的共法，都是回去寻找内在的核心创造力，但又跟过去不完全一样，要更进一层。儒家说"克己复礼"，道家说"致虚极，守静笃，吾以观复"，都是恢复本来就有的东西。

"真人者，与天为一"，真人与天本来是一个整体，根本就没有割裂。人身小宇宙、天地大宇宙，完全是"自天佑之"，本来就有的。

"内修练而知之，谓之圣人"，要经过后天的修炼，不断地化解，克制内心中不断上涌的种种欲望，然后才可以达到一种智慧的境界，即了解道的境界，这个就叫圣人。真人本来就是与天合一，或者是到后来完全跟天合一；圣人则不是，要加上很多人为的努力，即"内修炼而知之"，才可"谓之圣人"。

"圣人者，以类知之"，"类"，类族辨物的类，触类旁通的类。圣人能掌握以此类推的方法，解决疑难。"以类知之"，才可以"通神明之德，类万物之情"。伏羲发明《易经》的卦、爻，就是"以类知之"，故伏羲被称为圣人。

可见，圣人与真人，两者真的不同。庄子讲的真人，"其寝不梦，其觉无忧，其食不甘，其息深深。真人之息以踵，众人之息以喉"，真人的气息可谓绵绵不绝，气息可以从脚后跟上来，不仅仅是丹田发气，而我们一般人是用喉发音，话讲得久一点就累。

真人与圣人，从《易经》的角度来说，哪一个高明？《易经》中最高的境界是大人，圣人的境界也相当不错，圣人"知进退存亡而不失其正"，已经很难了。道家的庄子认为最高的是真人。鬼谷子说圣人是"以类知之"，孟子称孔子为至圣是因为孔子"出乎其类，拔乎其萃"，就是一个类比的关系。"圣人以类知之"，这一比，马上就知道比真人水准差多少了。真人和圣人是什么卦象呢？真人就是需卦（䷄）的君位第五爻"需于酒食，贞吉"，需者，饮食之道也。爻一变就是泰卦，这说明真人很自然，饮食宴乐完全合乎自然的、天真的象，没有咬牙切齿，也没有任何痛苦，一切都很通泰。圣人就要有一些刻意的努力，为归妹卦（䷵）第四爻"归妹愆期，迟归有时"，要经过一个长期的努力，还要能够忍，要有耐心，要谨慎，爻变为临卦（䷒），也就是说要慢慢修，不能强求，总有一天会打通。就像女孩子想出嫁，如果看到这个也想嫁，看到那个也想嫁，那怎么嫁得出去？时间没到，不要急，等时间到了，海阔天空，美满良缘，自然就水到渠成。时候没到，怎么强求都是痛苦不堪。

这一爻特别有意思，既然迟归，没有办法圆满达到目的，就不要怨天尤人，要等待时机，中间有无穷的耐心、好多的挫折，才能找到合适的对象。这也是《易经》的经文中唯一提到"时"的一爻，别的地方都没有，时候到了，自然成。人生很多的终极追求是"愆期"的，迟归、慢一点儿有什么关系？时不至就是没有办法，时至了自然就开了，所以要懂得耐心等待。真人的需卦，不也是等待的意思吗？是不是需要耐心等待，才能等到通泰的时候？需卦要等待，"归妹愆期"不是更要等待吗？等到智慧、德行圆满成熟的时候，花开见佛。

可见，圣人后天斧凿的痕迹难免。我们在很多的专业上会发现，有一些人是天才型的，不需要太多的努力学习，好像自然而然就能达到一个很好的境。比如，有的人下棋时不需要考虑，凭直觉就可以下一步好棋。而有的人属于苦思型的，要算来算去，才勉强可以赢一盘棋。这是没有办法的，很多东西是先天注定的，有人反应慢，有人反应快。

"故人与生出于化物"，人生活在天地间，就要随万物环境变化。人也好，万物也好，都循着生老病死、荣枯盛衰、损益盈虚的自然法则，不断在变化。你现在的形貌，你现在心里所想的，跟你十年前、二十年前，甚至三十年前能一样吗？当然不一样，一定是有变化的，谁都不能例外。

"知类在窍，有所疑惑，通于心术，心无其术，必有不通"，我们接受各类知识要留心我们的窍，面对这些疑惑，就得有心、有术，有智慧地去找最好的解答。心如果没有术，思考、解决问题，做人做事，就没有办法通达。"知类在窍"，窍是对外开口的地方，也是最危险的地方，《易经》中"慎言语，节饮食"，都是对窍的掌握。"知类在窍"，可以通一切，因为窍是里外资源交换的地方，流进流出，出入之所必经。要是失去节制了，不该出的时候出，不该入的时候入，那就一塌糊涂，会带来无穷的烦恼。上文说圣人是归妹卦第四爻，针对的就是内卦兑的窍。圣人动静合宜，他掌握了"愆期"，最后能够把"归妹"变成临卦。圣人不就是"知类"吗？"有所疑惑"，人生不可能没有疑惑的。"通于心术"，面对这些疑惑，我们就得想着怎么解决问题。心术很重要，尤其是要心术正，把术用在正能量的发挥上。心术不正，业障如山，问题就解决不了。心无术，碰到问题就蒙了，不知道怎么解决，想不通，也看不懂，无所措其手足。

"其通也，五气得养，务在舍神，此谓之化"，如果修炼通了呢？碰到任何疑难，心马上就通了，能想到用什么术去解决。"五气得养"，务必内养五气；"务在舍神"，而且要使神道归于自身。这就是上文所说的"德养五气，心能得一，乃有其术"，智慧源泉滚滚，取之不尽，用之不竭。我们要把精气神的神——五气之长，一定在还没有用到它的时候，让它得到一个安养。"此之谓化"，此一过程称为化，教化、造化。

"化有五气者，志也、思也、神也、德也；神其一长也。""化有五气者"，这里讲的五气是"志也、思也、神也、德也"，而且神是五气之长。可是这里说的是有五气，少了一个，前后不对应，我们先不管它了。像《孙子兵法》那么精练的文章，词如珠玉，里面也有说不通的。

"静和者，养气"，要用静和之法养气。老子讲"致虚极，守静笃"，说明道家很重视虚静，毛毛躁躁是一定不行的。《易经》中，阴基本上是静的多，阴极转阳的动是非常稀罕的，静极转动的时候，一般是被逼到了墙角，无路可退，但是爆发出来的能量相当惊人。除了养静，还要养和，"和"太难了，要发而皆中节。静和所塑造的环境，才方便养气。假如是非常浮躁、喧嚷的环境，绝不适合养气。

"气得其和，四者不衰"，所有气的动，最后的结果是希望和。《易经》就是在追求和，虽然"乾道变化，各正性命"，但是要求能够"保合太和，乃利贞"，然后才天下和平，"万国咸宁"，都在追求和。兑卦照讲是情欲开窍的卦，但它第一爻也叫"和兑"。《中庸》也讲"致中和"，气要得其和，才是最好的状态。"四者不衰"，"四者"当然就是号称化有五气的"志、思、神、德"能够不衰，不衰就盛。在和的情况下，不易消耗，绵绵若存，就能够长盛不衰。

"四边威势无不为，存而舍之，是谓神化"，"四边威势无不为"，上述四者不衰，而且能呈现威势，就能无所不为。人一旦气盛，把持得住，精力充沛，散发出正能量，自然就有威仪出来。"无不为"就是无为，而后能无不为，气就很畅。"存而舍之"，我们一旦练到这个地步了，还要把它积蓄起来。"是谓神化"，这就能够做到收发自如了，到该用的时候显现出来。"归于身，谓之真人"，把这些东西都修到这一辈子的肉身上，就叫真人了。真人充满了和气，但是又有威势，什么都做得到，怎么做都是合理的。

"真人者，同天而合道，执一而养产万类，怀天心，施德养，无为以包志、虑、思、意而行威势者也"，所谓的真人，就是能合天意，按万物产于一的自然规律养护万物，怀大志，施道德，养育万民，以无所不包的思想威行于世界的人。真人"同天而合道"，抓住这个一，就可以化育万物，不管你是哪一类，都能包容、调养。"怀天心，施德养"，就有一点像益卦（䷩）的第五爻君位"有孚惠心，勿问元吉，有孚惠我德"。无为能够包人的志、虑、思、意，然后展现正能量，无坚不摧。恍如内家高手，气势磅礴。

"士者通达之，神盛乃能养志"，"士"，知识分子、公务员。士要是按照前面讲的这一套来好好修炼，修炼到通达的境界，气势旺了，就能养志。也就是说第一篇的功夫修到了，就要修第二篇"养志法灵龟"了。志是心的主宰，中心有主，方可临机应变。

养志法灵龟

养志者，心气之思不达也。有所欲，志存而思之。志者，欲之使也。欲多则心散，心散则志衰，志衰则思不达。故心气一则欲不徨，欲不徨则志意不衰，志意不衰则思理达矣。理达则和通，和通则乱气不烦于胸中，故内以养气，外以知人。养志则心通矣，知人则职分明矣。

养志法灵龟的意思是养志的方法是效法灵龟。养志也要寡欲，不要被虎视眈眈的欲望给吞噬了，这是养生，也是修身、齐家、治国、平天下最重要的东西，即心中的灵明的主宰绝对不能失去。

"养志者，心气之思不达也"，为什么讲完"盛神"之后要"养志"呢？因为志是"心之所主"，不是"心之所之"。朱熹解释"志"时就说"心之所之曰志"，后来王船山觉得朱熹这个讲法有语病：心念跑到哪里就叫"志"，这还得了？欲望也是志，贪污也是志，那就大错特错了。凡人起心动念，好的并不多，坏的多。心有所主，中心有主宰，修得好，就可以变成大丈夫，像孟子所说的"富贵不能淫，贫贱不能移，威武不能屈"。心中没有主宰，一旦碰到富贵、贫贱、威武，马上举手投降。为什么要养志？为什么内心一定要培养主宰，不要老去追逐欲望呢？因为"心气之思不达也"，凡夫俗子一天到晚的心气之思是不通达的，所以要养志。人出生后第一个月那个最好的状态过去后，就越来越需要养志了。心气之思会生很多的欲望、杂念和妄想颠倒，我们必须要养志，把被很多的欲望、贪念障蔽的心志打通。

当然，养志不是一个简单的事情。下面直接就讲了，"有所欲，志存而思之"，一个人心中有欲望，才会有想法，使欲望化为现实。"志存而思之"讲的是一般的状况，即没有好好修炼的状况：我们心中有种种的欲望，好像形成了心中的志，有些东西当下要不到，就希望这一辈子能够要到，希望十年后能够要到，然后朝思暮想、憧憧往来，受尽"求不得"之苦。"有所欲"就像《易经》：有需卦（☳），需求不满足，就起争讼（☲），故讼卦出现；争讼不成，就起兵争，故有师卦（☷）；打不过人，就希望联合来抢夺，故有比卦（☵）。念念不忘自己的欲求，所以就存在心里头，当成人生朝思暮想要追求的目标。如果当下能够得到，马上就出手了；如果当下不能，那就宁愿忍着，忍到有一天能出手要到想要的东西。这就是我们的人生。

"志者，欲之使也"，这样的志，完全是受欲望的驱使。如果是这样，就合了《易经》中颐卦（☶）的初爻，那时所谓的灵龟已经蒙尘，欲望驱使之故，受到第四爻的诱惑，变成了"虎视眈眈，其欲逐逐"，不断地让你内心中的灵龟一点一点地减少。"欲多则心散，心散则志衰，志衰则思不达"，欲望多则心思涣散，心思涣散志就会衰减，志衰减就会导致思路不畅达。"欲多则心散"，看这个也想要，看那个也想要，不是心散吗？名也想要，利也想要，也不照照镜子，这些都是你应该要的吗？"心散则志衰"，心一旦散漫无一，就没有主宰，变得脆弱不堪，无法集中精力。"志衰则思不达"，人一旦没有志了，没有了精准的思维力，看到的都是欲望，所以人犯错就从拿不该拿的东西开始，只看到他想要的东西，周遭什么都看不到了。欲令智昏，这是绝对的。当局者迷，旁观者清。旁观者一看觉得真好笑：怎么看着是个聪明的人，会这样不堪呢？其实，这样的情况一点都不奇怪，这是人的眼睛中只看到想要的东西了，因为他心散智衰，"思不达"。

"故心气一则欲不偟，欲不偟则志意不衰，志意不衰则思理达矣。""心气一则欲不偟"，我们要养志，就要练到心气能够专一，不要憧憧往来，这样的话，欲望就不会彷徨，扰乱心神。"欲不偟则志意不衰"，欲望不能让人彷徨，那么心志就不会衰减。"志意不衰则思理达矣"，心志不衰减，那么想什么都会很通达。

"理达则和通，和通则乱气不烦于胸中，故内以养气，外以知人。""理达则和通"，"和"，心平气和，和谐。想通了去做，思想畅达则心气和顺。"和通则乱气不烦于胸中"，心气和顺，心中就不会烦乱。一般人是陷在欲望纠缠中，乱气就烦于胸中，做这件事不顺，做那件事也不利，真的是好苦。"故内以养气，外以知人"，因此，人对内要养气，对外要明察各种人物。有法眼如电，就不会看错。

"养志则心通矣，知人则职分明矣"，养志会使心畅通，对外能够知人善任，把恰当的人安排在恰当位置上，该做什么做什么。

将欲用之于人，**必先知其养气志**。知人气盛衰，而养其志气，察其所安，以知其所能。志不养，则心气不固；心气不固，则思虑不达；思虑不达，则志意不实。志意不实，则应对不猛；应对不猛，则志失而心气虚；志失而心气虚，则丧其神矣；神丧，则仿佛；仿佛，则参会不一。养志之始，务在安己；己安，则志意实坚；志意实坚，则威势不分，神明常固守，乃能分之。

"将欲用之于人"，我们了解一个人内在的修为，可以让他知人善任，让他了解群众，自强不息之后，就能厚德载物、行地无疆、含弘光大。我们看对方是不是一个人才，就要看他的气养得怎么样，志养得怎么样，必先了解一个人在"养气志"上有没有下功夫。"知人气盛衰，而养其志气，察其所安，以知其所能"，我们想要任用人，一定要先知道他养气的功夫，知道他心气的盛衰。知道他的心志状态，看其养气修志，观察他是否稳健，就知道他的能力。人气之盛衰，很重要。"察其所安，以知其所能"，看他的心安于什么，是为了解他的能耐。《论语》中孔子说："视其所以，观其所由，察其所安，人焉廋哉？人焉廋哉？"通过对人的视、观、察，一步步深入，如照妖镜般，一般人的行为无法隐藏。智慧的光照加上老辣的处事经验，可以清楚了解对方的动机、做事的方法。我们看历史上很多枭雄，杀人如麻为的是巩固他的政权。他心中没有安全感，对任何人都不相信，很多人用完了，就处理掉，但是等到他年老气衰的时候，没法盛神，养志也出现问题，晚上就老做噩梦。

"志不养，则心气不固"，不修养心志，心气就不稳固。"固"，通常要长期蕴养。很多东西都是我们固有的，后来变坏了，偏离了，所以我们需要靠着修为去固守、坚持。像良知、良能是我们固有的，但是因为后天的习性污染以致失掉了，所以要把它们找回来。孟子说"可欲之谓善"，人与生俱来的欲望不可能完全断掉，但是要让它恰到好处，要发而中节，要让欲望能够为人所接受，不会伤害到人，这样一来，欲望就是你成长的动力，就是善。让欲望到"可"了，就是善，就化腐朽为神奇了。

"心气不固，则思虑不达"，心气不稳固，思虑就不通达。人一旦自私自利，受外来的欲望支配，那么在任何状况下，说的任何话，都是偏的，都不全、不正。灵龟是"固有之"，"虎视眈眈，其欲逐逐"是外来的诱惑，外来的不一定都会破坏"固有之"，固有的东西强了，可以把外来的吸收，变成"固有之"。佛教是外来的，现在变成中国文化不可缺少的一部分了，外来文化变成中华固有的文化。《易经》无妄卦（䷘）的《彖传》讲得太透彻了，它说"刚自外来而为主于内"，"为主于内"的不就是"固有之"的吗？外来的统统都可以吸纳进来。孟子说"可欲之谓善"，外来的欲望不见得一定坏，"可"了，就吸纳进去，就变成你成长的动力、上进的热忱，那不就是善吗？为什么你对外面很多东西那么害怕？因为"心气不固"。如果心气固，那么还怕什么？人一旦独立不惧，就勇猛精进、大雄无畏。

"思虑不达，则志意不实"，思虑不通达，意志就不坚定。注意，"意"最后要落实，即"实意"，这就是下一篇《实意法腾蛇》。人的精神、思维活动是整体，一个影响另一个，环环相扣。"志意不实，则应对不猛"，如果一个人志也不实，意也不实，功夫不到，那么反应就不快捷。我们一天到晚待人接物，跟人打交道，应对猛的人，做事情就很麻利，黑白两道都处理得非常圆满。志意实，应对就猛，就可以克服困难。我们有时候怯于跟外人接触，没有那个气势，不敢迎战，就是因为"志意不实"。色厉内荏，说的就是心气虚的人，内在的能量不强，应对当然不猛。"应对不猛"，跟人讲话结结巴巴，话还没说出来，就被人家的气势压倒，任人宰割；"则志失而心气虚"，志也就流失了，心气就虚了。"虚"是虚弱的"虚"，可不是虚心的"虚"。"志失而心气虚"，完蛋了；"则丧其神矣"，神也要丧了。"神丧，则仿佛"，神气一旦丧失，就会失神落魄，什么事情都抓不精准，连看事情都是恍恍惚惚。"仿佛，则参会不一"，在精神恍惚的状态下，则志、气、神三者就不协调了。"会"就是体会，"参"就是三合一，即志、气、神这三个东西，没有办法统摄成浑然的状态。精神恍恍惚惚，好像喝醉酒一样，伤神，心气虚，志失，怎么能够参证这么高的道理，把这些东西统合。"参"，本来是平视的意思，天地人是平的，"参会"就是把很多东西聚在一起统合，但因精神恍惚，就办不到了，没有办法融会贯通，所以处理外面的事情老是失败。鬼谷子讲外交谈判是最重视精神意义的，对人应对要猛，有时候还要会还击，打得人家没有办法招架。

"养志之始，务在安己"，修养心志之始，一定要先安定自己。刚开始就得自强不息，"己安，则志意实坚"，自己搞妥当了，意志才坚定。"志意实坚，则威势不分"，有了坚定的意志才能有神威。志意实坚，威仪、气势就是一个整体，不会分散。集中才有力量，专注才有力量，"威势不分"，"神明常固守，乃能分之"，神明常常能够处于固守的状态，就可以分敌人的威。这就是再下面的"分威法伏熊"，像一头熊一样躲在一边等待机会出来，就可以分散敌人的威，养自己的威。

实意法螣蛇

实意者，气之虑也。心欲安静，虑欲深远。心安静则神策生，虑深远则计谋成。神策生则志不可乱，计谋成则功不可间。意虑定则心遂安，心遂安则所行不错，神自得矣。得则凝，识气寄，奸邪得而倚之，诈谋得而惑之，言无由心矣。

"实意法腾蛇"，"实意"，"意"与"志"对应，是志所表现出来的意图，"实意"就是要让意实。"立日心"曰"意"，我们每天的起心动念不知道有多少，要立；每天的心，叫意。"腾蛇"，类似龙的神蛇，能腾云驾雾在云中飞舞，能屈能伸。我们的起心动念、正心诚意，也要像腾蛇一样，不用卜就可以知道吉凶，在心里过一过，就知道怎么回事了。内心透明透亮，就懂得如何趋吉避凶。当然，要修才能达到这个境界。孔老夫子，"四十而不惑"，对于欲望的诱惑不再动心；"五十而知天命"，天命不见得完全跟着人的想法走，人志常常是跟天命相违的，尤其是人的欲望太多时。所以要了解天命，先不要惑于欲望，五十就能知天命。再修十年就是"六十而耳顺"，很多东西是声入心通，根本就不用想，一听就知道是怎么回事。看世间众生相，处心积虑、动歪脑筋的，根本就不用深想，看他那个怪样，心里就有数了。这就是让我们的意念应世的时候，不会上当，会看到事情的真相。还有就是要充实我们自己的"志"，我们好的想法要能够落实，而且能够预先知道怎么做，可能的吉凶祸福是什么。这就是"实意法腾蛇"。

"实意者，气之虑也"，实意，是心气思虑之所需。"虑"即思虑，与气对应，受心气主宰。思虑对于内在修炼很重要。我们在深思熟虑时，不希望被人家打扰，所以有时候要懂得伪装，至少要懂得把自己跟外面的干扰隔离开，有一个清静无染的空间让我们深入思考。我们在思考的时候，要披着一张老虎皮，那就叫虑。披着一张老虎皮，一般人看着就怕，不敢上前来。打猎也要披着一张老虎皮，那叫虞，张口大叫。"慮（虑）"字外面是一张老虎皮，下面就是用心于田的"思"。我们学艮卦（☶）的止欲修行，不受欲望的干扰，消弭如山的业障，就称为"君子以思不出其位"。内心思虑的时候，气要调顺，"气之虑也"，不是习气、业障在思虑，如果是那样的虑，就会全部落空。把那些负面的虑都排除，也是"气之虑也"。"实意"，让我们所有的"立日心"的意念都能落实，而不是在"憧憧往来"地空想。"气之虑"，不是欲望之虑，不是天天这样打算、那样打算，那样的意就没法实。《易经》里面，升卦（☷☴）"升虚邑"，泡沫破碎，期望落空。既济卦（☵☲）说"东邻杀牛，不如西邻之禴祭，实受其福"，说明人生要务实，不要落空。

"心欲安静，虑欲深远"，心一定要想办法让它安静下来，考虑事情一定要深远。也就是说，心思和思虑不要看得太近，鼠目寸光，目光如豆，都不行。人无远虑，必有近忧。没有办法掌握大趋势，只看眼前的东西会出事；或者有时候眼前的东西看似起伏跳跃，其实整体来讲，是没有什么变化的。所以，在看似起伏跳跃的时候，就做决定，一样无法掌握主流趋势。为了掌握整个大趋势，就要根据中长程的规划来校正短期行为。《易经》中的恒卦（☳☴）为什么能够掌握大趋势的原则，虑能深远呢？尤其是恒卦第二爻，第二爻爻辞只有两个字——"悔亡"。能够坚持掌握正确、长久的大方向，不会犯错，就在于能够把犯错的悔降到最低，而且"能久中"，掌握那个中道，短期虽然有出入，但是长期还是整体平衡。这就叫"立不易方"，有远虑，不会有近忧。

"心欲安静"，这是肯定的，安静非常重要，心要是一天到晚"憧憧往来"，啥事也不行。"虑欲深远"，不要想得那么浅，没有一个中长程的思考，所有短期的思考都会有问题。没有积累，没有沿着大势所趋的主轴，一步一步往前走，就会困在短期的上升、下降内。屯卦（☵☳）"勿用，有攸往"，就有短期、中长期相配套的思考，短期勿用，中长期有所往。这就是因为中长期要发展得"有所往"，所以短期就不能乱动，免得干扰到长期的计划。屯卦讲生命的开始，讲创业伊始，是在打基础、布局的阶段，思虑一定要深远。但是，真正有深谋远虑的现代人真的太少了。

心安静有什么好处呢？"心安静则神策生"，这句比较好理解，要想产生神妙的策略，心志就不能乱。一旦奇计生出，对于想干的事情要不改其志。在心安静时，创意就会跑出来，就可以生出神策，可以出奇制胜。因为心够静，想得够远，一步一步事前都能料到。像张良，一步一步都算到了，而且变化非常地灵动。还有大唐名将、百战百胜的李靖，打天下的时候他出的点子，也是整套的策谋。譬如可能会遇到什么状况，状况如何排除，对方会如何反应，环环相扣，都想到了。这就要心静，如同博弈，对方可能会下出什么棋，要一清二楚，如果你只能看到下一步，那一定输。为什么我们常常手足无措、束手无策？因为心不静。

"虑深远则计谋成"，思虑深远，计谋就能成熟。所以一定要看得远，少说也要看个十年八年。"神策生则志不可乱"，有这么高明的策，志不会乱。不管遭遇什么状况，依然胸有成竹。

"计谋成则功不可间"，计谋完成，成功是没有人能够摧毁、离间的。如果中间出现瑕疵，人家批评你，不要紧，只要我们的计谋成功，是没有人能够挑毛病的。"不可间"，就说明计谋非常完美。"间"是批评，看到人家成功，自己做不成，心里就嫉妒，于是鸡蛋里挑骨头。大禹王因为破坏了天下为公的传统，孔子就说："禹，吾无间然矣。"这句话就很有意思。孔子认为，大禹治水成功，救民于水火之中，本来很想批判他家天下，但看在治水无私的份上，也无话可说了，不想再批评他了。孔子虽说"吾无间然矣"，其实言下之意是真想大大地批判，但是看到他还是有贡献，就不讲得那么过火了。

一个人成功，不知道有多少人想要破坏。有的人自己做不成，就想坏别人的事，不让别人赶到他前面去。这样的情况有时还不一定出现在敌对的一方，可能出现在友军的一方、自己人里面。人就是这样，为了自己的私欲，净干些挑拨离间的事情。但是，一个完美的计谋是屹立不摇的，人家想破坏也破坏不了，想离间也离间不了。可见，人不能只想着做事，一定要考虑到人性的可怕，一定要懂得做人。不然的话，卖老命把事做成了，得罪了无数的人，最后功劳簿上还没有你，别人直接捡去了，就像闽南话说的"整碗捧去"，白捡，因为你忘了"功是可能被人家间的"。"计谋成则功不可间"，这就炉火纯青了，是我的就是我的，不会让人家白捡。换句话说，人家想破坏都找不到缝，找不到任何下手的地方。"计谋成则功不可间"，这在人际关系或者君臣关系上很重要，有很多国君跟大将的关系就不知道有多少人想要破坏、进谗言，要"计谋成"就要"虑深远"，让你辛辛苦苦的功不被任何人破坏——"不可间"。

曾国藩从零开始，十几年间无中生有：国家没有兵，不给粮饷，自己搞团练，拉了一些农夫就干起来，最后成功了，把太平天国消灭了。这个成功有些人一定是嫉妒得要死，加上他又是汉人，功高震主，所以不知道有多少参他的本子送到西太后处。譬如，有人提出要他把战争期间所耗费的钱财明细单据统统造册报上来。曾国藩竭尽所能筹措到军饷，采用了各种手段，哪里还有什么单据？这种"间"的行为，就是刁难，制造北京朝廷跟湖南人之间的猜忌。换句话说，你想要成功，一定要思考让人家抓不到把柄，抓不到"间"。还好北京的主子是一个明白人，所有的告状折子原封不动统统交给曾大帅，这就代表对他的信赖。账目是不是绝对没有问题？当然有问题啊。曾国藩很清廉，他老弟曾国荃可不清廉，据说一箱一箱的金银财宝往湖南老家送，这事天下人都知道，但是当时的朝廷没有给曾国藩兵，没有给曾国藩钱，他们拼死夺来的财富，为什么不能造福乡梓呢？所以，在乱世，这个没有什么好奇怪的，作为领导人也要迁就，除非你还想挑起内战。最好的处理方式是大度包容，睁一眼闭一眼。曾国藩的日记，其实根本就不是写给自己看的，是写给间谍看的，然后上报北京。朝廷一看，这是忠臣，天天"吾日三省吾身"。日记是故意写给人家看的，你就知道曾国藩多不容易。这就是"虑深远则计谋成，计谋成则功不可间"。

当老板的，对打天下的人绝不能刻板，像刘邦就懂，他跟项羽决战的时候，要把项羽身边的谋臣范增除掉，最后成功了。办这件事找的人就是陈平。陈平这个人私德不好，据说盗嫂受金，但是足智多谋。刘邦用的就是他的长处，结果用反间计真的成功了。他用陈平的时候，因为要离间项羽君臣之间的关系，就给了陈平四万斤黄金，然后不问出入，最后也不要上缴，中间不需要有账。其实这种送人家的钱，怎么会有账呢？哪一个敢有账呢？没有往来记录，怎么报账？给你这么多钱，反正要完成任务。如果刘邦找陈平去进行大的战略破坏，还配给他一个会计师，那陈平就没有什么兴致了。可见，在乱世，成功还要想着不要被人家破坏，因为人就是要破坏，就是要嫉妒，敌人破坏合理，自己人破坏也合理。如果功被人家间了，被人家整碗捧去了，说明计谋有问题，你的脑袋不致密，活该！

"意虑定则心遂安，心遂安则所行不错"，意志、思虑稳定则心境安详，心境安详则所作所行不会有大的差错，精神愉快就容易使神思集中。在心安定的状态下，至少不会犯致命的错。"神自得矣"，自得其乐到了神的境界。顶尖高手就有这样的修为，在成功的时候绝对能够自保，还能够长久。"实意法螣蛇"，指哪儿打哪儿，百分之百成功，任何人都没有办法挑剔，也没有办法否认，因为他脑筋特别清晰，从深谋远虑开始就已经打下基础。

"得则凝"，"凝"就是落实，成功了就要稳定、落实。《中庸》说"苟不至德，至道不凝焉"，最高的道一定要碰到最高的德才能落实。"凝"也是《易经》坤卦的功夫，坤卦就是要把乾卦的道落实，坤就是德。把梦想落实，不然是空，"品物流形"，要变成"地势坤"。鼎卦（䷱）称"正位凝命"，得正位才能把你的天命落实。

"识气寄"，"寄"就是没有根基，飘飘荡荡。见识、气势，华而不实，虚浮不落地。见识是"寄"的状态，就像《易经》中的旅卦（䷅）一样，失时、失势、失位，没有扎深的根基，所以很容易受外界的影响。人生旅程其实就是"寄"。没有真正落地，飘飘荡荡，这样的修为状况就不行。"奸邪得而倚之"，那些坏人、坏事，就会来靠近你。"诈谋得而惑之"，开始使尽种种的诈谋来迷惑你。里面虚，外面的东西就会进来。"言无由心也"，这种情况下，把关不严，负面的东西都会影响你，都会跑到你心里头，所以就干扰了你，难以做出正确的决策。你说的任何一句话，有时候自己都不晓得怎么会说出来，好像没有主宰、没有一定的主张。"言无由心"，就不真诚，没有感动人的力量，何况你还是主其事者，怎么可以这样呢？假如你的心意很定，"言"就很有分量，落地有声。如果你的心飘飘荡荡，你讲的话就无法影响别人。

故信心术守真一而不化，待人意虑之交会，听之候之也。

计谋者，存亡之枢机。虑不会，则听不审矣；候之不得，计谋失矣，则意无所信、虚而无实。故计谋之虑，务在实意；实意必从心术始。无为而求，安静五脏，和通六腑，精神魂魄固守不动，乃能内视反听，定志虑之太虚，待神往来。以观天地开辟，知万物所造化，见阴阳之终始，原人事之政理。不出户而知天下，不窥牖而见天道；不见而命，不行而至。是谓道知，以通神明，应于无方，而神宿矣。

"故信心术守真一而不化"，所以，我们应该怎么样呢？"信心术守真一"，要守真、守一，不可以随便受外面的干扰，不要拿不定主意、三心二意，"而不化"就是不要受外面的影响。人如果内心不充实、不坚定，就会这边风一吹，你也摆一下，那边风一刮，你也挡一下。"信心术""守真一"，自己守住自己，坚信心术、守住真一，坚守你的灵龟。灵龟没有舍，就不会葬送在"虎视眈眈，其欲逐逐"的外界干扰诱惑上。

"待人意虑之交会"，要了解人家的底线，同时要让人在沟通的过程中搞清楚你在想什么、坚持什么，然后看有没有交会。如果你的心思根本就是"憧憧往来"，听别人的话时听不到要点，自己的想法也无法有效地传达给对方知道，那样的话怎么能获得共识呢？怎么能谈判成功呢？所以要有耐心，我们谈的时候，要耐心地让别人跟我们达到交会。有的人就没有那个耐心，或者谈判场的氛围不对，犯了"识气寄"的毛病，当然不可能得到一个好的谈判结果。

"听之候之也"，我们要善听，要深入听，才能懂得人家到底在讲什么，而且在外交场合，很多话有弦外之音。

"计谋者，存亡之枢机"，计谋是或存或亡的枢机。"虑不会，则听不审矣"，如果谈判双方的思虑没有一个焦点，听什么都不真切。"审"，要像审案子一样，要听清楚，不要搞错，生出误会，不要净陷在枝节中，导致真正的要点没有听到。对方的意态、对方特别坚持的底线没搞清楚，就会前功尽弃，就因为你不善于听。

"候之不得，计谋失矣，则意无所信、虚而无实"，等待时机，机会没来到，计谋失效则意志不坚定，就会变得虚幻而不切实。我们耐心等候，结果没有等到，说明原先准备的方案失败。如果这样，彼此之间的诚信就没有办法建立，"则意无所信"，没有办法建立互信的关系；"虚而无实"，落空了，谈判没结果。"故计谋之虑，务在实意，实意必从心术始"，这里点题了，出现了"实意"。也就是说，在计谋的开始，务必做到实意，实意也必须从心术开始。

"无为而求，安静五脏，和通六腑"，这一句说明鬼谷子还是承继道家讲的无为。人生追求这追求那，用有为的方式一般求不到，有时适得其反，引起人家的警觉。故要用无为的方式去追求，此即不争之争、不求之求。接下来好像在讲养生了，身心本来就是一体的，五脏六腑都得安静、和通。

"精神魂魄固守不动，乃能内视反听，定志虑之太虚，待神往来"，"内视反听"，这个词很有名，是说人不要老往外面看，要练习往内心看，看穿人家的内心，也看穿自己的内心。复卦（䷗）的"克己复礼"就是内视，往里面看有无穷的宇宙，"反复其道"则是反听，听听你自己真正的心声。人有时候搞不清楚自己真正要什么，搞不清楚什么才是大的，要坚守，什么是小的，可以当筹码来交换，导致因小失大。其实，大小不可能全要，尤其是谈判的时候，要找平衡点。你要达到

"内视反听"这个境界，不要老到外面去找，要往里面去听真正的心声。观世音就是"内视反听"。"反闻闻自性，性成无上道"，就是观音菩萨的法门。"反闻闻自性"，返回来开发自性。自性生万法，"乃能内视反听"，就能够定我们的志虑，到达一种太虚的境界，然后就等神的往来。"神"是最灵活的，周遭的形势变动，能够在瞬间了如指掌。

"以观天地开辟，知万物所造化，见阴阳之终始，原人事之政理"，以此观天地之变化，悟解万物造化的规律，知阴阳之交替，懂得人间之政理。开天辟地都可以观，万物静观皆自得。"知万物所造化"，万物在天地之中受造化影响；"见阴阳之终始"，一阴一阳，终而复始。"原人事之政理"，探求治国平天下这一套"人事之政理"。"原"，原始反终，就是追本溯源，把它彻底想明白。

"不出户而知天下，不窥牖而见天道"，这是老子《道德经》上的话，天下文章一大抄。诸葛亮在南阳就知天下三分，我们现在在家里上网就知道天下事。不出门就可以知晓天下大事，不开窗就可以看见日月星辰等天体变化之道。

"不见而命，不行而至"，不必见到民众，民众就能听命而行；不必推行政令，天下就可以大治。腿都没抬，已经达到目的。《易经·系辞传》讲人的心念感通，就说"不疾而速，不行而至"。

"是谓道知"，这种智慧已经达到了道的境界，无所不知。我们一般人的"知"离"道知"很远。"是谓道知"，就像佛教里面给佛祖吹牛，说佛祖什么都知道，他不必到那个地方就知道。"是谓道知"，说明站在一个最高的地方，千万里都一览无遗。"道知"即可，何必跑到现场呢？不需要。"不行而至"，因为你的心也没毛病，"不疾而速"，"感而遂通天下之故"，连所以然都知道了。"不见而命"，有一些人不需要见面，也不一定要到现场，就可以发号施令。这就厉害了。"以通神明"，可以通神明之德，类万物之情。"应于无方"，我们学到的本领，没有方所的限制，放诸四海而皆准。怎么来我们怎么应，都应对得很漂亮。"而神宿矣"，最高的"神"就在我们身上。这就叫根器，一种是先天的根器，一种是后天的修习。修得好了，神就会在身上住下来，犹如金刚会护法，诸天神佛随时都保佑，让你有无穷的智慧。

分威法伏熊

分威者，神之覆也。故静意固志，神归其舍，则威覆盛矣。威覆盛，则内实坚；内实坚，则莫当；莫当，则能以分人之威而动其势，如其天。以实取虚，以有取无，若以镒称铢。

故动者必随，唱者必和。挠其一指，观其余次，动变见形，无能间者。审于唱和，以间见间，动变明而威可分。将欲动变，必先养志伏意以视间。知其固实者，自养也；让己者，养人也。故神存兵亡，乃为之形势。

"分威法伏熊"，分威要效法行将偷袭的熊。前面是讲内在的修为，现在讲要分掉敌人的威。人跟人就是比气，看谁气长，看谁气壮。敌人的威，也就是他散放出的一股力量，我们不要被他给吓倒了，否则就没有办法站在平等的立场来谈问题了。因此，我们要在气势上压倒他，首先就要分掉他的威，让他的力量不再那么盛。这又要跟动物学了，即跟大熊学。熊是力大无穷的，它要扑击的时候，也懂得先藏起来，再突然出现吓死人。"分威法伏熊"，偷袭的熊，把身体伏在地上，然后才采取行动，意指直前先要屈。"屈"就是在寻找机会，有一段时间要隐藏，突然出现就能分敌人之威，你的威就取得了相对的优势。孟子说"说大人，则藐之"，游说大人物，首先从心中就要先藐视他，不然你只有仰望，说话就会谄媚了。

"分威者，神之覆也"，分威，威要罩得住局面，大家在斗神，我的神就要散放出去，要完全罩住，不要被对方压住。

"故静意固志，神归其舍，则威覆盛矣"，我们的意念要静，主张要固守，要挺得住，神就会住在我们这里，心里清静，智慧就生，我们的气势就可以盖过对方，不会被他吓住。我们常常说的晃神，就是指心神恍惚、魂不守舍。所以，一定要让心神回到该待的地方，即"舍"。神要归其舍，一定是"静意固志"，做到了，神就会回到它应该待的地方，应对才有神。如果"神归其舍"，散发的气场就能强过对方。

"威覆盛，则内实坚"，神威强盛，内部就更为坚强雄厚。"内实坚，则莫当"，内在坚强雄厚，别人就挡不住你。就如泰山石敢当，挡我者死。实而且坚，就把敌人给盖过，敌人气馁，你就气壮，挡都挡不住你。"莫当，则能以分人之威"，敌人不能挡住你的气势，就能够把对方的威势分掉。没有那么强了，打折了，"而动其势"，对方的势也被你撼动了。"如其天"，"其"是指对方，别人对你就很敬畏，好像畏天一样。天无私覆，我们都在天的覆盖下，无所逃于天地之间，人没有办法逃脱，故都畏天。你的气势完全覆盖了对方，就能分对方的威势，动摇对方的威势，好像变成他的老天了。这种较量取得了盖过对方的效果，就是"以实取虚，以有取无，若以镒称铢"。"以实取虚"，你内实坚，对方气馁，就心虚，这就是用实去取他的虚。"以有取无"，你有真玩意，对方可能是空无一物。"若以镒称铢"，镒是铢的四五百倍，铢是很小的计量单位，"以镒称铢"就是占有压倒性的优势。

取得了这种优势，"故动者必随"，你采取行动，对方一定得跟进。"唱者必和"，你提倡什么，对方马上就呼应。登高一呼，他马上就附议，原因就在于你实力比他强，绝对响应。到了这种境界，就掌握了主动权。在错综复杂的情势下，我们一旦掌握了主动权，掌握了关键点，从关键处下手，就可以了解其余的部分了，这就叫"挠其一指，观其余次"，像我们的五个手指头、脚趾头，大拇指（趾）一动，其他的就跟进了。这就和《易经》咸卦（☱）初爻"咸其拇"一样，说的是大拇趾动了，其他都跟着动。"挠其一指"，是主变数，"观其余次"，是身体的自然反应，即其他的四个指（趾）头都得跟进。咸卦初爻"咸其拇"，使得整个环境产生了根本上的重大变化，即爻变革卦，革故鼎新，彻底改变世界。大拇指（趾）是关键中的关键，把大拇指（趾）掰动，下面的就都动了。关键一动，其他的自然而然跟着动。笨的人就去挠那个小指头，结果其他四个指头根本就没动。"挠其一指，观其余次"，就是会制造连锁反应，所以要选对指头，如果挠的不是大拇指，其他指头根本就不会配合。在《易经》中有不少卦的第一爻出现脚趾头的象，如大壮卦（☳）的第一爻"壮其趾"，大拇趾发热，可是不能成事。夬卦（☱）初爻"壮于前趾，往不胜为咎"，重大的决策要慎重。艮卦（☶）初爻"艮其趾，无咎，利永贞"，关键的部分止下来，才可无咎。噬嗑卦（☲）的初爻，要限制人家的行动，"屦校灭趾"就无咎了。贲卦（☲）初爻"贲其趾，舍车而徒"。

好，这就是"挠其一指"，打蛇打七寸，擒贼要擒王，下面对方的反应都看到了。"动变见形"，掌握对方行动变化的情况。"无能间者"，对方就无法搞阴谋。这种情况下，就能掌握战场上的优势地位、谈判中的主导权，没有任何人能够破坏，没有任何瑕疵，没有任何结构上的脆弱点。

"审于唱和"，在谈判场中，有人会提建议，有人可能沉默不言，不附和，他有别的想法，也可能提相反的建议。到底谁的主张人家会应和，谁倡导的事情得到大多数人的附和，要审。要是你倡导的没有人响应，那不就很糟糕吗？所以，你一倡就一定有把握令对方和。讲到大家都想的东西了，都会附和，人多就势壮。"以间见间"，对立的双方、竞争的双方，都想自己没有任何的缝可让别人钻，都想要找人家的缝。"以间见间"，就如同谍对谍，双方都在找对方的弱点，不让对方找到自己的间。"动变明而威可分也"，一旦是我们滴水不漏，而对方很多脆弱的地方被我方发现，那么我们就要采取行动，造成情势的变化，就可以分了对方的威，使事态对我们有利。这就是"以间见间"，抓到对方的罩门和弱点。人一旦某些关键的东西被对方挟持住，拥有再多的资源也用不上力。所以，我们要"审于唱和"，不要随便倡，也不要随便和。在那种剑拔弩张的场合，最好保持沉默，沉默的氛围有时可以杀人。有时我们保持沉默既是为了保护自己，也是为了大家的利益，不要盲目或随便附和、鼓掌，鼓掌都可能助人为恶，因为这是在给对方造声势。既然双方都在找对方的弱点，那就要让自己的弱点不被对方抓到，这就是博弈。一旦摸清楚对方的弱点，"动变明而威可分"，对方再强，也不怕他，一样可以把他的力量分掉。

"将欲动变"，想要采取行动、改变情势，也就是说，要想把一潭死水给搅动，"必先养志伏意以视间"，我们一定要先养志，要心中有灵龟，还要暂时隐藏自己的意念、企图，然后冷眼旁观对方的弱点在哪里。"知其固实者，自养也"，我们自己的意念要固守，善于自我养气。"让己者，养人也"，凡是谦逊的人，就是能替他人养气。人再怎么强，内功再怎么深厚，外面不只有竞争的一方，还有要争取的对象，要孤立你主要的打击对象，就要争取其他人。在这种情况下，你要有人家能接受的态度，即要懂得让，争取多数力量的支持，这就是"让己者，养人也"。懂得布施，懂得利益众生，懂得照顾人，才是"养人"。"固实"，自己真有实力；"让己"，对人态度很谦虚。这样的人说出来的话才有说服力。《易经》中的颐卦（䷚）说"圣人养贤以及万民"，既自养，还要养人。孔老夫子也懂得这一套，《论语·学而篇》说：

> 子禽问于子贡曰："夫子至于是邦也，必闻其政；求之与？抑与之与？"子贡曰："夫子温、良、恭、俭、让以得之；夫子之求之也，其诸异乎人之求之与！"

子禽看到老师很厉害，每到一国，并没有花太多的调查工夫，一定会把对方的政事搞得很清楚，于是向子贡请教，这是老师自己主动去找的，还是别人主动给他提供的？子贡认为，老师是靠为人温和、善良、恭谨、节制、谦退，才会有很多当地的重要人物去跟他汇报，而且老师善听，能够抓住要点，与别人的方式大不相同。你看，孔子凭着温、良、恭、俭、让可以得到重要的情报。这就是"知其固实者，自养也；让己者，养人也"。自己有名望，但是又不傲慢，别人当然乐意和你分享他所知道的。

做到自养养人这一点，"故神存兵亡，乃为之形势"。"神存"，神永远存在，还影响到子孙万代。"兵亡"，即不必动手打，已经征服一切。鬼谷子的"神存兵亡"，纯属动脑、斗智，就像孙子所提倡的"不战而屈人之兵"，不会有战祸、兵灾，一切争战都化掉了。然后你就可以来导演，"乃为之形势"，就可以造形、造势，塑造对你有利的形势，以及对主要的竞争对手不利的形势。如果在跟人家较量的过程中，自志养得不够固实，养人不够谦让，神就不存了，刀兵之争自然难免，何谈对形势的布局、操纵呢？如果你的实力完整，没有受到任何破坏，还给很多人都留下好的印象，就可以创造有利的形势。神存兵亡，哪里需要动武呢？不会成为人家打击的对象，刀兵入库，马放南山。

这就是"分威法伏熊"。它的宗旨就是《易经》的大壮卦第二爻"贞吉"，大壮看起来气壮山河，但是绝不轻举妄动，固守本位。爻变为丰卦（䷶），丰卦"明以动"，对天地人鬼神都可以创造极丰沛的气势。第二爻是大壮卦最好的一个爻，也是最不惹祸的一个爻。在天地人鬼神之间取得最佳的平衡效果，不该动的时候绝不动，但是气势摆在那里。这就是真正的顶尖高手，不随便出手，不随便讲话，不随便提案，但是他的存在令人家不敢忽视。

散势法鸷鸟

散势者，神之使也。用之，必循间而动。威肃内盛，推间而行之，则势散。夫散势者，心虚志溢；意衰威失，精神不专，其言外而多变。故观其志意，为度数，乃以揣说图事，尽圆方，齐短长。无间则不散势，散势者，待间而动，动而势分矣。故善思间者，必内精五气，外视虚实，动而不失分散之实。动则随其志意，知其计谋。势者，利害之决，权变之威。势败者，不以神肃察也。

太公兵法《六韬》说："鸷鸟将击，卑飞敛翼；猛兽将搏，弭耳俯伏；圣人将动，必有愚色"，说的是英雄豪杰行动之前，显得特别低调，以愚弄对方。猛禽要攻击的时候，一定是飞得低低的，翅膀也收起来了，因为它正在计算攻击的最佳距离。越低调，越恐怖，因为是攻击的前兆。猛兽要扑击猎物的时候，耳朵低垂，全身也趴在地上，趴在地上是在积蓄凶猛的一跳的力量。圣人也是如此，他要展开大的行动时，脸上看起来是很愚笨的样子。这些都属于典型的扮猪吃老虎，看起来笨笨的，一动就出杀手。这就是"散势法鸷鸟"。鬼谷子告诉我们，要学鸷鸟的生存技巧。"散势"，首先自己要有威势，其次是造势之后要发散出去，动摇对方的意志，即让你的势传达出去，使对方不可能动。像美国，本来就很强盛了，但它还是在全球散势，发挥美国人的影响力，军队出远洋，介入国际事务，无时无刻不想发挥其影响力。散掉对方的势，破掉对方的势，使自己的影响力无远弗届，这就要学鸷鸟，扑击前"卑飞敛翼"。

"散势者，神之使也"，神又来了，为什么能够散势？因为我们有神，可以推动势。势如果是装出来的，色厉内荏唬不住人，万一被人家揭露了，还想散势，发挥你的影响力？狐假虎威的寓言大家都听过，狐狸没有什么势，但它跟着老虎走，就可以借老虎的威吓唬百兽。如果没有跟着老虎，它只是一只狐狸，就不能装模作样了。所以，要散发威力，神必须发挥作用。

"用之，必循间而动"，我们要运用散势，一定要寻找对方的矛盾或弱点而行动。也就是说，要离间人，必须找人家的矛盾所在，不然散势的威力就不够了。

"威肃内盛，推间而行之，则势散"，威武严肃的气势在内蓄积很盛，就算是没有那么强，也要找机会，找阻力最小的渠道、最小的空隙，把你的威势推出去。再怎么强大的对手，也绝不可能无懈可击，对方力所不及的地方，就是我们下手的地方。美国跑到西太平洋来，要组织对抗中国的联盟，中国就可以迂回到美国后院，去南美洲、中美洲，甚至跑到英国这个和美国哥俩好的地方，这就是"循间而动"，"推间而行之，则势散"。还有市场占有率也是如此，优先占有市场主导权的，不可能占满，那么我还可以"循间而动"，"推间而行之"，找缝隙去推而行之，势就能散播出去。媒体战争也是一样，宣传工作同样可以"推间而行之"。所以，一定要"循间而动"，没有间，就碰到铁板，势就散不出去。

"夫散势者，心虚志溢"，散发你的威势、影响力时，志气要饱满，内心要虚静。也就是说，精神的力量非常重要，精神一到，何事不成？做事情要有精神，要有志气，才可散势。"意衰威失，精神不专"，如果你的意是衰微的，威就会失，精神不专一，你拥有实力也没有办法发挥影响力。精神不专一，"其言外而多变"，在这种精神不专注的状况下，"其言外"，你在谈判场合说的话、提的案，会显得太外行，你没有进入状态、切中要点，人家当然听不进去。"而多变"，你讲话人家不听，再怎么调整也不行，越调整越糟，始终掌握不到要点。在这种情况下，就不能够如你的愿，施展你的影响力，塑造对你有利的形势。可见，讲话没有威信，就没有可信度，在别人眼里显得外行，就算是多变，前途也很难讲了。当然，造成这个状况主要就是"意衰威失，精神不专"，在重要场合中谈判、对峙的时候，精神很重要，必须养足精神、气力，不然注意力很难集中，以致"言外而多变"，那就很糟糕。

"故观其志意，为度数，乃以揣说图事，尽圆方，齐短长。"所以了解上述原因了，谈判的时候，一定要用心冷静观察对方的想法和意图。谈判有很多策略：刚开始写在纸上提出来，不见得是要点，如果你们不能获得共识，那么一定想办法了解对方的底线是什么，对方也想知道你的底线是什么。双方还会制造一些烟雾，所以我们得"观其志意"，了解对方想要什么，他想达成什么目的。"为度数"，不能光是一些虚无缥缈的想法，要量化，要设定一些指标，要有法度。设立度数，就知道应该怎么做，什么状况暂时搁置，什么情况可以稍微让步，一定要了解对方真正的意图，然后设定指标，指标还得是灵活的。如果双方要议价，你的底价跟对方的底价弹性空间各有多大，可以让步到什么程度呢？这些都需要人为制定一些"度数"。"乃以揣说图事"，一旦掌握对方真正的意图，就可以进行揣摩游说，图谋大事。"尽圆方，齐短长"，人在谈判游说的时候，极尽方圆之理，齐乎短长变化法则。"尽圆方"，天道曰圆，地道曰方，方是有规矩，圆是圆融无碍。我们有时候要考虑圆，即周旋，也要方，即折旋。方有棱角，圆没有任何棱角，圆转如意。该圆的时候就圆，该方的时候就方，没有一定的方法，怎样都能达到目的。这就是谈判的技巧。"齐短长"，该短的时候能短，该长的时候能长，对方用长、用短的时候你都可以对付。"齐"也是准备充足的意思，应有尽有，什么东西都齐备了。不管对方如何，我都有办法对付，因为我解决问题的工具箱中圆方、短长应有尽有，我都是以平常心去应对。"齐短长"也可以说是准备周全，思考致密。"齐"属于安排周到，故儒家说"齐家"，家事绝不容易，严格讲没有什么真正的是非，反正都是冤亲债主聚一家，只能齐，不讲治，要是太认真就好笑了。如果受一点老婆气，现在也没有什么"七出"条款，搞不好休夫，就要忍气吞声，装着没听到。这就叫"齐"，能软能硬，能屈能伸，啥事也没有。一家人有什么是非呢？在家人面前还要装，那太苦了。你有什么弱点，在家人面前统统露出来算了，没必要装。"齐短长"，应有尽有，你来短的我也可以，来长的我也可以。事情要处理得圆满，投石问路，引蛇出洞，都可以。

总要找到对方的弱点，如果对方防守得很周严，千万不要轻举妄动。"无间则不散势，散势者，待间而动，动而势分矣"，要掌握出手的时间，如果对方没有任何缝隙，势就不要散出去，免得撞墙。对方有"间"的时候，势才可以渗透、突破。对方如果防守谨严，没有弱点，就要"待间而动"，等对方出现破绽，对方即使出现破绽，还要确定他是不是故意卖一个破绽给你。对方一旦真的出现气势不连续的地方，就采取行动，达到你的目的。一举而成，你的势就分出去了，对方的势就打折了。"待间而动"，也是《易经》节卦（☷）的智慧，出手的节奏，有"不出户庭、不出门庭"，还有"不节、安节、甘节、苦节"，一旦掌握出手的节奏，该出手时就出手。其实，人生任何大战，出手的时间一定是很少的，出手的机会也不多，大部分时间是冷战的，所以要耐心等待机会，不要乱动，有绝对把握了再动。什么情况下是在"待间而动"呢？随机应变：敌不动，我不动；敌欲动，我先动。由被动转变为掌握主动，完全像太极拳的推手。要让人感觉虚实难测，原则性跟灵活性俱备。《易经》随卦（䷐）初爻称："官有渝，贞吉。出门交，有功。"爻变为萃卦（䷬），就是集中一切优秀资源，筹备那一出手的雷霆万钧。"萃"也代表要绝对专注，不然怎么逮到那个稍纵即逝的出手机会？"出门交有功，不失也"，绝对不能够失之交臂，就在那一刹那。

"故善思间者，必内精五气，外视虚实，动而不失分散之实"，所以，善于发现对方漏洞的人，必须修炼自己的五气，观察对方的虚实，行动时才能达到分散使用力量的效果。也就是说，要善于思考，找对方的间隙，等待出手的机会，一定要"内精五气"，外看虚实，有的是虚招，有的是诱敌。一旦采取行动，绝对不失分散之势。要散自己的势，一定要掌握上述原则，不能有错。

"动则随其志意，知其计谋"，当我们采取行动的时候，因为中间有变化，在确定结果之前，还要追踪对方的志意，才能知道对方的计谋。"势者，利害之决，权变之威"，气势，决定利害的关键因素，也是灵活运用权变之术的威慑力量。有些人为什么跟人家较量的时候会输呢？因为在气势上就先输了。

"势败者，不以神肃察也"，在气势上输了的人，平常的修为不够，不用神来肃穆地考察自己。反闻闻自性，才能够修成无上道。要懂得造势，要懂得用气势，势为什么败呢？下的功夫不够。对方棋高一着就缚手缚脚，你比人家低，就没有办法突破，被对方完全缚住。

"散势法鸷鸟"的主旨，用《易经》来说，就是震卦（䷲）的初爻和四爻。把双方较量、对峙的气势、震慑人的关系，表达得非常清楚。震卦初爻就是你这一方，中心有主宰，"震来隙隙，后笑言哑哑"；对方就是外卦第四爻，"震遂泥"，"未光也"。震卦的初爻非常强势，非常有力道，而且中心有主宰，就可以震慑人。第四爻就被威势震得如泥掉下来。这两爻齐变就是坤卦，具备善用势、懂得顺势而为的智慧。

转圆法猛兽

转圆者，无穷之计也。无穷者，必有圣人之心，以原不测之智，以不测之智而通心术。而神道混沌为一，以变论万类，说义无穷。智略计谋，各有形容，或圆或方，或阴或阳，或吉或凶，事类不同。故圣人怀此，用转圆而求其合。故与造化者为始，动作无不包大道，以观神明之域。

天地无极，人事无穷，各以成其类；见其计谋，必知其吉凶成败之所终也。转圆者，或转而吉，或转而凶，圣人以道，先知存亡，乃知转圆而从方。圆者，所以合语；方者，所以错事。转化者，所以观计谋；接物者，所以观进退之意。皆见其会，乃为要结以接其说也。

"转圆法猛兽"，实施转圆，要效法猛兽扑食，行动迅速。也就是说，人的智慧像不停转动的圆珠，操纵自如，类似猛兽的寓动于静，先伏后动，一旦跃起威猛无比。动物要扑杀对方，没有把握时，不会随便动，确定有机会了，再扑击。

"转圆者"，懂得绕圈，懂得迂回，懂得不硬碰硬。"无穷之计也"，圆周旋无碍，所以能构想无穷计谋。如果是方的，有棱有角，肯定是有穷的，就像程咬金就那三斧头，一下就看破手脚了。无穷才不断有新招，招式不会用老。

"无穷者，必有圣人之心"，能构想出无穷计谋的人，必定有圣人之心。"以原不测之智"，"原"就是追本溯源，找出深不可测的智慧。圣人随机应变，但凡出手必出人意料，每一招都像新招，针对目标采取的都是最合适的招式，无法预料，这才是活的智慧。"以不测之智而通心术"，让对方永远没有办法猜中我们的下一步，修到了这种高深难测的智慧时，我们就能洞察对手的起心动念，了解其真正的意图。

"而神道混沌为一"，而且大自然之道，神妙莫测与混沌是一个整体。"以变论万类，说义无穷"，以变化之理研讨万物，内容是无穷无尽的。这就太厉害了，见什么人就讲什么话，而且滔滔不绝，口若悬河，说得人家还不倦。不管他是哪一类，我们都能周旋、应对，能给对方一个恰当的定位、论说。了解对象之后，因人说法。没有一成不变的，即使是万类，也可以应对，而且很快就可以了解对方的真实企图，然后根据这个设计说法，达到说服的目的。这是讲结果，前面就是要修，即修"圣人之心"，去"原不测之智"，以"不测之智"，就能通心术。把智慧锤炼到那个地步，一切创意的源头如长江大河，没有人能在你眼皮底下搞鬼。神道和混沌是一个整体不可分割的状态，不管对象是哪一类的，都可以应付，圆融无碍。这些都不是与生俱来的，而是修炼出来的，是脚踏实地一步一步修出来的。

"智略计谋，各有形容"，"形"跟"容"不同，轮廓曰"形"，表情曰"容"。因事而生成计谋也各有不同的形式样貌。人生在鬼谷子看来就是斗智，每个人都有一个样子，神仙老虎狗，王八兔子贼，龟有龟样，兔有兔样。有智慧的人，什么人都能对付，见人说人话，见鬼说鬼话。"形"又代表事情的大概，如果需要深入了解，就要掌握"容"，"容"一直在变，不是静态的，是动态的。

"或圆或方，或阴或阳，或吉或凶，事类不同"，或有圆谋，或有方略，有阴谋、有阳谋、有吉策、有凶智，事事各不相同。这就是人事，人际关系错综复杂，真的不能掉以轻心。掉以轻心，你不是被骗，就是被糊弄。

"故圣人怀此，用转圆而求其合"，"此"就是前面讲的那些东西，即"转圆法猛兽"一路下来的这种能量、智慧、心神。所以，圣人以此为法，在处理事情时就像不停转动圆圈一样，设计出许多合适的计谋，以求切合实际，解决问题。人事多复杂，多难搞，形形色色，要想解决很多问题、纷争，就要用转圆法，知彼知己，探对方的底线，找到共识，像猛兽一样，不到关键时刻，千万不要乱动，没有找到恰当的应对方法就不断调整姿势、角度，多转几圈，这就是"用转圆而求其合"，才能谈得拢，谈出一个结果来。

"故与造化者为始，动作无不包大道，以观神明之域"，所以，开始参与造化的圣人，其行为无不合乎自然大道，并且能看到别人无法看到的神明奥妙领域。这就不得了，到这么高的境界了。"神明"，"神"偏自然天道造化的阴阳不测，"明"就要靠我们人的智慧、努力，显现宇宙的真理，如文明。神明之德就是天人之德。

"天地无极，人事无穷"，天地之大无极无垠，人事之繁无穷无尽。天地这个大宇宙无极，人事这个小宇宙悲欢离合的纷扰也是无穷无尽，学一辈子也不见得能够处理圆满。《易经》上经三十个卦从乾、坤到坎、离，可以说是"天地无极"，下经三十四个卦从咸、恒到既济、未济，尤其到最后的未济，不就是"人事无穷"吗？"各以成其类"，人事的变化跟天地一样无穷无尽，要了解天地之变化和人间种种的纷争、问题、事物，需要掌握一个"类"的法则。方以类聚，物以群分，"各以成其类"，这是一定的，同一类的东西容易在一起，阴阳和可以生生，发展出一个族类、族群。《易经》睽卦（☲）说"天地睽而其事同也，男女睽而其志通也，万物睽而其事类也"，要掌握类的概念，一类是一个阴阳合的概念，有阴有阳才会发展成一个类。《易经·乾卦·文言》称："同声相应，同气相求。水流湿，火就燥，云从龙，风从虎。圣人作而万物睹。本乎天者亲上，本乎地者亲下，则各从其类也。"可见，类的原则很重要。世间这么多纷纷扰扰，我们至少要懂得分类，才能掌握那些形形色色的变化。如果漫无头绪，完全搞不清楚里面的脉络，就没有"类"的思考。在无极无边的天地人事的繁复变化中，要有一个分类的系统、类比的思考，才能掌握万事万物的共通性。

既然以类相聚，我们就可以进一步深入了解，即"见其计谋，必知其吉凶成败之所终也"，看到对方各种计谋，一定知道其结果的凶吉成败。我们一旦掌握了"类"的思考，就能看出对方的招数属于哪一类，是刚还是柔，是阴还是阳，我们就可以断言其结果是吉凶还是成败。"见其计谋"，就是一眼看到底，一出手就知道最后可能的结果。每个人都趋吉避凶，希望给自己加分，让对手减分。但是妖孽有妖孽的气场，祯祥有祯祥的气场，善必先知之，不善必先知之。

"转圆者"，用转圆方式的人，"或转而吉，或转而凶"，有的转为吉祥，有的转为凶险。本来预先知道事态的吉凶成败，"转圆者"有办法让它调回来。这就是转圆的厉害。吉凶祸福，就靠转圆而变。看到态势不对，赶快调整，踩到霜了，绝对不会让霜成为坚冰。

"圣人以道，先知存亡，乃知转圆而从方"，圣人掌握了道，先知道存亡之理，然后再"转圆""从方"，应顺规律。因为了解道，就比人家早看到存亡的态势，所以借着转圆的方式，希望有一个对自己比较好的结果。在谈判中，看态势不对了，就一定要想办法斡旋，"转圆而从方"。"圆"就是不断调整，"方"就是定案，得出大家都能接受的有规有矩的结论。可见，"转圆"的目的就是为了"从方"。我们希望确定的方案是好的，就要在转圆的时候，把不利的因素转掉，这也是一种斗智手段。"圆"是过程，"方"是结果。就像我们用蓍草占卦的过程，"蓍之德圆而神"，阴阳不测，但是"卦之德方以知"，有一定的范畴，结果出来了。在十有八变的过程中，三变决定一个爻的时候，结果呼之欲出，就是由圆慢慢往方走。

"圆者，所以合语；方者，所以错事"，所谓"转圆"，就是要语言灵活，合乎对方的要求，所谓"从方"，就是使事物依规矩而行。"错"是措，即应该怎么做，最后按照固定的方案、结论来做。在没有出结论的时候，我们要想办法"合语"，借着两方会谈的讨论，找出可以共事的空间、契合点。谈不拢并不代表最后不会有结果，所以要有耐心，不要焦虑，一焦虑就会着急，人家就会利用你的着急压缩你的谈判空间，不急的人就可能争取到更好的条件。《易经》比卦（䷇）称"不宁方来，后夫凶"，兑卦（䷹）第四爻"商兑未宁"，比卦是外交谈判，兑卦也是言语交锋，都是在谈的场合中，都有一个心态不安宁的因素。假定你心里真的慌，觉得谈不拢，结果会很糟糕，那么也不能让人家感觉到你的焦虑。我们生命开展、事业开展，希望有所成时，往往就很急切，像屯卦（䷂），刚刚创业，就说"宜建侯而不宁"，也是不宁。谈判高手，就等着对方着急，谁着急就已经输了。总之，圆者是谈判过程中的试探，方者是大家接受的方案。

"转化者，所以观计谋"，"转化"，中间不断调整，像猛兽绕圈子一样，用言语迂回试探、旁敲侧击，甚至故意隐没一些主题，希望引蛇出洞，就是要看清对方的谈判策略是什么。中间不断转，突然讲一句话试探之后，大概就知道结果了，这个主题就不谈了，又换一个主题谈。有时候还投石问路，或者抛一块肉，看看对方要不要吃。这就是"转化者，所以观计谋"。

　　"接物者，所以观进退之意"，物包括人、包括事，我们一天到晚都在接触。在接物中，要怎么做呢？中间得眼观四面、耳听八方，此即"所以观进退之意"。不是光看对方的动作，还要看动作后面的"意"是什么。"意"是催生一切的东西。我们要观对方是进或者退，谈判的时候相应地或进或退，就是这么过招。可见，在接物的时候，需要全神贯注。转化是为了观计谋，接物是为了观进退。过一过招，接触接触，试探试探，大概就知道是怎么回事了。"意"决定一切，有时你谈判的人未必是老板，可是老板的"意"在谈判中，始终是主控，如果对方的底线没搞清楚，你就永远没有办法达到目的。

　　"皆见其会，乃为要结以接其说也"，我们一定要找到双方会谈的交汇点，所有的谈判，不管怎样，总要有结果。我们的意见没有焦点，那还谈什么？不要谈了。"皆见其会"，双方谈判还容易做到，要是多方谈判就难了。"乃为要结"，在这一点上，大家是有共通性的，以这个地方作为继续谈下去的关键。"以接其说也"，接着往下谈。大家有共识，大家希望以此为基础来谈，不是漫无要点地乱谈。可见，我们面对一个漫长的谈判，抓住要点，才有可能接着往下谈。如果要点没出现，"会"没出现，还谈什么呢？对牛弹琴！

损兑法灵蓍

损兑者，机危之决也。事有适然，物有成败，机危之动，不可不察。故圣人以无为待有德，言察辞，合于事。兑者，知之也；损者，行之也。损之兑之，物有不可者，圣人不为之辞。故智者不以言失人之言，故辞不烦而心不虚，志不乱而意不邪。

当其难易，而后为之谋；因自然之道以为实。圆者不行，方者不止，是谓大功。益之损之，皆为之辞。用分威散势之权，以见其兑威，其机危乃为之决。故善损兑者，譬若决水于千仞之堤，转圆石于万仞之溪。而能行此者，形势不得不然也。

"损兑法灵蓍"，在《易经》中，"损"代表惩忿窒欲，"兑"代表谈判，说话能够打动人家的心坎，让人忘劳忘死地追随，又是有情欲的开窍口的象，有时得意忘形，有时一厢情愿。"灵蓍"，就是神机妙算的蓍草，前面有灵龟，这里有灵蓍，龟是卜具，蓍是占具。"损兑法"，兑偏向于谈判，损则小心翼翼，字斟句酌，最后还不要受欲望的左右，不该讲的不要讲出来，不该做的不要做出来，要充分内敛，甚至要无为，即在理性谈判的过程中，精打细算。不但斟酌损益，还与时偕行，才可能像蓍草一样灵，有一个好结果。也就是说，要知道事物的吉凶，可以效法灵蓍变化之法。

"损兑者，机危之决也"，所谓的"损兑"，是抓住时机和处理危险的关键。很多事情的完成就是"机"，很多问题的出现就是"危"，而且都逼着我们做决定、决策，还不能错、不能拖。在有限的时间内做出重要的决定时，可能危机四伏，也可能机会稍纵即逝，需要当机立断、见机而作、随机应变。商机、兵机、天机都是如此，损兑就用在这里。需要特别机灵、敏感地对待，该讲话的时候讲话，要言不烦，而且直接打中人心，不该讲话的时候，含章括囊，这样的损兑才能做"机危之决"。

"事有适然，物有成败，机危之动，不可不察。"为什么事情会这么发展，有其道理存在。有时候看似不期而遇，其实是累积到一定程度的结果。《易经》中的夬卦（☱）就是不断地累积，到一定程度后宣泄，就造成了姤卦（☴）的不期而遇。这就是"事有适然"，凡存在即有合理性。你不要觉得很荒谬，因为前面已经酝酿好长一段时间了，刚好时机一到，就"有陨自天"，如同陨石从天而降。"适然"，说明一定有其道理，没有你想象得那么荒谬。那么，你就要研究了，这是怎么回事呢？还有"物有成败"，"物"包括人、事、物。人事物因为有征兆，故决定其有成败。"机危之动，不可不察"，对事物露出的机危的变化，不能不仔细观察。机危动的时候，可能是一点点，但是后面的一大堆问题就是那一点点造成的，所以要早下手，要留心"机危之动"，不能放过那一点点的征兆，须知坚冰由履霜而来。

"故圣人以无为待有德，言察辞，合于事"，什么叫"无为待有德"？"无为"就是道家的功夫，无为就是损，要惩忿窒欲，要绝对冷静，老子说"为道日损，损之又损，以至于无为"。想要完全冷静地看世态变化，一定要清静无为，才能够看得清楚。如果自己有很多的欲望、主观的想法，看到的是自己想要的东西，而看不到那些细微的变化。所以，一定要清静无为，惩忿窒欲，无为才能无不为。人有时候净做些糊涂事，看着很聪明的人，做出了最糊涂的事情，这就是当局者迷，因为他心中被欲望填满了。他的逻辑就是："我一定成功，我一定要得到我要得到的东西。"所以，他就不会观察到重要的信息，只看到他要的目标，其他的都看不到。看到自己想要的就千方百计要得到，至于旁边有警察，没看到。这就是欲望蒙蔽了理智，只看到自己要的东西，没看到周遭的情势，没顾及人家的看法、想法，也没看到竞争和风险。可见，圣人一定要修清静无为，学"惩忿窒欲"的损。要靠别人来完成时，就要用贤，用有德的人。皇帝要无为，就要找一个有德的宰相。要了解清楚，就要清静无为，才能够虚心观察，看清对方的德、对方的本领、对方的才华在哪里。怎么察呢？"言察辞"，你讲一些话，看看对方怎么回应。光会讲不行，还要给他一点事情做做看，这就是"合于事"。"事"是做事、事功的事。言要察辞，有时候光听人讲不行，还要看他是否会这样做。这需要观察。"言"是看他说什么，"察"则是让他实际做，看他是否眼高手低，会讲不会做。要"合于事"，才知道是吹牛的还是实干的，或者这个人又能说又能做。从这两方面去考核和鉴验，用人才、观察对手都得这样，而且要绝对冷静。

"兑者，知之也"，兑就是讲我们的心声，我们在交流切磋的过程中，可以大概了解双方关切什么。"损者，行之也"，做事的时候，就得损益盈虚，该简化就简化，做事的成本和时间，以及耗费的心力，都要纳入考量，千万不要浪费。"三人行，则损一人"（《易经·损卦》），要专注，不要备多力分。一段时间内锁定一个主要目标，把它做好就不容易了。"行之也"，行的时候也要低调、内敛，不要张牙舞爪，唯恐天下人不知道。

下面则是冷静的表现，做事情有经验的人都是这样："损之兑之，物有不可者，圣人不为之辞。"人、事、物发现行不通了，"圣人不为之辞"，就是下面不说了。这就是非常理性的，说放下就放下，拿得起放得下。事情明显是不能突破的，不可能办成的，圣人还花什么脑筋、挖空心思谈什么呢？要知道立"辞"多花心思啊！刚开始并不知道，进行一段时间发现没有希望办成了，那就到此为止。既然已经错了，就不要存什么侥幸心理，菩萨显灵的机会太少。这就是理性思考，绝对不可能办成的事情，不要说谈了，想都不要想，何必浪费时间。我们一般人一定要损一点，不然放不下的。人生又不是只有这件事情能办，还有许多别的事情，不可能的事情何必固执呢？"酒逢知己千杯少，话不投机半句多"，不要存侥幸心理。这就是"损"在发挥作用，如果是兑的话，通常舍不得放弃。"不为之辞"，可谓斩钉截铁。通常是多少经过一些挫折、历练的人，才知道什么事情可为，什么事情完全不可为。我的老师生前常常讲一句话，大意是，如果以理性判断不可能的事情，那么想都不要想。这样就可以节省很多心力，放在其他可能办成的事情上。孔老夫子晚年其实也很辛苦，体气日衰，两个大弟子——颜回、子路一个接一个死。他们死后，孔子都是痛哭流涕。他知道周游列国实现自己的政治抱负是不可能的事情，那就回鲁国，坐下来整理经典。他除了删《诗》《书》，订《礼》《乐》，赞《周易》，还创作了一部《春秋》经，在短短的几年间完成了这些事情。可能的事情才去做，生命宝贵，花那么多时间耗费于不可能的事情上，何必呢？

有一定的阅历之后，对于时间有紧迫感，才知道如何抓大放小，对于有些东西不再缠恋。年轻的时候，即兑卦的形态，办不到这一点。失恋的平均痛苦时间为三个月，这三个月做别的事，说不定都交完朋友要谈婚论嫁了。可是那时候年轻，想不通，很痛苦，每天早上醒来第一个念头就是："哎呀！我失恋了！"明明已经不可能挽回，何必还在那想呢？但是这是老年人的想法，年轻人不这么想，总觉得还有挽回的机会。年轻人跟老年人就是不一样。《易经》中的中孚卦（䷼），第三爻"得敌，或鼓或罢，或泣或歌"，就是拿不起放不下，第四爻"月几望，马匹亡，无咎"，则是说放下就放下。你看，只差一个爻，迥然有别。中孚第三爻断不掉，就是兑之情欲开窍口，没得到就放不下，想甩又甩不了。故这一爻爻变小畜卦（䷈），变成"密云不雨"，更加郁闷了。第四爻就冷静了，说断就断，"绝类上也"，爻变履卦（䷆），马上就付诸实践。我们看，"物有不可者，圣人不为之辞"，这句看似很平常的一句话，却含有极大的人生智慧。

"故智者不以言失人之言"，在谈判过程中，一个聪明的人不会因为自己讲话，就漏听到人家重要的话。也不会说：你们都不要讲，就听我讲。这就变成了政令宣告，而不是外交谈判。一些非常主观的人就是这样，只有他可以讲，对别人讲的都懒得听，他就是听也听不真切，因为他心中都是主观的想法。这不是智者所为。"故辞不烦而心不虚"，所以自己在说的时候就不会惹人烦，心里也不会空荡荡。如果你做到"不以言失人之言"，你的辞就不会烦，心就不会虚，会觉得很踏实，那么"志不乱而意不邪"，志就不会乱，意就不会邪。

"当其难易，而后为之谋"，事情总是有比较困难和比较简单的，但是都要恰到好处，所有我们的谋划、谋虑都要针对那件事情的难度。这就代表听到人家的回馈、人家的想法，你自己也想交流，然后才能够"当其难易"。如果发现你讲的跟他讲的实在是差太远，可能比较难，你就要针对这个"难"来为之谋，不能急，慢慢化解。如果你发现他讲的跟你讲的差不多，那事情处理起来就比较容易。要针对事情的难易度，做出最恰当的处理，为之设计、谋划。"因自然之道以为实"，因顺自然，不要强求，顺着那个势，心中就会很踏实，计划的事情也可以落实。也就是说，有具体的方案，就要做实在的准备，提出实在的解决办法，要遵循自然之道。有些情况超乎常情，就会让人感觉很突兀，所以还不如自然一点，因顺自然之道步步落实。做出一些非常人的举动，也不是不可以，但是总是有伤害或者遗憾，如果顺着自然的态势，按人之常情就可以办到，就比较合适。颜回、子路死了，孔子哭得非常伤心，这是人之常情，因为孔子与这两位相处几十年，不知贯注了多少心血，结果落空了。颜回死可能是因为营养不良，子路却死得很惨，被剁成肉酱。子路死后，孔子叫服侍的学生把吃的东西统统撤掉，因为看到就会想起子路的死而呕吐，这就叫自然之道、人之常情。孔子的大弟子，传经的子夏，做帝王师，后来活到八九十岁，修为很深，可是他儿子死了，他哭瞎了眼睛。很多师兄弟说：你怎么修的？不懂得节哀顺变。其实这就是自然之道，白发人送黑发人，谁不伤心？

"因自然之道以为实"，我们立论立说，不要胡扯，不要讲人办不到的事情，就算是一两个人办到了，绝大部分人办不到，那还是空。自然的人情不要抹杀。年轻的时候，失恋了，哭一哭，也是很自然的。如果马上就想开了，立刻又去展开新的约会，那就不自然了，有点妖了。所以，人生应该因应自然之道，不要标新立异。"当其难易，而后为之谋"，所有的谋略不要落空，要因自然以为实。对付小鸟，就不要用大炮去打，用鸟枪就可以了。对付庞然大物，鸟枪就不行。

"圆者不行，方者不止，是谓大功"，圆的计谋实施不利，方的谋略就不能停止，这就是大功告成的前提。对付强悍的对手，要懂得方圆。圆的才会继续滚，是要行的，方的就不可能滚，就会停在那边。对方用圆的时候就是想继续行，我就不上套，他用圆的方式就行不通。他想用方的方式赶快得到结论，我们就得拖，说还没结论，就到此为止。对方施展圆的时候我们不行，对方施展方的时候我们也不止。他都不能达成目的，这就是你的大成功。

"益之损之，皆为之辞"，不管是增益，还是减损，都能言之成理。整个谈判是一个动态的过程，中间是要调节的。不管你原先的方案是什么，中间需要不断调整，斟酌损益。

"用分威散势之权，以见其兑威，其机危乃为之决"。这句话等于是为前面的"分威法伏熊"和"散势法鸷鸟"做总结。分敌人之威，不管敌人再强，依然能够把自己的实力散发开来。我们用说话来表达内心中感情、想法的威势，凭三寸不烂之舌，舌战群儒，达到目的，让人忘劳忘死，这就叫"兑威"。言辞是很有威力的，有时候比刀枪还有力度。你能够分敌人之威，散自己之势，实力一天天强大，每个人都不敢忽略你的存在。"益之损之"是活的，会分威，会散势，会斟酌损益，对于碰到的危机就可以做出有效的决策。

"故善损兑者，譬若决水于千仞之溪，转圆石于万仞之山。"这句话完全是套用《孙子兵法》的《形篇》《势篇》最后的话。意思是，所以善于掌握损益变化的人，就像在千仞的大堤上决堤，又如在万仞山上滚动圆石。"决积水于千仞之溪"和"转圆石于万仞之山"，都是位能转成动能，这就是"形势"。不出手则已，一出手一定冲垮一切。这就是善于创造形势，不管是舌战，还是刀兵之战，都有这个力量。"而能行此者"，能做到这一点的，"形势不得不然也"，乃形势使然。打仗要创造形势，谈判也要创造形势，没有人能挡得住千仞之堤上放下来的水，没有人能挡住万仞之山上滚下来的石头。石头如果是在平地上，没有势，根本就不用害怕。可是从那么高的地方滚下来，就不得了了。如果是"有陨自天"，那就毁灭了。这里用一个意境和象，来讲最高的理的运用。长期的布局在一瞬间激发出来，没有人受得了。这里到底是鬼谷子抄孙武，还是孙武抄鬼谷子呢？应该是孙武在先。

"损兑法灵蓍"，用《易经》中的一个卦来对应，就是君临天下的临卦（䷒）。身临其境，有居高临下的态势，如"决水于千仞之溪，转圆石于万仞之山"。临有大震（☳）之象，说明一个人要有大局观，才看得清形势。其所掌握的力量不发则已，一发惊人；而且力量不发时，让人感觉到不寒而栗，觉得最好不要发。

持　枢

扫一扫，
进入课程

持枢，谓春生、夏长、秋收、冬藏，天之正也；不可干而逆之。逆之者，虽成必败。故人君亦有天枢，生、养、成、藏，亦复不可干而逆之；逆之者，虽盛必衰。此天道、人君之大纲也。

"持枢"，"枢"，原指门轴，"持枢"意即抓住关键以控制事物的运转。陶弘景注颇有道理，他说："枢者，居中以运外，处近而制远，主于转动者也。故天之北辰，谓之天枢；门之运转者，谓之户枢。然而持枢者，执运动之柄以制物者也。"另外，这一篇似乎有残缺，主旨与结构无法窥全。总之，一定要把持恰当，不要抓枝节，要抓关键。

"持枢，谓春生、夏长、秋收、冬藏，天之正也"，这里讲的是春夏秋冬四时的变化，是自然之道，任何人都没有办法违逆。"持枢"，把自然之道的关键抓住，不同的时间要做不同的合适的事情。如果没有前面的春生，就没有后面的夏长，更不会有后面的秋收，冬藏也不可能了，天道本来就是这样。"四时变化而能久成"（《易经·恒卦》），这就是要点中的要点。"持枢"，任何事情都有它的春夏秋冬，都有开始、发展、壮大、结束。只要抓住中心轴，就不会偏离。

"不可干而逆之"，绝对不可以干犯，逆天行事。"干"，是想求些东西，有进取心，但是求的时候先要求自保，要立于不败之地，所以不能只准备攻击武器，还要有防守的盾牌。"干"就是盾牌，要防范自己不受攻击，才能进一步出手去攻击人家。为什么要攻击人家？有所求。干也是"求"，《论语》中子张学干禄，他毫不讳言想做官，做官就有俸禄。但是凡事有个度，不能捞过界了，过界就是干涉、干犯。天时就是春夏秋冬，没有办法缩短，也没有办法变成夏天在春天之前。节气、历法是天则，"不可干而逆之"。一定要到秋天才能收获，问：可不可以在春天就收获？办不到。

"逆之者，虽成必败"，违反自然的发展，短时间内侥幸可以得逞，但绝不会长久。违反自然的一时的成功，马上就败。根基不稳，加上不是顺时而生，暂时的成功也避免不了将来必败的局面。所以，《易经》第六十三卦既济卦（䷾）只是暂时的成功——"初吉终乱"，后面就是重新开始的未济卦（䷿），一切从头再来。中国的诸多学问都是讲顺自然，尤其长期看来，一定是顺自然才能有所成就。没有中长期的眼光，短期就会出问题。没有全局观，不把握整体，怎能知道下一步要做什么呢？打一枪换一个地方，不会积累资源和成绩，永远偏离中心轴，根本就没有方向，怎么能够成功？像《易经》的第三卦屯卦（䷂），是生命开始、事业开创的时候，必先"磐桓，利居贞"，打下基础，然后"勿用，有攸往"，短期勿用，中长期有所往。所以在屯卦的时候，就要有中长期的发展观点，短期的考量绝对不可能成功。

"故人君亦有天枢"，这句话比较好懂。即人君为政、治国的关键就是顺应自然之道，必须遵循客观规律。人法天，法自然，"生、养、成、藏，亦复不可干而逆之"。生了就要养，养到发育成熟，成了之后还要藏，藏了之后再生。生命也是这样，不可违背。在人生的奋斗过程中，一定是生、养、成、藏，就如《易经》所说的"元亨利贞"，缺什么补什么。

"逆之者，虽盛必衰"，要干犯自然，向天道挑战，即使一时兴盛最终必然走向衰败。"此天道、人君之大纲也"，这就是天道，也是人君必要遵守的原则。

中 经

　　《中经》是与《本经阴符七术》相对而言。《本经》讲的是内在修炼，而《中经》讲的是御世的策略。经就是经营、经略，我们做事情要掌握经纬，知道该怎么做。经的本意是把不同类别的线分类再统合，贯穿就叫纶。部门要分类，人才要分类，经就是我们对事情有经营的企图心，要把它纵横交织的工作做好，故内在的修为很重要。这就是陶弘景注解所说的："由中以经外，发于本心，以弥缝于物者也。""中经"就是借助你的修为、实力去经营、处理外面的事情，意思就是说，外面的事情要处理得好，里面的"中"很重要。实力不足、修为不够，外面一定是稀里糊涂，往往是挖东墙、补西墙，到处救火。

　　要阐述得更细一点的话，"中"就有持中之道的意思了。"持枢""中经"合而言之就是所谓的中枢。做一切事情，中枢最重要，主要路线要把持，也就是我们所谓的中长期规划。人无远虑，必有近忧，如果净看短，不知道自己在整个大局中的定位，那么永远都是白忙一场。

（一）

中经，谓振穷趋急，施之能言、厚德之人；救拘执，穷者不忘恩也。能言者，俦善博惠；施德者，依道；而救拘执者，养使小人。盖士遭世异时危，或当因免闻坑，或当伐害能言，或当破德为雄，或当抑拘成罪，或当戚戚自善，或当败败自立。

"中经，谓振穷趋急"，"中经"，所说的是救人危难。这就是王道思想，鳏寡孤独废疾者有难，急急忙忙跑去帮忙。"振"，就是精神抖擞，把对方扶起来，让他充满再干下去的信心。我们对于那些困穷的人，要帮扶，使其振作，这就是"振穷"。人有急难的时候，我们在自身有实力的情况下去帮忙，这就是"趋急"。"鳏寡孤独废疾者，皆有所养"（《礼记·礼运》），《中经》讲的不是霸道，而是王道，是仁心仁政，是佛家的布施功德、慈悲，帮人家消灾解厄。霸道是强凌弱、众暴寡，王道是济弱扶倾。当然，要"振穷趋急"，首先要有实力，实力才是做好事的后盾，即要"中经"。我们只有自己充实，才能去经外。

"施之能言、厚德之人"，布施也要看对象，要能说会道和德行深厚的人。"能言"，讲得确实动人，才能发挥效力。"能言"的人和"厚德"的人，有时可能穷，可能急，也可能遭嫉、被打压迫害。这些人陷入急困的状况，我们要帮他忙，将来要是他感恩，就帮我们能言，帮我们做很多事。这样的人才是我们要布施、帮忙的对象。

"救拘执，穷者不忘恩也"，有些人更倒霉，还惹上了官非，被抓起来了，或者很落魄，摆脱不了苦命的人生。这些就叫"拘执"，不是入牢房，就是被现实套牢，或他们迫切需要我们去拯救，因为他一身的本领施展不开，被卡死了。我们去帮他，好处是什么呢？你看鬼谷子就是很功利，但是也合乎人情。我们对别人有恩，受人点滴之恩，要涌泉以报。你在他最需要的时候，懂得雪中送炭，人家会永远记得你。如果是锦上添花，人家根本就不记得你。他觉得自己不应该遭受那么惨的待遇，他能言、厚德，结果倒霉，但是他目前落魄，被环境卡死，我们去救"能言、厚德、拘执"这三种人，"穷者不忘恩也"。他会不会感恩图报？虽然不一定对所有人都这么冀望，但是从人情之常来看，你布施，别人自然会回报，这是善的循环。"穷者不忘恩"，他在最需要的时候，最落魄的时候，你适时伸出援手，帮他忙了，帮这些能言、厚德、拘执的人脱困，他怎么会忘恩呢？

"能言者，俦善博惠"，能言的人，能行善而广施恩惠。"俦"就是类，"俦善"，善类。能言的人，他有善心。他也会尽力帮助别人，即"博惠"，帮助别人他没有太多分别心，只要是有人陷于困穷之境，他就会帮助对方。

"施德者，依道"，有德之人，行事按照一定的道义准则。有德之人对别人的帮助，完全是依据本源的道，即按照自然的大道来施德。"而救拘执者，养使小人"，"小人"不一定是坏人，但是他可能就是拘执于事。假定小人陷于拘执的状况，我们去帮他，等于是去养他，将来就可以用他。"养使小人"，是讲对方会感恩图报。有时候你的帮助看似不起眼，在你来讲是举手之劳，但对方认为是大事，他要报答你一辈子。"养使小人"，虽然不一定都会知恩图报，但至少有这个可能性。从人之常情来讲，在别人最需要帮助的时候，你没有因为他没有分量、无权无势而不帮他，你帮了他，这种善意有时候你都忘了，但人家确实永记在心，在你面临生死危机的时候人家出来帮忙了。"养使小人"，就说明要多行善，即使是无权无势的人你也要去救助。要像《易经》解卦（䷧）的君位一样——"君子维有解，吉，有孚于小人"，说明不要带有功利的观念，不要计较眼前的得失。谁说小人不能用？人都有陷入穷极的时候，你能够帮忙就帮一下，说不定将来你也可能会陷入穷极境地，这时小人反而帮了你大忙。中国人的观点，就是对于一草一木，都要存善意。

下面讲的则是对时代的感慨。"盖士遭世异时危"，知识分子在乱世之中往往会遇到生不逢时的危险处境。我们这个时代越来越奇怪，杀气很重，天灾人祸一天到晚发生。因为环境剧变，很多东西变得不合常理，应付不当，就会一塌糊涂，有很多悲惨的遭遇。整个世界如果积不善，就有余殃。到处都是共业，要是你碰到不就倒霉吗？有道德良知的知识分子，遇到"世异时危"，可能会发生什么呢？

"或当因免阗坑"，有的人在乱世里侥幸免遭兵乱。"阗"，即"填"，满、盛的意思。"阗坑"，就是死于战祸、灾祸。陶弘景注解说："阗坑，谓时有兵难，转死沟壑，士或有所因，而能免斯祸者。"有兵难，有战争，就算这一场战争你避免了，下一场说不定你就吃不到晚饭了，这在战国时代是经常有的事情。如果百战之后也打不死，那真的是运气或者福报。战国时期，赵国军队投降的四十几万人本来想有条活路，却被白起填坑活埋。"转死沟壑"，这样的事情天天都发生，像海啸、地震、枪击案，你往哪儿走？就是死在沟壑里也无人知。"因免"，真的是走运。抗战胜利都七十年了，健在的老兵，他一辈子也忘不掉死去的战友。好多战友都死了，就他在枪林弹雨中活下来了。他们每当想起死去的战友，内心一定很难过。人在遭逢乱世的时候，就算不死，也够难过的了，因为要靠运气，才可免于填坑。

"或当伐害能言，或当破德为雄，或当抑拘成罪，或当戚戚自善，或当败败自立"，有的因能说会道而受残害，有的放弃平常的德操成为英雄，有的怀才不遇反而遭受陷害，有的虽然处境艰难却恪守善道，有的虽遭失败，却能自强自立。这里说的是知识分子在乱世中的各种遭遇。这一段对于一般人来说，有点费解。其实整个《鬼谷子》坦白讲，比一般的书都令人费解。鬼谷子不是专门训练人讲话的吗？文辞怎么那么艰涩呢？有时候每一个字你都认识，但是它到底在讲什么，不一定知道。读《孙子兵法》会有这个感觉吗？绝对不会有。这个鬼老头真是鬼，我们还是参考陶弘景的注解吧。

"伐害能言"是指什么呢？陶弘景认为："谓小人之道，谗人罔极，故能言之士，多被残害。"这是典型的小人道长，能言的人，引人嫉害，人家想办法对付你，所以能言的人太爱表现，容易惹祸上身。《易经》的否卦（☷☰）之"否"就是"不口"，不要讲话，故说"俭德辟难"，因为多言贾祸，大家日子已经够难受的了，彼此沟通都困难，你何必一天到晚"否之匪人"呢？

什么叫"破德为雄"呢？这一句最有意思。德、雄不同，德就是仁德、仁心等，雄就是霸道，在战国之世，输赢最重要。否卦为什么要"俭德辟难"？因为行德会给自己找麻烦了，所以有时候逼着人在乱世破德，破了你该守的规矩。这时就要改弦更张，"为雄"，跟大家一样去争霸，对付人、算计人，要不然就会挨打，而且根本没有还手的余地。有些人干脆遁隐，守自己的德，有些人干脆就下海，"破德为雄"。这就是环境剧变造成人的性情大变，以致放弃了平常的德操，开始争雄天下。故陶弘景说："破德为雄，谓毁文德，崇兵战。"文德毁坏，迷信武力，皆因时代环境不是仁德的时代，而是争雄的时代。为什么称"战国七雄"，没有讲"战国七德"？因为德没有办法维持，只有为雄。

再看"抑拘成罪"，何解呢？陶弘景说："谓贤人不辜，横被缧绁。"

贤良的人惹上了官非，进了牢狱。要知道，在乱世，被关监牢的不一定是坏人，尤其是政治犯。《论语》中，孔子说其弟子兼女婿公冶长："可妻也。虽在缧绁之中，非其罪也。"公冶长被关起来，孔子不但不怪罪他，还把女儿嫁给他。这一点很有意思，孔子很有抗争精神，不惧当局的权势。换句话说，公冶长虽然被关起来，但不是他有罪，只是他的言论有问题。"抑拘成罪"的人，遭横祸，大多是被人家诬告，结果无辜入监牢。

"戚戚自善"为何呢？陶注说："谓天下荡荡，无复纲纪，而贤者守死善道，真心不渝，所谓'岁寒然后知松柏之后凋'，'风雨如晦，鸡鸣不已'者也。"战国时期，整个中原板荡，社会太乱，没有办法约束任何人，贤者不愿意放弃自己的原则，永远不改初衷。"岁寒然后知松柏之后凋"出自《论语》，"风雨如晦，鸡鸣不已"出自《诗经》，这都是引用经典上的话。这种人能够在乱世的时候坚持原则，但是环境太苦，不可能有任何发挥，这当然是非常哀戚的事情。君子照讲应该坦荡荡，但是环境太坏了，你不做坏事，也要一天到晚面对受不了的事情，所以没有办法兼善天下，只能够独善其身。这就是对大环境完全无能为力，故称"戚戚自善"。有良心的知识分子碰到乱世，就是这样，失去了应有的作用，只能管好他自己。环境一点都没有办法改变，真的是天机不转，人力很难回天，充满了无奈感。

再看最后一个"败败自立"，在危败的情形中谋得自立。陶注说："谓天未悔过，危败相仍，君子穷而必通，终能自立，若管仲者也。"天没有悔过，事情还越来越糟，到处都是这种乱象，但是知识分子在这种情况下，还要能够自立。这比"戚戚自善"，只能管理好自己，而且天天叹气，要更进一步。自立在"败败"中，不断遭遇失败、挫折，环境不理想，世风日下，做什么也不成，他还能够站起来，绝对不被摧毁，像管仲就是如此。

好，我们再回顾一下。"或当因免填坑，或当伐害能言"，这就是《易经》坤卦要我们"含章括囊"的缘故，要懂得保护自己，在最敏感的地方，不能讲的时候绝不讲。"或当破德为雄"，环境是一个霸道无比的社会，有的人守，有的人就破，整个环境绝不标榜德，而是标榜谁赢，那就"为雄"。"或当抑拘成罪"，只有进监牢。"或当戚戚自善"，要管好自己。"或当败败自立"，倒了要能够站起来，打不倒。

（二）

故道贵制人，不贵制于人也。制人者，握权；制于人者，失命。是以"见形为容，象体为貌"，"闻声知音"，"解仇斗郄"，"缀去"，"却语"，"摄心"，"守义"。本经纪事者，纪道数，其变要在《持枢》《中经》。

"故道贵制人，不贵制于人也"，所以为人处世，贵在道施于人，而不要被他人控制。我们一定要掌握主动权，做我们自己命运的主人。道就是要能够制人，而不能制于人，不能被掐死。"制人者，握权；制于人者，失命"，制人者就掌握天下大权，受制于人，就失去性命、天命。

接下来作者就列举了七术："是以'见形为容，象体为貌''闻声知音''解仇斗郄''缀去''却语''摄心''守义'。"这七术，后面有专门的解释，这里暂不解释。

"本经纪事者，纪道数，其变要在《持枢》《中经》"，《本经》七术记载运用这些方法的道理，权变的要旨均在《持枢》《中经》两篇中。

在正式进入《中经》时，我们先做一个简短的概括。

其一，"见形为容，象体为貌"。从一个人外在的形貌、行动、表情、言语，探知人的内心世界。

其二，"闻声知音"。自己讲话的声音能够打动对方，让对方视为知己。声音的学问是很重要的，"声"比较粗，"音"则比较有内涵，表现心声。我们说好不容易交到志趣相投的朋友，引为知音。只有称"知音"的，没有说"知声"的。伯牙鼓琴，钟子期就能知音，也就是他们之间特别能够起共鸣。我们都希望找到自己的知音，知音能听到人家真正的心声。一般人都会掩藏自己，通常发在外面的是比较粗糙的"声"，是表象，而"闻声知音"，能从表象看到内在，从比较粗的现象看到比较细腻的内情。这都跟人说话有关。

其三，"解仇斗郄"。"郄"，同"郤"，就是缝隙。你要挑拨离间，总要寻得对方的缝隙，才能有缝可钻。人情复杂，里面有很多裂缝，要去钻缝，才有活动的空间。庖丁解牛，也就是找牛的骨头跟筋肉之间的缝隙处下刀，刀才十九年不会卷，像新的一样。因此，人不要硬碰硬，一定要找对方的缝隙（弱点），办起事来阻力才小。我们要跟人家斗，一定要找到他的弱点、罩门，我们的刀才好进去，这就是"斗郄"。"解仇"显然跟"斗郄"相关，只是做法不同而已，冤家宜解不宜结，不要一天到晚制造敌人，要尽量把敌人变成朋友。小恩小怨就算了，不值得把它变成大仇。碰到那种值得一斗、没法善了、要分出胜负的强敌，那就一定要找他的弱点。能够"解仇"，就能少很多敌人，多一些朋友。不能够放过的，就要寻找对方的弱点下手。

其四，"缀去"。此言当我们身边之人将要离开时，怎样收买其心，使其人走心在。"缀"就是要联系上，不要断掉。"去"是人家要离我们而去，像员工要跟你辞职，老婆要跟你离婚，合伙的要跟你拆伙，没有办法继续合作或者生活下去，那就放他去。他要去，不管是双方的问题，还是单方的问题，你要珍惜你们曾经的过去。人生交一个朋友，尤其是交一个那么近关系的人很不容易，不要一下子切断，要尽量挽留，让你们的关系能够连续。这就是"缀去"。有的时候可以慰留，至少可以少一个可怕的敌人，甚至是最可怕的敌人。过去那么久的相处，至少还是有感情的。懂得珍惜很不容易，一旦要分开、决裂，还是要想办法补缀，不要随便放弃。不要以为放弃还可以重来，要知道，发展这么久的关系，你怎么有把握重建呢？所以，能挽留的尽量挽留，实在不能挽留了，也要表现出温情，不要一副苦大仇深的样子，让人家离开得不痛快。讲好听的，还要留一些去思，人走了之后，人还会想着你的好，缘分尽了，至少也不是视之如寇仇的关系。这一点很重要。很多这种离的关系，搞得一辈子都是恨，何必呢？我倒不是说一定要藕断丝连，过去的总有一定的意义，不要轻易一刀两断、全部归零。留下来，重拾旧欢或者破镜重圆、化敌为友最好；留不住，不要化友为敌。有的人分开之后，一辈子都不愿意再想两人过去合作的事。其实，好的回忆总是有的，不会净是让人糟心的事吧？老想着曾经亲密的人的坏处，这就是做人失败、没风度。鬼谷子清楚人情的建立很不容易，破坏则很容易，所以他在这里给大家提出"缀去"的建议。

其五，"却语"。善于抓住别人话语中的短处，加以安抚利用。"语"是说话，"却"就是仔细听别人说话，找出有毛病、不符合逻辑的地方，或者是对方感情用事以致说出不合理的话来，但是找到之后，并不是要针对他的话抓住毛病不放，而是要安抚他。一天到晚挑人家话语上的毛病，这是让人家最痛恨的，是刻薄之人。谁不说错几句话呢？抓到人家话语上的毛病，不是见猎心喜、大肆宣扬，反而是采取一个厚道的方式，说一些温暖的话，帮其遮掩，这就叫"却语"。

其六，"摄心"。这属于笼络人心，让人为我服务。其实和前面讲的都差不多，"缀去""却语"，都是尽量争取朋友、维系人心，不管是哪一种方式，总希望能同心，而不是制造仇恨。"摄心"，就要会笼络，维系人心的功夫很重要，如带兵要带心，交友要交心，知人要知心。

第七术就是"守义"。谨守内心的分寸和社会的道义准则。"义"就是合宜、合适。这就涉及价值观和基本的守则。不管我们在人世中如何打拼，都有一些日久形成的共识即规则要守，要谨守规则，不要随便破坏。

这就是"中经"，井井有条，由内以经外，合乎时中之道。

见形为容，象体为貌

"见形为容，象体为貌"者，谓爻为之生也。可以影响、形容、象貌而得之也。有守之人，目不视非，耳不听邪，言必《诗》《书》，行不淫僻，以道为形，以德为容，貌庄色温，不可象貌而得之。如是，隐情塞郤而去之。

"'见形为容，象体为貌'者，谓爻为之生也"，"见形为容，象体为貌"，我们一天到晚接触的人，要看他的形容笑貌，貌似好人还是坏人，要怎么对付、怎么交往，甚至怎么防范。"形容"，"形"是外形，"容"就是脸上的表情。"见形为容"，静态的外形和动态的表情是显现出来的。但是这些真不真实呢？《金刚经》说，我们世俗人一般都是"以色见我，以音声见我"，故"是人行邪道，不能见如来"。你会雕刻佛像，惟妙惟肖，可是你雕刻不了佛心，雕得再华丽，可能并不真实。老子也说："五色令人目盲，五音令人耳聋，五味令人口爽，驰骋畋猎令人心发狂。"这些有智慧，有经验的人，都告诉我们不要迷于表象。可是，表象我们不能不要，因为我们要透过表象去掌握真实。只是不要被表象误导，要像一面镜子一样，佛来佛现，魔来魔现。

　　"谓爻为之生也"，"爻"字是《易经》专用字，有的版本认为是一个错字，其实未必，因为在鬼谷子时代，《易经》已经有了很久的传承。"爻"是怎么回事呢？"爻"就是两股绳结，表示人世种种复杂的问题，人们希望找到答案。问题接连不断发生，人与人之间也有很多的心结，故要交往解决。爻也是交，也是效。我们占卦时出现了卦，也出现爻，爻的动变，就显现你探测的趋势。"爻为之生也"，就像我们占卦想要了解某人到底是何居心，结果从生出来的那些卦爻之中了解到了。我们想问题，想"见形为容"，爻就像外面的形容笑貌一样，表现内在的真情。我们心中想什么，外面就显现为爻，所以如响斯应，这就是《易经·系辞传》所说的"是以君子将有为也，将有行也，问焉而以言，其受命也如响"。你想什么，卦象、爻象就显现出来了。换句话说，鬼谷子要求，看人家的形容笑貌，马上就能够知道其内心的实情，就像爻一样不骗人，就这么灵准、这么自然地显现。爻能够反映他心中的念头，我们就希望他的形容体貌完全能够显现他内心真实的想法。"可以影响、形容、象貌而得之也"，可以通过光影、声响、外形、表情、容貌探知其内心世界。可见，要知人心没有那么难，就是要训练。我们会碰到不同的人，一般人很难掩饰内心的真情，我们透过他外在的表情、容貌、声音，大概可以抓到其内心的想法。可是，有一些人是受过训练的，很深沉。这种人懂得保护自己，喜怒不形于色，有点阴阳不测，这就不容易对付。

我们与人接触，自己也得修炼这种功夫，不要让人一眼就看透。讲假话，让人家听起来像真话一样。这就叫"有守之人"，把自己守得密不透风，不会让人家一眼看到底。

"有守之人，目不视非，耳不听邪，言必《诗》《书》，行不淫僻，以道为形，以德为容，貌庄色温，不可象貌而得之。""貌庄色温"，很庄重，但是又很温和。就像孔子一样，"望之俨然，即之也温"，很温和，并没有一幅凶相，但是凛然不可侵犯。"不可象貌而得之"，这种人光从外表无法知道他心里真正想什么，因为他训练有素，有涵养。碰到这种人怎么办？碰到前面的那些还容易，对方的一举一动、肢体语言，完全把心思泄露了出来，很容易了解，但是碰到这种有修为、有守的人，无法凭你看上三两眼就测知。换句话说，碰到这种人，不要随便下结论，那么，最好你也要练习有守。"有守之人，目不视非"，这就是孔子所说"非礼勿视"，有修为的人目不视非正当的东西。接着，因为五音令人耳聋，故"耳不听邪"。"言必《诗》《书》"，一讲话，都是引经据典，不是引用《诗经》就是引用《书经》的内容。这就很有教养了，不会把喜怒哀惧爱恶欲随便发出来。"行不淫僻"，绝对不会做淫乱、怪僻的事情，即过分、失礼的事情绝对不做。然后"以道为形，以德为容"，形模仿道，容显示德，"形容"显现在外面就跟别人不一样，显得很有道德。"貌庄色温，不可象貌而得之"，上面已讲过。

有修为的人，不容易一眼看透。"如是"，如果真做到这一点，就可以"隐情塞郄而去之"。"去之"，就是躲掉人家的侦测，就可以远离被人家看透的祸害，这就是《易经·系辞传》所说的"损以远害"，因为惩忿窒欲，就能够远离那些害。可见，人生很难，要懂得"隐情塞郄"，把你所有可能的弱点、罩门、缺陷统统补上，让人家没有办法钻缝子。此外，把你的真情隐匿起来，所有的人事纠纷、祸害都远离你，人家要打你的算盘，都不可能了。一般的人则完全陷在人事纠纷中，天天在那里面斗。"有守之人"，也是长期修养所至，耳濡目染，慢慢训练出来，这样才能免于祸害。

闻声知音

"闻声知音"者，谓声气不同，恩爱不接。故商、角不二合，徵、羽不相配，能为四声主者，其唯宫乎？故音不和则悲，是以声散、伤、丑、害者，言必逆于耳也。虽有美行、盛誉，不可比目、合翼相须也。此乃气不合、音不调者也。

"'闻声知音'者，谓声气不同，恩爱不接。故商、角不二合，徵、羽不相配，能为四声主者，其唯宫乎？"这里讲"四声"——商、角、徵、羽，把"宫"拿出来了。"其唯宫乎"，一群人各有各的调、各有各的主张，整个团队就需要主事的，就像"宫""能为四声主者"，能够调和其他声。这是因为"宫"的音比较厚实，故能起到调和的作用。古代音乐五声中，"商、角、徵、羽"四声比较高亢，它们互相就不和，就像越有才华的人越容易与周围的人不和，那就不能做领导。要知道，同声相应，同气相求，声气不同，就没有办法协调、合作。所以，人总是要找声气相通的人合作。"闻声知音"，就是处理"声气不同，恩爱不接"的方法，即处理双方意气不合，彼此施恩和友爱不通的方法。"商、角不二合，徵、羽不相配"，第二音商和第三音角不和谐，没有办法共鸣、共奏，还有徵、羽也不相配，只有拿作为四声的主导者——宫来协调了。一个团队中，各有各的声音，这就需要一个共同信服的领导人，这位领导人能够包容这个团队中的人，才可以主导整个团队。商、角、徵、羽统统不适合做领导人。

"故音不和则悲"，所以音调不协调就会产生悲声。音不和，没有办法勉强，不必瞎凑合。"是以声散、伤、丑、害者，言必逆于耳也"，散、伤、丑、害都是不和之音，如果把它表现出来一定是很难入耳的。这是比喻，用音之间的不契合来谈人际的不协调。悲声彼此不协调，只会发"商、角、徵、羽"这些音，很难相处，所以就会产生散漫的情绪。人跟人在一起，一旦离心离德，就没有办法专心致志地做事。因为看了就讨厌，听了就不喜欢，没有耐心去听别人讲什么，只有敷衍应付。这就是"散"，不能合作。声一旦显得"散"，还会"伤"——互相伤害，就像刀子嘴，拼命想发出什么声音或者挑人家毛病来伤害人。因为不喜欢对方，就会"丑"——抹黑、嫌弃。"害"就更进一步了，想办法坑人、害人。言词伤人、传播谣言、进谗言不都是这样吗？因为你们实在不是一路人，不是一家人，就不入一家门。最终的结果就是"言必逆于耳也"，这个"逆"可不是"忠言逆于耳"的"逆"，而是讲话难听刺耳，双方都没有办法接受。这就是不协调所造成的恶果。如果有"宫"声的介入，五声齐全，即使有很多不同的声音，也可以协调统合得很好，那么就可以成为一个很有竞争力、士气高昂的团队。"言必逆于耳也"，不和谐的音太多，听不下去，这也是没有办法的。就像《易经》中萃卦的精英团队，特别难磨合，因为都是精英，谁也不服谁。所以，为了使一个团队能够很好地配合，事先就要弄清楚能否和谐，能和就和，调解之后还是不能和，就不要搞到一起。

"虽有美行盛誉，不可比目、合翼相须也"，虽然有美好的言行、高尚的声誉，也不能像比目鱼、比翼鸟那样亲密无间、互相配合。也就是说，即使你们都是精英，外界都盛赞你们有才，但是你们不能合作，没有办法共事，彼此不能相容，那就算了，不要勉强。"比目"是鱼，这种鱼的眼睛都长在一侧，不是左侧就是右侧，故要两条眼睛不同侧的鱼游在一起。"合翼"是中国古代传说中的鸟，仅一目一翼，故雌雄须并翼飞行，常用来比喻恩爱夫妻或者形影不离的朋友。夫妻、情侣、朋友、合伙人等，没有办法合作，就不能像比目鱼、合翼鸟一样"焦不离孟，孟不离焦"。都是好人，都有才华，但是不能够来往，这就是"虽有美行盛誉，不可比目、合翼相须也"，"相须"就是你需要我、我需要你，双方互补。虽然每一个人都有美行盛誉，但是不能组成一个合作、互补的团队，甚至还冲突。

不管在天上飞，在水中游，还是在人间奋斗，不能合作，"此乃气不合、音不调者也"，这都是由于意气不相投、音调不协调的缘故。我们平常讲夫妻之间如调琴瑟，琴瑟和鸣才可以和谐相处，要是不能和鸣，就会过得太苦了。我们都有自己的声音，接触的任何新的人或者旧的朋友，也有他的声音，和他们相处就要注意协调问题。如果经过努力之后，结论是无法调和，或者调和成本太高，那就算了，不必勉强。既然不是我们的知音，何必勉强呢？

解仇斗郤

"解仇斗郤"，谓解嬴征之仇；斗郤者，斗强也。强郤既斗，称胜者高其功，盛其势也。弱者哀其负，伤其卑，污其名，耻其宗。故胜者闻其功势，苟进而不知退；弱者闻哀其负，见其伤，则强大力倍，死而是也。郤无强大，御无强大，则皆可胁而并。

下面就是处理人际关系了。"解仇"，小怨千万不要结，否则会发展成大怨。一旦结下大怨，就算是因为某种现实原因暂时和解，也不是真和解。俗话说，"好的刀口药，不如不拉口"。伤痕犹在，和解总是暂时的。既然大怨是小怨积就，千万不要让小怨发展成大怨。就像"履霜坚冰至"一样，早一点除霜，就不会有后面难解的坚冰了。"解仇"，就是不要让仇恨滋长。

"'解仇斗郤'，谓解嬴征之仇"，"嬴"就是嬴弱，仇怨很细微，但是已经现出了征兆，这种仇恨，就不要计较，赶快化解，免得变成大仇。要见机早，矛盾能够化解的赶快化解，千万不要添油加醋酿成仇怨。因为它还很弱，好处理。"嬴征"，已现征兆。和人交谈时，突然发现对方讲话不对劲、不友善，那就要研究什么地方出现问题了，赶快把它处理掉。老子讲"报怨以德"，就是说小怨要用德去包容，不要让小怨发展成大怨。当然，他不是说所有的怨都要以德报怨，而是说小的不痛快，应一笑了之，不要日积月累成冰山一样的仇，不可化解。

"斗郄者，斗强也"，"斗郄"就是仇怨已经不可能化解，那么你就要想办法胜过他，不要再摆出和善的态度。现在既然是生死大仇了，那就不能输，要斗强。斗强也是一种气魄，对方再强，总有瑕疵（郄），那就找出对方的瑕疵，照样把他斗垮。以小博大，以弱击强，柔弱还可以胜刚强，怕什么呢？

对"解仇""斗郄"这两种处理方式，有两种层次的看法。

"强郄既斗，称胜者，高其功，盛其势也"，两虎相争，彼此都在找对方的缝隙，希望打倒对方。"既斗"，已经打起来了，不能和解，那就一定有胜负。"称胜者，高其功，盛其势也"，胜利的就得意扬扬，就高扬其功劳，壮大其声势。胜利的人大肆宣传，庆贺他的胜利，那么输的那一边呢？"弱者，哀其负"，打败了，他一定很哀伤；"伤其卑"，地位一落千丈；"污其名"，输了，名声也不好听；"耻其宗"，觉得对不起自己的宗族、同志、信仰。弱者在人前抬不起头来，这是最常见的事情。胜者得意扬扬不知所以。像古罗马时代，出外征战的兵团战胜了，凯旋的时候，盔甲光鲜，洋洋入城；一旦输了，就非常地沮丧，如丧考妣。人间的胜负，说透了都是这个样子。人情就是如此。

"故胜者闻其功势，苟进而不知退"，所以得胜者，一听到人们称赞他的威势，就会轻敌而贸然进攻。看来，胜要有风度，不要骄狂。苏东坡喜欢下围棋，但是棋艺实在不怎么样，输的时候多，因此他就说"胜故欣然，败亦可喜"。你看多么矫情，输了也值得高兴，我不相信。这种胜负的游戏，输的时候满脸都像火山在烧一样。苏东坡就是因为棋艺不高，才说胜也高兴，败也高兴。后来发现说不过去了，就自己创造了一种棋，叫"东坡棋"，结果还是被人一下子破局。

"弱者闻哀其负"，失败者听到有人同情他的失利；"见其伤"，看到了损伤；"则强大力倍，死而是也"，反而会努力支撑，拼死抵抗，那么结果可能会改变。这就是哀兵必胜。这一场输了，那就想办法整军经武。一个人在面对哀痛挫折的时候，反而激发出自己的潜力，这就很可怕。《孙子兵法·九地篇》就说"死地则战"，一旦进入死地，人会破釜沉舟、背水一战，这就是置之死地而后生，反而激发了军队不怕死的潜能。这是输的好处：能够化悲愤为力量。为什么说哀兵必胜？"则强大力倍"，潜力发挥出来，会超过平常表现的好几倍。"死而是也"，不怕死，拼命的力量是很可怕的。故兵家都说"穷寇莫追"，不要让他拼命，困兽犹斗，力量爆发出来，那是很可怕的。

"郄无强大，御无强大，则皆可胁而并"，敌人虽然强大，但往往有弱点，敌人虽说有防御，但实际力量并不一定强大，我方可以用强大的兵势胁迫对方，让他们服从，吞并其国家。这句话好有禅理。人都害怕强大的对手，但是你还可以并吞强大的，对强大的敌人造成很大的威胁，甚至可以把它吞灭。这是怎么做到的呢？一个弱小的输家，他拼命的时候可以赢过强大的对手。其实，这是在说，人家强大，真的是面面都强大吗？他如果有缝隙、有弱点，你只要抓住他的弱点，就会发现他一点也不强大，那你怕他干什么？你有机会反败为胜，所以不要看对方貌似强大，就觉得很怕，其实一样可以对他造成致命的威胁，甚至可以吞并他。鬼谷子真的是把人生的强弱、大小、输赢看透了。强大的敌人也会败，因为他可能骄傲，骄兵必败。而弱小的一方能战胜，因为会拼命，哀兵必胜。所以，有弱点，甚至是有致命的弱点，就谈不上强大。但是人常常会畏惧对方的强大，在对方的淫威之下不敢反抗，其实不见得。可见，人际、国际，不要那么在乎，有时候故意去斗他，制造些紧张气氛，就够对方折腾一阵了。

缀去术

"缀去"者，谓缀己之系言，使有余思也。故接贞信者，称其行，厉其志，言可为可复，会之期喜。以他人之庶引验以结往，明款款而去之。

"缀去"，鬼谷子的用词都是比较怪的。"'缀去'者，谓缀己之系言，使有余思也。""缀去"之意，在于用言语连缀将离开的人，使其心里有余思，还能回想起曾经待过的地方。"系"，把人牵着、留着，始终维系。不管以后怎样，大家就算是天各一方，但是还会怀念过去在一起的日子，这就叫"余思"。离去的时候，没有想头，想起来就咬牙切齿，那就糟糕了。"缀己之系言"，就说明你讲的话能够维系、重视那种温情，这在佛教中叫"柔软语"，讲话很柔软，不是那种绝情的、粗暴的语言。系，就不会断，而且"使有余思"，让对方还会怀念、回想。

"故接贞信者"，所以要交接守正道、讲诚信的好人。好人还要讲"贞信"，不然也不一定能相处到底。既然我们可以确定他有贞、有信，"称其行，厉其志"，不要吝于赞美他的行为，还要鼓励、激励他实现其志向。说对方好，就是离开了还说对方的好，甚至希望他的未来更好。老板慰留员工，对员工温言软语，或者是说他的好，这样还有几个员工想走？

　　"言可为、可复"，称赞对方的志和行是可以有作为的，还可以长久做下去。"复"，意义包括很多方面，当然一定是正面的。如果关系短期内有问题，长期还是会好，即"可复"。佛教讲的业因果报也是一样，最后有好报，也是"可复"。"言可复"，是讲一个人说话算数，最后可以应验。"言可为、可复"，就是谈人家值得赞美的地方，不要因为他目前不在你这里就讲一些很难听的话，或者否认他的志向。"会之期喜"，人与人交往，有一个交会点，彼此能契合，有共识，讲话有交集，心意有交会，很重要。人生聚散无常，能够有一段时间聚在一起，大家都希望能好聚好散，好散说不定将来还可以好聚。大家都希望这是一个值得欢喜的事情，而不是一个很痛苦、很糟糕的事情。"会之期喜"，我们对所有人际的交流、交会，都希望是一个可喜的事情。"聚虽好，离虽悲，世事堪玩味"，要有李叔同这种豁达，不要动不动就苦大仇深。

　　"以他人之庶引验以结往"，"引验以结往"，指过去总是有一段交往，我们来做一个总结，而且是可靠的，不是胡扯，也不是灌米汤。后面还有"明款款而去之"的"款款"也怪，有人解释成"款款深情"。就是说，过去总是交往过一段，不管未来怎么样，现在要分开，还要让人家思念我们过去那一段日子。这个心意要表明，搞不好这是一辈子最后一面，这就是"明款款而去之"。一点儿也不后悔，也没有什么遗憾，过去所有的交往，要让人明白，都是出于至诚。那么，前面的"以他人庶"是什么意思呢？我们知道，"庶"有众多的意思，有的解释就说，离去时，说你好话的不止我一个，还有旁人，别人也大概都是这个想法，我没有夸张。这就是"以他人庶"来证明我不是矫情。其实，"庶"还有一个意思，即希望，心里很希望能够怎样。《易经·系辞传》中，孔老夫子特别激赏学生颜回，他说"颜氏之子，其殆庶几乎"，没有一百分，大概也有九十九分了，很接近我教学的理想；"有不善未尝不知，知之未尝复行也"。这个太难得了。一个人能够少犯错，有错必改，核心的创造力就出来了，仁心就出来了，这是很高的标准，颜回大概比较接近这个标准吧？他到底有没有达到这个标准孔子也不知道，但是他希望是这样。"庶"就是表示我们对一个很难求的东西的希望。这是另外一个说法。这样的解释在语句上是比较通的，"以他人庶"，不管你跟谁交往，人总是希望能好聚好散。我们对于缘分都有期望。你离开了，我不希望变成仇家，希望还是像以前那样如何如何，可能旁边人也希望这样。虽然一般来讲，可能一时做不到，但是我们希望能够做到，把过去的事情做一个总结，然后对未来还有这种期盼。

关于"明款款而去之"，有一个版本认为"款款"是"疑疑"，即"明疑疑而去之"。为什么好端端的他要走，他心里一定有一些阴影、有一些怀疑，这个怀疑包括怀疑你、怀疑他自己，怀疑你们能不能继续共事，所以他做了离开的决定。既然要真正离开了，那我们就把阴影，把彼此可能误会的东西讲清楚、说明白，心里不要存疙瘩，以免以讹传讹。这样子说也有道理。

人生的因缘不容易，十年修得同船渡，百年才修得共枕眠，所以我们要重视缘分，不要老是造成伤害。我们跟人家分手之后，要做到还让人家怀念，给双方多留一点儿空间。处理大事也一样，分分合合，不要心胸狭隘。

却语术

"却语"者，察伺短也。故言多必有数短之处，识其短，验之。动以忌讳，示以时禁。其人恐畏，然后结信，以安其心，收语盖藏而却之。无见己之所不能于多方之人。

"'却语'者，察伺短也"，"却语"，是说要在暗中观察他人的短处。任何人都有短处，讲话都有漏洞，那你首先要了解对方，马上就能听出对方讲话中的缺失。言多必失，我们自己讲话也没有办法做到总是严谨。"却语"的人，采取退却的方式，抓到对方语言上的漏洞，不会见猎心喜。像我的老朋友龚鹏程，有一些人对他说，南怀瑾的书太浅了，而且有很多错。他就说任何人说话、写东西都会有错，南老先生的普及之功要肯定，况且南老先生的书都是录音整理，当然有错了，他的作品在推广国学方面功不可没。这就叫"却语"。不像有些人专门寻找别人的毛病，抓住那个毛病拼命渲染，大有取而代之的势头。找别人的一些无心之失，其实就是要替自己打市场。蒋勋也遭遇过这样的事，当时还登过报，但是那个挑错的人最后红了没，就不知道了。蒋勋的作品经过修订，读者还是照样喜欢。人还是厚道一点好，厚德载物不会错。找到错误和弱点是一回事，怎么处理则是另外一回事。人的厚道跟刻薄在这里就看出来了。有的人自己不怎么样，专门找人家的短，然后大肆宣扬，这种人说透了就是嫉妒。

"故言多必有数短之处，识其短，验之"，讲话讲多了，有好多短处，我们要找到有问题的地方，一定要找资料查证、确认。掌握了正确的结果，不是要大肆宣扬，而是找机会私下和人说明。

　　"视其短，验之"之后，反而告诉对方，"动以忌讳，示以时禁"，告诉对方哪些触犯了忌讳，明示哪些是时政所禁止的。每一个时代都有忌讳，有一些话就不能乱说，说了会掉脑袋的。忌讳有很多，为尊者讳，为亲者讳，为贤者讳，还有一些忌讳是因时而定的。在敏感的时候，有些话说出来就不合适，会触霉头，管事的一定讨厌你。时不同，禁就不同，这一点要提醒人家，这是替人家着想，是厚道人所为。

　　"其人恐畏，然后结信，以安其心，收语盖藏而却之"，这样他就会害怕，同时，对你的提醒感到高兴，这一下就可以用诚信结交、安定他的心，因为你没有把他可能有问题的话语传出去，而是帮他隐藏，不宣扬。这就是采取"却"的态度，而不是拼命利用人家的错处，见猎心喜，于是，通过"收语"结交一位好朋友。"无见己之所不能于多方之人"，我们任何人都有能和不能，不要表现出来，人至少要懂得藏拙，尤其在行家、顶尖高手面前，千万不要泄漏出来。顶尖高手、见多识广的高手，就叫"多方之人"。俗话说，孔夫子前面，别卖文章；关公面前，别耍大刀。在行家前面，还天天暴露你的短处，一下子就会被识破。所以，我们至少也要藏拙，"无见己之所不能"，不要强不知以为知，自暴其短，尤其是在"多方之人"面前。"多方之人"如果当场揭你的短，没有采取"却语"的态度，你就狼狈了。这就是"防人之心不可有，害人之心不可无"的处世态度。

摄心术

"摄心"者，谓逢好学伎术者，则为之称远。方验之道，惊以奇怪，人系其心于己。效之于人，验去乱其前，吾归诚于己。遭淫酒色者，为之术；音乐动之，以为必死，生日少之忧。喜以自所不见之事，终可以观漫澜之命，使有后会。

"摄心"，笼络、收买人心。"'摄心'者，谓逢好学伎术者，则为之称远"，会摄心之术者，遇到那些好学技术的人，会主动为他扩大影响，让远方的人都知道他。一些人勤奋好学，多才多艺，碰到这种人，要帮他宣扬，近处大家都知道了，也要让远处的人都晓得他在某些方面有专长。这就是《尚书》和《大学》里面不断强调的心胸宽："如有一介臣，断断猗，无他技，其心休休，其如有容焉。人之有技，若己有之"。鬼谷子真是好人，除了教我们术之外，还教我们做人。"逢好学伎术者，则为之称远"，一定要挺他。你看《论语》中，孔子说，弟子中好学的，就一个颜回，还早死。所以，你碰到一个好学的，不是要当宝吗？不但要帮，要扶植，还要保护。这种心胸，才能吸纳人才。

"方验之道，惊以奇怪，人系其心于己"，然后再用自己本身所知晓的验证他的所学，对他的奇才异能表示惊叹，他将会与自己心连心。帮他宣扬，让他名声远播，对于其好学和技术，惊为天人。这里除了说明不要嫉妒别人的才能同时，还说明对于别人的多才多艺，自己要懂得，要找资料或者行家来验证。这样的话，对方就会掏心窝交我们这个朋友。怎么办到的？第一我们看他好，帮他推广、宣传；第二，我们希望他能够精益求精，对这个有才华的人或者有发展潜力的人来讲，他对我们感激涕零。任何一门专业中，都有更高的标准。我们遇到有才之人，除了帮他宣扬，还要激励人家发扬光大，登峰造极。当然，这种情况大多是对怀才不遇者而言，对他来讲，他会很高兴有人欣赏他，欣赏者同时赢得了他的友谊和信赖。

"效之于人，验去乱其前，吾归诚于己。""效"是效命，既然他已经服你了，就很可能是你事业上或团队中很好的帮手，可以帮你成就事业。他变成一个好帮手，替你效力，一个很明显的验收的效果就是"去乱"，他会尽力帮你去除掉那些乱象，即在你眼皮底下出现的麻烦事，他都能够帮你处理好，而且"吾归诚于己"。"归诚于己"应该懂得，但前面加一个"吾"字，有点怪怪的。这是双方归诚，碰到这种高才，用你的资源照顾他，他就帮你处理问题，然后双方的关系非常好。

但是，你不可能碰到的都是这种人，你也会碰到乱七八糟有问题的人。"遭淫酒色者，为之术"，上面是"逢"，这里是"遭"，有点不期而遇的意思。要用人，什么人都可能碰到，可能碰到"好学伎术者"，也可能碰到那些败德淫酒色的，那你怎么办？"淫"就是过分，在酒色这一关，过不去。过不去不代表这个人不能改过、不能造就，他可能有苦处，或者这方面的抵抗力特别弱，所以不要看他沉湎酒色，就认为不用争取。摄心是要尽量地拉拢人，有些人放浪形骸，可他是大才。在学校里头，会读书的乖乖好学生可能只是个分数机器，最后没有什么用，反而那些犯规、留级的，你只要给他一个好路子或者照顾他，结果变成一员猛将。会读书不一定有用，乖学生不一定有用，有时那种叛逆性格的人反而出类拔萃。《老子》中引用圣人之言称："受国之垢，是谓社稷主；受国不祥，是为天下王。"所以你碰到"淫酒色"的，要劝他改正，不要直言伤他，要讲技巧。为人师长，为人父母，做人朋友，都懂得人在落魄的时候，一定听不进劝的，碰到这种"淫酒色"的，要"为之术"，懂得迂回、引导、分析。

怎么引导呢？"音乐动之"，通常纵情声色的人，都有生命的热情，刚好可以用雅乐，用正的艺术来导引他走正途。既然他有激情、热情，甚至敢为人之所不敢为，放浪形骸，就不要让邪僻的东西去消耗他的热情，要用正面的艺术来教化引导他。这就是导入正途的"音乐动之"。"以为必死，生日少之忧"，在音乐的导引下，他会认为活着的时间越来越少了，活一天少一天，那就不要浪费时光，要去发挥生命的热能。"喜以自所不见之事"，一旦你把他从酒色中拖出来，引导到他过去做梦也想不到的事情上来，他会发现生命如此有意义。"终可以观漫澜之命"，生命太美好了，很璀璨，何必在酒色中消耗呢？还不如引导到生命的大创意中来。"使有后会"，他未来就有无穷的机会和希望。所以，我们不要因为一个人一时的失意落魄或者误入歧途就放弃，要耐心引导他走到有意义的人生道路上，说不定他将来还有大发展的机会。

守义术

"守义"者，谓守以人义，探心在内以合也。探心，深得其主也，从外内，事有系，曲而随之。故小人比人，则左道而用之，至能败家夺国。非贤智不能守家以义，不能守国以道。圣人所贵道微妙者，诚以其可以转危为安，救亡使存也。

　　"'守义'者，谓守以人义"，"人义"即仁义。守义之术，就是谨守做人的道义。但是仁义好是好，也不能够强塞给对方。"探心在内以合也"，要用探的功夫，耐心地循循善诱，内心要契合，他愿意跟着你走。前面试探、了解他的内心世界，再把他引导到这条路上来。如果没有这个过程，直接说教是不行的。

　　"探心，深得其主也"，人的心是很复杂、很深沉的，要探到最里面，了解生命中的主宰。真正深入了解对方的心之后，就可以引导他，带动他，这就叫"从外内，事有系"，内外兼顾，事情的脉络就自然而然地形成了。再下面就是"曲而随之"，"曲而随之"的主词是谁呢？即你要曲而随他，要有耐心，有随的耐心。"曲成万物而不遗"（《易经・系辞传》），真的不容易。你肯定这人是可造之才，就要有耐心，考虑他的吸收能力。前面下了这么大的功夫"守义"，对有些人是会有效的，但是社会上什么人都有，不要把调子唱得太高，也不要在不值得花心思的人身上花太多的工夫。教育的资源、心力是有限的，不要对牛弹琴。

　　"故小人比人"，不堪造就的人，他就是跟人家交往，也是群居终日，无所事事。"则左道而用之"，效法那些歪道，"至能败家夺国"，以致国破家亡。小人之间的交往，不能守义。这种不堪造就的人，他跟任何人交往，都是用不正当的心术，自私自利，且破坏性超强，败事有余，搞不好还会导致国破家亡。所以下面就提醒我们："非贤智不能守家以义，不能守国以道"。这种小人，不贤不智，就"不能守家以义，不能守国以道"，不能用义来治家，也不能用道来守国。也就是说，守国家，小人办不到。他们不是贤智者。

"圣人所贵道微妙者，诚以其可以转危为安，救亡使存也"，有些人是可造之才，中间曾经很离谱、很落魄，但是最后能够成功。圣人为什么重视道呢？因为道是非常微妙的，一旦了解这个大的智慧的道，国家有大事情、组织有大问题的时候，能够使其转危为安。换句话说，任何团体总要在一些重要的价值观上形成共识，要统合。不是一家人，不入一家门，必须是同志才行。

《中经》到底在讲什么？用《易经》来讲，就是蛊卦（䷑）第六爻。前面讲的那七种术，就是要干蛊，而且能够成功。不随便放弃可以栽培、造就的人，也不随便跟人结怨。任何人都有习气，习气跟积弊是很深的，那就叫蛊，要为你的组织、社会多造就一些可以做事、正向的人，那就要"干父之蛊"。蛊卦到最后一爻干蛊成功，扭转风气，造就人才，拨乱反正，即"不事王侯，高尚其事"，"志可则也"。蛊卦的积毒、习气、业障消除，爻变就是升卦（䷭），据乱世变升平世，而且干蛊成功，就进入下一卦临卦（䷒）的自由开阔的局面。

·读懂中华文化　构建中国心灵·
——————— 道善书院国学新经典丛书 ———————

毓老师说论语（修订版）	爱新觉罗·毓鋆　讲述
毓老师说中庸	爱新觉罗·毓鋆　讲述
毓老师说庄子	爱新觉罗·毓鋆　讲述
毓老师说大学	爱新觉罗·毓鋆　讲述
毓老师说老子	爱新觉罗·毓鋆　讲述
毓老师说易经（全三卷）	爱新觉罗·毓鋆　讲述
毓老师说（礼元录）	爱新觉罗·毓鋆　讲述
毓老师说吴起太公兵法	爱新觉罗·毓鋆　讲述
毓老师说公羊	爱新觉罗·毓鋆　讲述
毓老师说春秋繁露（上、下册）	爱新觉罗·毓鋆　讲述
毓老师说管子	爱新觉罗·毓鋆　讲述
毓老师说孙子兵法（修订版）	爱新觉罗·毓鋆　讲述
毓老师说易传（修订版）	爱新觉罗·毓鋆　讲述
毓老师说人物志（修订版）	爱新觉罗·毓鋆　讲述
忧患：刘君祖讲易经忧患九卦	刘君祖
乾坤：刘君祖讲乾坤大智慧	刘君祖
新解论语（上、下册）	刘君祖
刘君祖完全破解易经密码（全六册）	刘君祖
四书的第一堂课	刘君祖
易经的第一堂课（全新修订版）	刘君祖
新解冰鉴	刘君祖
新解黄帝阴符经	刘君祖
一代大儒爱新觉罗·毓鋆	许仁图
说孟子	许仁图
哲人孔子传	许仁图
毓老师讲学记	许仁图
子曰论语（上下册）	许仁图
百年家族的秘密—林乾讲曾国藩家训	林　乾

·化成整体生命智慧·

—————— 道善学苑·国学音视频精品课程 ——————

已上线课程:

《详解易经六十四卦》　　　　　　　　　刘君祖

《孙子兵法：走出思维的迷局》　　　　　严定暹

《史记100讲》　　　　　　　　　　　　王令樾

《曾国藩家训18讲》　　　　　　　　　　林　乾

《醉美古诗词》　　　　　　　　　　　　欧丽娟

《唐宋词的情感世界》　　　　　　　　　刘少雄

即将上线课程:

《解读孙子兵法》　　　　　　　　　　　刘君祖

《解读心经》　　　　　　　　　　　　　刘君祖

《论语精讲》　　　　　　　　　　　　　林义正

《中庸精讲》　　　　　　　　　　　　　黄忠天

《韩非子精讲》　　　　　　　　　　　　高柏园

规划中课程:

《详解大学》　　　　　　　　　　　　　黄忠天

《详解庄子》　　　　　　　　　　　　　敬请期待

《公羊春秋要义》　　　　　　　　　　　敬请期待

《春秋繁露精讲》　　　　　　　　　　　敬请期待

《详解易经系辞传》　　　　　　　　　　敬请期待

更多名家音视频课程，敬请关注我们的公众号

在这里，彻底学懂中国传统文化